OBJECTIF EXPRESS 1

Le monde professionnel en français

Anne-Lyse DUBOIS, Béatrice TAUZIN

GUIDE PÉDAGOGIQUE

hachette
FRANÇAIS LANGUE ÉTRANGÈRE

Couverture et création de la maquette intérieure : **Véronique Lefebvre**
Mise en pages : **Nadine Aymard**
Illustrations : **Xav'**
Édition : **Sarah Billecocq**

Photos : **Shutterstock** : p. 14 © Hiltch ; p. 146 photo a © Diego Cervo ; photo b © EDHAR ; photo c © Claudia Veja ; p. 147 badges © My Portfolio ; p. 155 bloc notes © Alexey Grigorev ; p. 157 valise © Tomislav Pinter ; p. 158 crêperie © Natalia Bratslavsky ; p. 165 clés © Spectral-Design ; p. 178 tablette © Bloomua.

ISBN : 978-2-01-156043-8

58, rue Jean Bleuzen, CS 70007, 92178 Vanves Cedex.
http://www.hachettefle.fr

SOMMAIRE

INTRODUCTION

Objectif Express Nouvelle édition est une méthode de français destinée à un public d'adultes débutants (ou faux débutants), en situation professionnelle ou en préparation à la vie active, pour une utilisation en classe, en cours individuel ou en autonomie.

Objectif Express Nouvelle édition est une méthode conçue pour répondre à des **besoins immédiats et urgents** d'apprentissage du français. Elle s'adresse à tous ceux qui, désireux d'acquérir rapidement une autonomie langagière à l'écrit et à l'oral, ont ou auront besoin d'utiliser le français dans le cadre de leurs relations sociales et professionnelles et dans leur vie quotidienne.

La méthode ne privilégie pas de fonction, de profession ou de secteur d'activité particuliers. L'accent est mis sur l'acquisition de **savoir-faire transversaux** communs à l'ensemble du monde professionnel pour amener l'apprenant **à agir au travail** avec ou pour des francophones.

La méthode est construite autour des tâches les plus courantes de la vie quotidienne et professionnelle et se présente comme un cours généraliste pouvant également servir de préalable à un cours de spécialité.

Les compétences visées sont celles décrites dans le Cadre européen commun de référence pour les langues pour les **niveaux A1→ A2**. L'acquisition des bases langagières se fera en environ 120 heures d'apprentissage.

Objectif Express 1 Nouvelle édition permet de préparer :
– **le « Diplôme de français professionnel A2 »** (DFPA2) de la Chambre de commerce et d'industrie de région Paris Île-de-France (CCI Paris Île-de-France) ;
– **les « Diplômes d'études en langue française option professionnelle A1 et A2 »** (DELF pro A1 et A2) du Centre international d'études pédagogiques (CIEP) ;
– **le test « Business Language Testing Service »** (BULATS) » de University of Cambridge ESOL Examinations (test multilingue permettant d'évaluer les compétences en langue en milieu professionnel).

Objectifs

Objectif Express 1 Nouvelle édition va à l'essentiel pour développer, de manière **économique et efficace** à la fois des compétences générales (savoir, savoir-faire, savoir-être) et des compétences communicatives langagières (pragmatiques, linguistiques et sociolinguistiques) afin de permettre à l'apprenant d'être rapidement **opérationnel**.

Objectif Express 1 Nouvelle édition entend ainsi répondre à la principale motivation d'un apprenant : acquérir le plus vite possible des compétences lui permettant d'agir, d'interagir et de réagir en milieu francophone ou avec des interlocuteurs francophones dans des circonstances variées du monde du travail et de la vie sociale, par la réalisation de tâches concrètes et impliquantes.

Objectif Express 1 Nouvelle édition s'appuie sur une **approche méthodologique rigoureuse** pour plus d'efficacité et d'action avec :
– des **rubriques structurées** ;
– des **documents actuels** prenant en compte l'évolution du monde professionnel ;
– trois **scénarios professionnels** concrets ;
– des **« repères culturels » et « repères professionnels »** pour mieux appréhender certains codes de la culture d'entreprise française et des documents professionnels ;
– un mémento des actes de parole complet ;
– un **DVD-ROM** avec des séquences vidéos authentiques.

Les composants

L'ensemble pédagogique comprend :

Pour l'apprenant :

- **un livre de l'élève avec un DVD-ROM encarté qui contient :**
  – un tableau des objectifs et des contenus d'enseignement/apprentissage ;
  – 10 unités ancrées dans le monde du travail et construites autour d'actions concrètes de la vie professionnelle : Entrez en contact ! ; Faites connaissance ! ; Communiquez en ligne ! ; Partez en déplacement ! ; Organisez votre journée ! ; Faites le bon choix ! ; Présentez une entreprise ! ; Trouvez un emploi ! ; Faites des projets ! ; Réglez les problèmes ! ;
  – 3 scénarios professionnels après les unités 3, 6 et 10 permettant de mobiliser les compétences acquises grâce à la réalisation de projets : organiser une conférence, préparer un voyage d'affaires en France et créer une entreprise de commerce équitable sur Internet.

  Avec, en fin d'ouvrage, des pages annexes :
  – les corrigés des tâches d'évaluation proposées dans la rubrique Testez-vous ;
  – la transcription des documents qui ne sont pas retranscrits dans les unités ;
  – un précis de conjugaison ;
  – un mémento des actes de parole regroupés par situations de communication ;
  – une carte de la France administrative.

- **un DVD-ROM qui contient :**
  – l'intégralité des enregistrements audio ;
  – des séquences vidéos authentiques sur des thématiques exclusivement professionnelles ;
  – des documents ressources (un calendrier, les poids et mesures, un exemple de CV et plusieurs lexiques...) ;
  – des fiches portfolio ;
  – un lexique multilingue interactif ;
  – une carte de France interactive.

- **un cahier d'activités** qui est un complément efficace à la méthode pour s'exercer en autonomie ou en classe. Il propose un entraînement diversifié reprenant systématiquement les points de langue étudiés dans le livre de l'élève, en les approfondissant grâce à une progression en spirale et des exercices de phonie-graphie.

Il permet de renforcer et de valider les connaissances acquises à travers une grande variété d'exercices et d'activités de compréhension et d'expression toujours contextualisées.
Toutes les deux unités, **un entraînement aux épreuves du DELF option professionnelle** est proposé :
- après les unités 2, 4 et 6 : préparation au DELF pro A1 ;
- après les unités 8 et 10 : préparation au DELF pro A2.

À la fin du cahier, on trouve :
- les corrigés de toutes les activités y compris celles des préparations au DELF ;
- l'alphabet phonétique ;
- un lexique qui recense les mots nouveaux de chaque séquence avec la transcription phonétique. Un espace après chaque mot permet aux apprenants d'ajouter une traduction dans la langue de leur choix.

Pour l'enseignant :

- **un coffret de deux CD** contenant l'intégralité des enregistrements audio (documents des unités et documents des bilans) ;
- **un guide** destiné à fournir un accompagnement pédagogique pour la préparation et la conduite des cours à partir du manuel ***Objectif Express 1 Nouvelle édition***. Il propose des principes généraux d'approche pédagogique avec une démarche d'exploitation structurée pour chacune des dix unités, des bilans photocopiables (avec leurs corrigés et transcriptions) et des fiches vidéos photocopiables (avec leurs corrigés et transcriptions).

Pour chaque séquence d'enseignement/apprentissage, on trouve :
- un tableau récapitulatif des objectifs de la séquence avec les objectifs des tâches cibles (tâches de transfert des acquis) et des tâches supports (tâches pour l'acquisition de connaissances et de savoir-faire langagiers) ainsi que les objectifs fonctionnels et les objectifs linguistiques ;
- des stratégies pédagogiques claires et une démarche détaillée pour aborder les tâches étape par étape avec le corrigé de chaque tâche support (Lisez / Écoutez / Réagissez) ;
- des indications précises pour la conceptualisation progressive de chaque point de langue avec les corrigés des exercices de grammaire du livre de l'élève ;
- des suggestions de mini-scénarios très complets pour chaque tâche cible (Passez à l'action) avec des propositions de modalités incluant l'utilisation d'Internet ;
- des propositions d'exploitation des repères professionnels et des repères culturels avec des informations-ressources pour mieux appréhender les codes de la culture française et du monde du travail en France.

Un dispositif d'évaluation complémentaire aux tâches évaluatives des pages Testez-vous du livre de l'élève et aux DELF pro du cahier d'activités avec 10 bilans photocopiables pour l'évaluation de la compréhension et de l'expression accompagnés des transcriptions et des corrigés.

⚠ Il conviendra, bien sûr, d'adapter ces propositions de travail en fonction des différentes réalités de classe (profils et nombre d'apprenants, rythme et volume horaire du cours, contraintes institutionnelles, matériel à disposition) et dans le respect de la pluralité des cultures d'apprentissage. L'enseignant s'efforcera d'amener l'apprenant à construire sa propre autonomie linguistique afin de le rendre acteur de son apprentissage.

Pour les **cours particuliers**, il conviendra d'adapter les modalités de travail suggérées pour la réalisation des tâches. Certaines tâches se feront individuellement. Pour les tâches en interaction, l'enseignant prendra la place d'un des interlocuteurs.

La structure d'une unité

Chaque unité est construite autour d'une action centrale. Le choix du titre de chaque unité est transparent et facile à comprendre pour les apprenants.
En page d'ouverture de chaque unité, **un contrat d'apprentissage** indique ce que l'apprenant sera capable de faire en fin d'unité (tâches visées) et fixe les objectifs fonctionnels et linguistiques. Le parcours d'enseignement/apprentissage est ainsi clairement identifié.
Ce **contrat d'apprentissage** a pour but :
- de permettre une appropriation consciente et partagée des objectifs du cours entre enseignants et apprenants ;
- de fédérer les comportements d'enseignement/apprentissage ;
- de renforcer une dynamique interactive entre enseignants et apprenants.

Chaque unité comprend quatre séquences d'enseignement/apprentissage (A / B / C / D), chacune sur une double page. Chaque séquence s'articule autour d'actions de la vie professionnelle et para-professionnelle avec un parcours limpide et structuré.

Déroulement d'une séquence d'enseignement/apprentissage

Écoutez / Lisez – Réagissez

Une **tâche support** mobilisant deux ou plusieurs activités langagières (lire / écouter / parler en interaction ou en continu / écrire) pour s'entraîner à agir et développer ses aptitudes à comprendre.
À cette étape, l'apprenant utilise ses acquis antérieurs et différentes stratégies qui lui sont propres pour réaliser la tâche demandée. Il s'agit véritablement d'apprendre en faisant. La manipulation d'énoncés en contexte va permettre un premier pas vers l'acquisition.

↓

Retenez

Des encadrés reprenant des énoncés classés des documents supports pour acquérir l'essentiel des formulations usuelles de communication et pour servir de base à l'acquisition des outils linguistiques (grammaire et lexique).
À cette étape, l'apprenant observe des énoncés en contexte et se les approprie.

↓

Passez à l'action

Une ou plusieurs **tâches cibles** pour réinvestir et évaluer les compétences acquises.
À cette dernière étape, l'apprenant est amené à agir à nouveau en mobilisant non seulement ses acquis antérieurs mais également ce qu'il vient d'apprendre. Il est confronté à des situations proches de celles des tâches supports mais avec un contexte et des données différents.

– Une double page d'**Outils linguistiques**, sous forme de tableaux clairs et synthétiques pour visualiser et conceptualiser les points de langue. Il sera facile à l'apprenant de s'y reporter à tout moment.

Les structures linguistiques sont introduites graduellement dans chaque unité selon une progression solide. La découverte des règles de grammaire pourra être induite à partir d'énoncés en contexte provenant des documents supports. À cette fin, des démarches inductives de conceptualisation sont suggérées dans chaque unité du guide pédagogique.

– Des activités de prononciation (**Prononcez**) : un travail de prononciation est proposé dans chaque unité. L'attention des apprenants doit porter sur la rythmique de la langue, les intonations, les enchaînements, les liaisons et la discrimination des sons. Les tâches sont variées : écoute, reproduction, discrimination. Vous trouverez dans ce guide pédagogique des propositions pour introduire progressivement les exercices de phonétique afin de développer la compétence phonologique indispensable pour réussir à communiquer. L'audio de ces activités se trouve sur le DVD-ROM.

Par ailleurs, des activités complémentaires de phonie-graphie sont proposées pour chaque unité dans le cahier d'activités.

– **Entraînez-vous** : une page d'exercices de systématisation et de réemploi en contexte pour développer des automatismes linguistiques. Les exercices peuvent être faits en classe ou en autonomie selon les besoins et le temps disponible. Les corrigés se trouvent dans ce guide pédagogique.

– **Testez-vous** : une page d'auto-évaluation et d'entraînement au DFPA2 de la CCI Paris Île-de-France et au test BULATS est présente à la fin de chaque unité. Vous y trouverez des tâches évaluatives portant sur des activités de réception. Les corrigés à la fin du livre de l'élève permettront à l'apprenant de s'auto-corriger et de faire le point sur son apprentissage.

Un mode opératoire est proposé dans ce guide pédagogique aux enseignants qui souhaiteraient faire faire ces activités d'évaluation en classe.

Après les tests et les bilans, les apprenants pourront notifier leurs progrès dans les portfolios situés dans le DVD-ROM.

– **Les repères culturels et professionnels** : pour rendre possible et réussie une communication interculturelle, un enseignement efficace du français à destination du monde professionnel ne peut se concevoir sans référence à la dimension interculturelle. Parler la langue de son interlocuteur ne suffit pas. Encore faut-il connaître ses us et coutumes et savoir décoder son comportement pour communiquer et éviter tout malentendu ou toute maladresse qui pourrait être préjudiciable. C'est à ce titre que ces pages ont été conçues. Elles sont étroitement liées au parcours d'enseignement/apprentissage. Les questions posées suscitent une réflexion interculturelle pour faire prendre conscience à l'apprenant des distanciations (ou non) de sa propre culture par rapport à la culture française.

Comme le nom de ces pages l'indique, il s'agit de donner des **points de repères** à l'apprenant afin qu'il soit à l'aise dans sa vie en France et à le sensibiliser à la dimension culturelle de la communication et du comportement à adopter dans ses relations avec des Français. Cette acculturation permet à l'apprenant de mobiliser des savoir-être dans ses interactions sociales et d'adopter la manière d'être qui convient.

Cette double page porte sur deux types de repères :

– des **repères culturels** visant les savoir-être comportementaux proposent des activités sur l'interculturalité et des informations ressources civilisationnelles abordant des aspects socio-culturels abordés dans l'unité. Ces informations sont présentées sous forme de textes courts illustrés, de tableaux, de documents commentés. Une réflexion interculturelle est systématiquement proposée à l'apprenant.

– des **repères professionnels** visant :

• des savoirs et savoir-faire professionnels sous forme de fiches d'activités pour mieux appréhender les documents d'entreprise et acquérir des notions sur l'entreprise française. Ces activités ont pour but de faciliter le travail des apprenants avec des francophones (comprendre et rédiger des courriels professionnels, une lettre commerciale mais aussi comprendre des boîtes vocales) ;

• des savoir-être socio-culturels qui induisent systématiquement une réflexion interculturelle pour se comporter de manière adéquate dans ses relations de travail.

Dans ce guide, vous trouverez pour chaque rubrique des Repères culturels et professionnels :

– des propositions pour introduire ces pages au fil de l'unité afin de permettre aux apprenants d'acquérir du savoir socio-culturel et de développer des aptitudes et savoir-faire interculturels ainsi qu'une prise de conscience interculturelle pour réussir une communication ;

– une démarche pédagogique d'exploitation des doubles pages ;

– les corrigés des activités ;

– des informations-ressources complémentaires pour aider à répondre aux éventuelles questions des apprenants ;

– des sites Internet pour des informations complémentaires qui peuvent aussi servir d'interface pour des prolongements pédagogiques.

– Les scénarios professionnels

L'objectif des trois projets proposés est d'immerger les apprenants dans un contexte professionnel afin qu'ils réinvestissent les acquis langagiers et qu'ils mobilisent leurs savoir-faire tout en mettant en œuvre leurs propres compétences professionnelles.

Ces scénarios sont simples d'accès avec des tâches concrètes, ancrées dans le monde professionnel. Chaque étape est clairement identifiée et les tâches détaillées.

Plusieurs modalités de travail sont possibles selon le nombre d'apprenants et la gestion du temps :

– soit en sous-groupe et chaque sous-groupe suit chaque étape du scénario proposé et s'organise dans la distribution des tâches ;

– soit chaque sous-groupe s'occupe d'une étape et effectue les tâches demandées.

Si vous choisissez cette deuxième modalité de travail :

Scénario professionnel 1 : Organiser une conférence

Demander aux apprenants de réfléchir en sous-groupes au thème de la conférence, aux dates et au lieu (Étape 1 : consigne 1). Chaque sous-groupe fait des propositions. Une fois que le groupe classe se sera mis d'accord sur le choix, distribuer les étapes et les tâches ou demander aux apprenants de s'organiser pour être le plus efficace possible comme dans une entreprise.

Scénario professionnel 2 : Préparer un voyage d'affaires en France
Demander préalablement aux apprenants de se mettre d'accord sur les villes de destination et les dates du voyage d'affaires (Étape 1 : consignes 1 et 2). Chaque sous-groupe fait des propositions. Une fois que le groupe classe se sera mis d'accord sur le choix, distribuer les étapes et les tâches ou demander aux apprenants de s'organiser pour être le plus efficace possible comme dans une entreprise.

Scénario professionnel 3 : Créer une entreprise de commerce équitable sur Internet
Demander préalablement aux apprenants de réfléchir en sous-groupes à l'activité de l'entreprise, aux produits à commercialiser et à son organisation (Étape 1 : consignes 1 et 2). Chaque sous-groupe fait des propositions. Une fois que le groupe-classe se sera mis d'accord sur le choix, distribuer les étapes et les tâches ou demander aux apprenants de s'organiser pour être le plus efficace possible comme dans une entreprise.

– **Les fiches vidéos**

Des fiches accompagnant les 8 vidéos du DVD-ROM d'***Objectif Express Nouvelle édition*** se trouvent à la fin de ce guide. Elles intègrent des activités de compréhension, d'observation et de repérage permettant à l'apprenant non seulement de mobiliser ses savoirs et savoir-faire mais également d'acquérir du lexique propre aux situations professionnelles rencontrées dans ces extraits vidéos authentiques. L'image apporte un plus à l'apprentissage et aide l'apprenant de niveau A1→ A2 à développer des stratégies de compréhension.
Les corrigés des activités et les transcriptions accompagnent chaque fiche. Cela permet une exploitation en classe ou en autonomie.

La démarche pédagogique

Une démarche actionnelle

Afin d'assurer **un apprentissage rapide, efficace et économique** de la langue, ***Objectif Express 1 Nouvelle édition*** adopte une **approche de type actionnel** axée sur la **réalisation de tâches très concrètes dans des actions** que l'apprenant effectue ou sera amené à effectuer dans le cadre de sa vie sociale et professionnelle.
Les tâches proposées, ancrées dans la réalité du monde professionnel, placent d'emblée l'apprenant dans des situations de communication qui impliquent des processus réels de la vie socio-professionnelle. Elles lui offrent la possibilité d'agir et d'interagir dans des situations de communication motivantes et significatives pour lui car proches de son vécu et de ses préoccupations immédiates.

Voici des propositions d'exploitation pédagogique. Vous trouverez toutes ces propositions développées en détail pour chaque séquence dans ce guide.

I. Écoutez / Lisez / Réagissez : des tâches d'acquisition

1. Entrée dans la séquence

Lors de cette première phase, il s'agit avant tout de focaliser l'attention des apprenants sur le thème et les objectifs langagiers qu'ils vont trouver dans la séquence d'enseignement/apprentissage afin d'en faciliter la compréhension. Au fur et à mesure de la progression, l'enseignant

pourra faire davantage appel aux acquis, voire au vécu et aux connaissances des apprenants. Si l'enseignant dispose du matériel nécessaire, les documents ou photos de la séquence pouvant servir à l'introduction de la thématique peuvent être projetés. Il est bien sûr aussi possible de présenter un document authentique, par exemple un formulaire, une page de site Internet, des horaires de train, d'avion, une publicité d'hôtel, des petites annonces, etc. Cependant, cette activité doit rester courte et légère afin de permettre aux apprenants d'entrer dans la thématique.
Enfin, cette phase d'entrée en matière n'est pas toujours impérative et dépend essentiellement du contenu à traiter. Il faudra donc veiller à éviter de digresser et de s'appesantir à ce stade.
Vous trouverez des propositions détaillées dans ce guide avant les exploitations des séquences d'enseignement/apprentissage.

2. La tâche support

Chaque document support de tâche (Réagissez) est en général introduit avant de faire écouter ou lire (Lisez / Écoutez) et de faire réaliser la tâche. Ainsi, l'apprenant sait ce qu'il va devoir faire. La bonne réalisation de la tâche permet une évaluation de la compréhension. Il ne s'agit pas pour l'apprenant de tout comprendre mais de repérer les éléments qui lui permettent d'effectuer la tâche.
La démarche est la suivante :
- Projeter / Montrer le support de tâche.
- Interagir avec les apprenants pour introduire la tâche. Des suggestions de guidage (questions / réponses) sont proposées dans ce guide.
- Vérifier la bonne compréhension des éléments du support de tâche.
- Faire prendre connaissance ou donner les consignes de la tâche.
- Faire procéder à l'écoute ou à la lecture du document.
- Faire réaliser la tâche.
- Faire vérifier la bonne réalisation de la tâche.

Les documents ont un double objectif :
- conduire l'apprenant à la compréhension du sens et à l'appropriation des fonctions langagières traitées dans l'unité ;
- l'immerger dans des situations de communication qu'il sera amené à rencontrer dans la vie quotidienne et professionnelle.

II. Le développement des compétences fonctionnelles et linguistiques

La méthode privilégie une approche inductive de la conceptualisation des règles de grammaire. Elle consiste à faire découvrir la règle à partir de l'observation des points de grammaire traités dans les documents supports. L'objectif est d'attirer l'attention des apprenants sur des formes particulières de l'échange liées au sens avec une **centration sur les actes de parole**.

Il s'agira pour l'enseignant de :
1) faire repérer les structures linguistiques rencontrées dans les situations de communication ;
2) faire observer les formes et faire réfléchir sur le fonctionnement de la langue ;
3) faire formuler autant que possible la règle par les apprenants.

Ces repérages exigent une participation active de la part des apprenants ainsi qu'une imprégnation et une appropriation des structures langagières (actes de parole).

Voici quelques principes utiles concernant cette approche :
– **La tolérance** : des formulations de conceptualisation plus personnelles peuvent être acceptées des apprenants à partir du moment où l'énoncé de la règle est correct.
– **La simplicité** : l'approche théorique doit rester simple et efficace. Il est inutile de surcharger l'apprenant avec des termes ou des explications compliqués.
– **La clarté** : une explication contrastive avec la langue maternelle peut être abordée selon les besoins.

Une exploitation des exercices de systématisation grammaticale et de réemploi est proposée dans le déroulement de chaque unité afin de permettre un renforcement des acquis au fur et à mesure de l'apprentissage. Il s'agit de simples suggestions mais l'enseignant est bien sûr libre de choisir le moment où ces activités seront proposées.

III. Passez à l'action : des tâches de transfert des acquis

Chaque tâche s'inscrit dans un contexte avec un amont et un aval et se présente comme un mini-scénario. Elle va plus loin que la simple consigne donnée (par exemple : rédiger un courriel) et fait travailler plusieurs compétences. Il ne s'agit pas de produire pour produire ; la production doit être partagée et elle peut l'être de plusieurs façons. En amont, il peut y avoir par exemple une recherche d'informations avant de réaliser la tâche et en aval un partage des informations lorsque la tâche est réalisée. Chacune de ces étapes est détaillée pour chaque séquence dans ce guide.

Toutes les tâches proposées permettent aux apprenants de s'entraîner de façon pratique et stimulante à faire face à des situations qu'ils pourraient rencontrer dans la vie quotidienne et active. Elles visent **un réinvestissement et une appropriation des structures langagières** et du vocabulaire. Elles s'appuient aussi sur différents supports semi-authentiques ou authentiques, de la vie courante ou professionnelle. Les apprenants sont immergés et impliqués dans des situations réelles d'usage de la langue en milieu professionnel ou para-professionnel.

Les pages finales

Le précis de conjugaison

Il donne la conjugaison de 27 verbes de base vus dans le livre de l'élève aux 5 temps acquis. Ce précis est un outil de mémorisation qui s'inscrit dans l'approche pragmatique d'***Objectif Express Nouvelle édition***.

Le mémento des actes de parole

C'est un véritable guide de la communication. Tous les actes de parole rencontrés au fil des unités y sont repris et regroupés par domaine (vie quotidienne et vie professionnelle) puis par type d'actions ou de tâches propres à chacun de ces domaines. À chaque acte de parole, correspondent des énoncés et expressions usuels utiles mis à la disposition des apprenants afin qu'ils trouvent des réponses pratiques à leurs besoins de communication lors de contacts avec des francophones.

Entrez en contact !

p. 8-9

Entrée dans l'unité

• Saluer les apprenants : « Bonjour ! ».
• Leur demander de se lever et de faire un cercle.
• Faire répéter « Bonjour » au groupe et le faire répéter avec des intonations différentes.
• Demander ensuite aux apprenants de se promener dans la classe et de serrer la main des apprenants rencontrés en disant « Bonjour ».
• Saluer à nouveau les apprenants et se présenter : « Bonjour, je m'appelle... Je suis votre professeur de français. » Écrire le prénom et le nom au tableau. Puis faire répéter plusieurs fois « je m'appelle » en veillant à ce que ce soit prononcé correctement.
• Demander ensuite à chaque apprenant de se présenter avec son prénom. Mémoriser chaque prénom puis, quand le tour de classe est terminé, dire le prénom de chaque apprenant. Demander ensuite à chaque apprenant de faire pareil.

p. 10-11

A Coopération internationale

Tâche cible de la séquence	Tâche support de la séquence	Objectifs fonctionnels de la séquence	Objectifs linguistiques de la séquence
↘ Se présenter dans une brève intervention à l'occasion d'un colloque ou d'une réunion internationale	↘ Indiquer sur une carte les pays où se trouvent des partenaires ou des collègues internationaux qui se présentent à un colloque	↘ Indiquer : – son nom et son prénom – la nationalité – les langues parlées – la profession – la ville de résidence / le lieu de travail	**Grammaire** ↘ Le verbe *s'appeler* ↘ Le verbe *être* ↘ L'accord des adjectifs de nationalité ↘ Les prépositions *à* et *dans* pour indiquer un lieu ↘ Les articles indéfinis *un / une / des* **Lexique** ↘ Les nationalités ↘ Les noms de profession

ÉCOUTEZ RÉAGISSEZ p. 10

Mes audios 01

Tâche support

Tâche 1

• Faire écouter les présentations.
• Interagir ensuite avec les apprenants de la manière suivante pour introduire les tâches proposées.

Questions de l'enseignant	Réponses attendues des apprenants
Combien de personnes parlent ?	2.
Homme ? Femme ?	Un homme et une femme.
C'est un dialogue ?	Non.
Pourquoi ils parlent ?	Ils sont à un colloque et ils se présentent à d'autres personnes.
Quelles informations ils donnent ?	Le prénom, le nom, la nationalité, la profession, les langues parlées au travail, la nationalité des collègues / collaborateurs.

NB : 1. Faire réécouter le document si toutes les informations ne sont pas données.
2. À ce stade de l'apprentissage, il ne s'agit absolument pas que les apprenants donnent les mots exacts en français. Ce qui est recherché, c'est la vérification de la bonne compréhension de la situation. Si les apprenants répondent en langue maternelle et que la réponse est correcte, l'accepter mais écrire le mot exact en français au tableau.

• Faire des photocopies des fiches suivantes et les distribuer aux apprenants (ou projeter / reproduire les fiches au tableau et demander aux apprenants de les recopier).
• Donner la consigne suivante : « Écoutez encore les présentations et notez les informations sur les personnes ». Faire plusieurs écoutes si nécessaire.

Nom : . . . .
Prénom : . . . .
Nationalité : . . . .
Profession : . . . .
Lieu de travail : . . . .
Langues parlées : . . . .

Nom : . . . .
Prénom : . . . .
Nationalité : . . . .
Profession : . . . .
Lieu de travail : . . . .
Langues parlées : . . . .

Vérification de la bonne réalisation de la tâche
• Demander aux apprenants de comparer leurs réponses et procéder à la mise en commun en complétant les fiches vierges projetées / reproduites au tableau avec les réponses apportées par les apprenants.
NB : Les apprenants ne donneront probablement pas les mots exacts. S'ils les disent de manière erronée ou dans leur langue, les accepter mais leur donner le mot correct.
• Vérifier la bonne compréhension des éléments apportés.
Si vous disposer d'un TNI (ordinateur pour les cours particuliers), préparer des images / photos correspondant aux différents éléments de réponse et faire associer les images / photos aux informations des fiches (exemples : photos représentant les deux métiers, les deux villes, les nationalités…).

Ma carte de France

NB : Il est possible de faire situer Toulouse sur la carte de France de la page 192 ou sur **la carte interactive** du DVD-ROM.

RÉPONSES ATTENDUES :

Nom : Haba
Prénom : Shanaz
Nationalité : Indienne
Profession : Ingénieure
Lieu de travail : Toulouse
Langues parlées : Français et anglais

Nom : Dufaux
Prénom : Thomas
Nationalité : Belge
Profession : Informaticien
Lieu de travail : Bruxelles
Langues parlées : Français, anglais, japonais, chinois

Tâche 2
• Montrer / Projeter la carte (Réagissez) et lire la consigne. Procéder à une dernière écoute puis laisser quelques minutes aux apprenants pour faire ce qui est demandé.

Vérification de la bonne réalisation de la tâche
• Demander aux apprenants de comparer leurs réponses par deux.
• Projeter ensuite la carte pour la mise en commun et demander à quelques apprenants de venir mettre les signes aux bons endroits. Faire justifier les réponses données et noter les énoncés correspondants au tableau : « Ils sont espagnols, allemands, américains et canadiens » ; « Je suis en contact avec des entreprises asiatiques, australiennes et sud-africaines ».

Développement des compétences fonctionnelles et linguistiques

RETENEZ p. 11
OUTILS LINGUISTIQUES p. 18-19

Pour se présenter (indiquer son nom et son prénom) → Retenez

• Faire lire l'encadré « Pour se présenter » puis faire identifier les prénoms et les noms. Si vous disposez d'un TNI, soulignez le prénom d'une couleur et le nom d'une autre couleur. Faire observer l'ordre privilégié dans la présentation (= prénom + nom).
NB : Insistez particulièrement sur cet ordre si vos apprenants n'ont pas cette habitude dans leur culture d'origine.
• Demander aux apprenants d'observer les différentes façons d'indiquer son nom et son prénom. Puis vérifier la bonne compréhension en leur demandant de se présenter de deux manières différentes de leur choix.
NB : Il n'est pas utile de donner les conjugaisons des verbes *s'appeler* et *être* à ce stade de l'apprentissage. Cela sera plus pertinent un peu plus tard.

Pour indiquer la nationalité ou l'origine → Retenez + Outils linguistiques n° 4

Le verbe *ÊTRE* → Outils linguistiques n° 1

Les articles indéfinis *UN / UNE / DES* → Outils linguistiques n° 3

- Demander à nouveau aux apprenants la nationalité de Shanaz et Thomas et faire justifier leur réponse. Ils disent : « Je suis indienne », « Je suis belge ». Écrire ces énoncés au tableau au-dessus des énoncés suivants que vous aviez notés lors de la réalisation de la tâche : « Ils sont espagnols, allemands, américains et canadiens » ; « Je suis en contact avec des entreprises asiatiques, australiennes et sud-africaines »
- Faire identifier tous les mots qui indiquent la nationalité et les (faire) surligner / souligner au tableau.
- Conceptualiser le masculin et le féminin des adjectifs de nationalité en vous aidant du premier tableau proposé dans les Outils linguistiques (n° 4).

NB : Bien insister sur la bonne prononciation.

- Attirer l'attention des apprenants sur « Je suis… » et « Ils sont… ». Vérifier la bonne compréhension des pronoms « je » et « ils » puis faire remarquer le verbe qui les suit. S'assurer que les apprenants ont compris le sens et l'utilisation du verbe *être* ici. En effet, il n'existe pas dans toutes les langues. Une fois que les apprenants ont bien compris le sens des deux pronoms (« je » et « ils ») et celui du verbe *être*, faire acquérir tous les pronoms sujets ainsi que la conjugaison du verbe *être* en vous aidant des Outils linguistiques (n° 1).
- Pour finir, réécrire les énoncés suivants au tableau : « Je suis ingénieure dans une entreprise française à Toulouse. » ; « Je suis en contact avec des entreprises asiatiques. » Conceptualiser les articles en vous aidant des Outils linguistiques (n° 3).

Pour indiquer la profession ; **Des professions** ; **Pour indiquer la ville de résidence / le lieu de travail** → Retenez + Outils linguistiques n° 4

Les prépositions *À, DANS, CHEZ* → Outils linguistiques n° 8

- À partir des fiches remplies pour la tâche 1, focaliser l'attention des apprenants sur les professions de Shanaz et Thomas.
- Si vous avez la possibilité de projeter des images, préparer un fichier avec des images / photos correspondant à ces deux métiers et à tous ceux représentés dans l'encadré « Des professions ». Faites ensuite associer les noms de professions et les images / photos.
- Faire lire l'encadré « Pour indiquer la profession » puis demander aux apprenants quel est le verbe utilisé et pourquoi à leur avis il y a une partie du mot écrit entre parenthèses.
- S'aider du deuxième tableau des Outils linguistiques (n° 4) pour conceptualiser le masculin et le féminin des professions.
- Faire ensuite lire l'encadré « Pour indiquer la ville de résidence / le lieu de travail ». Faire identifier la manière d'indiquer la ville puis conceptualiser ce point en vous aidant du tableau des Outils linguistiques (n° 8).
- Demander aux apprenants d'indiquer leur profession et leur lieu de travail. En profiter pour enrichir l'encadré lexical « Des professions » (Retenez) avec les professions indiquées par les apprenants. En profiter également pour faire trouver à chaque fois le masculin et le féminin de chacune des professions proposées. On peut également établir une petite liste de lieux de travail à partir de ce que proposeront les apprenants (une entreprise, un hôpital, un cabinet, etc.). Ce sera une première approche des articles *un / une* mais cela sera conceptualisé plus tard.

Pour indiquer une langue parlée → Retenez

- Partir des réponses apportées dans les fiches de la tâche 1 (Langues parlées) et demander aux apprenants quelles langues Shanaz et Thomas ont en commun. ***Réponse attendue :*** français et anglais.

NB : À ce stade, on attend juste qu'ils disent correctement la langue parlée.

- Faire lire l'encadré « Pour indiquer une langue parlée » et faire observer qu'on utilise le masculin des nationalités pour indiquer la langue parlée.
- Vérifier la bonne compréhension de « je parle » puis demander aux apprenants d'indiquer les langues étrangères qu'ils parlent.

Le verbe *S'APPELER* → Outils linguistiques n° 2

- Faire identifier la personne de la photo p. 11 et demander aux apprenants de la présenter sans la transcription.
- Faire observer le changement de pronom et de conjugaison des verbes (*elle s'appelle*, *elle est*, *elle parle*) puis faire observer la conjugaison du verbe *s'appeler* dans les Outils linguistiques (n° 2). Il est possible de faire déduire les terminaisons du verbe *s'appeler* à ce stade sans pour autant conceptualiser la conjugaison des verbes en *–ER*.

À la suite de toutes ces conceptualisations, faire réécouter le document (Écoutez) avec la transcription. Travailler ensuite la prononciation en demandant aux apprenants comment Shanaz et Thomas prononcent tel ou tel énoncé. On peut également noter les liaisons possibles sur les documents sans pour autant s'attarder sur ce point particulier. Demander à quelques apprenants de lire les deux présentations à haute voix.

ENTRAÎNEZ-VOUS

Activités de systématisation

Point à systématiser	Dans le manuel	Dans le cahier d'activités
Les pronoms sujets + la conjugaison des verbes *être* et *s'appeler*	Entraînez-vous p. 20 n° 1 Entraînez-vous p. 20 n° 3	p. 4 n° 1 et 2
L'accord des adjectifs de nationalité	Entraînez-vous p. 20 n° 2	p. 5 n° 4 ; p. 6 n° 5
L'accord des noms de profession	Entraînez-vous p. 20 n° 6	p. 4-5 n° 3 ; p. 6 n° 5
Les articles indéfinis *un / une / des*		p. 6 n° 6

→ Pour les corrigés des activités « Entraînez-vous » du manuel, voir p. 23-24 de ce guide et pour les corrigés des activités du cahier, voir p. 110 du cahier.

PASSEZ À L'ACTION p. 11

Tâche cible

Présentations.

• Expliquer le contexte aux apprenants (participation à un colloque international).
• Faire préparer chaque intervention. Leur demander de ne pas la rédiger.
• Demander à chacun de préparer un chevalet avec son nom, son prénom et le nom de son pays. Les aider à trouver la bonne orthographe du nom de leur pays en français. Installer ensuite les apprenants en mettant les tables en cercle et leur demander de mettre leur chevalet devant eux. Chaque apprenant devra se présenter et les autres devront prendre des notes.
• À la fin des présentations, demander à chaque apprenant d'identifier un partenaire possible. Ils pourront trouver soit un lien professionnel, soit un lien physique (lieu), soit les mêmes langues parlées.
• À la fin de la tâche, demander aux apprenants s'ils ont pu comprendre toutes les informations données. Identifier les difficultés rencontrées et procéder à une remédiation / correction si nécessaire.
Variante : Si le public n'est pas assez hétérogène en termes de nationalités et / ou de professions. Il est possible d'attribuer à chacun une identité fictive. Aux apprenants ensuite d'imaginer les informations se rapportant au personnage créé.

p. 12-13

B Enchanté !

Tâche cible de la séquence	Tâche support de la séquence	Objectifs fonctionnels de la séquence	Objectifs linguistiques de la séquence
↘ Présenter des personnes à d'autres lors de rencontres	↘ Identifier des participants à une réunion dans une liste et faire leur badge	↘ Saluer ↘ Présenter quelqu'un ↘ Répondre à des salutations / présentations ↘ Préciser la profession / la fonction dans une entreprise	**Grammaire** ↘ Le verbe *aller* ↘ La préposition *chez* **Lexique** ↘ Des fonctions dans l'entreprise

ÉCOUTEZ RÉAGISSEZ p. 12

Mes audios 02

Tâche support

• Projeter / Montrer la photo des pages 8-9 et celle de la page 13 et demander le lien entre ces photos.
Réponse attendue : Les personnes se rencontrent, se saluent, se présentent.
NB : À ce stade de l'apprentissage, il ne s'agit absolument pas que les apprenants donnent les mots exacts en français. Ce qui est recherché, c'est la vérification de la bonne compréhension de la situation. Si les apprenants répondent en langue maternelle et que la réponse est correcte, l'accepter mais écrire les mots / les phrases exact(e)(s) en français au tableau.
• Revenir en particulier sur la photo de la page 13 et préciser le contexte de la rencontre (cf. consigne de la tâche). Puis faire identifier les documents supports (Réagissez : une liste des participants et des badges) avant de donner les consignes pour la tâche (en deux étapes) à effectuer. Faire ensuite écouter le document oral sans la transcription. Puis laisser quelques minutes aux apprenants pour qu'ils réalisent ce qui est demandé.
NB : 1. Pour les badges, faire compléter le prénom, le nom, la fonction et le nom de l'entreprise.
2. La tâche peut se faire de manière individuelle ou en binômes.

Vérification de la bonne réalisation de la tâche
- Projeter la liste des participants puis faire la mise en commun concernant la première partie de la tâche.
- Projeter les badges et les faire compléter par trois apprenants (un pour chaque badge) et faire valider par l'ensemble du groupe.

NB : Si vous n'avez pas de matériel pour projeter les documents, reproduire les badges au tableau.
- Faire attribuer chaque badge aux personnes de la photo puis échanger sur la situation.

Questions de l'enseignant	Réponses attendues des apprenants
Quelles personnes se connaissent ?	M. Lopez et Mme Dumarty. M. Lopez et M. Fourcade.
Quelles personnes ne se connaissent pas ?	Mme Dumarty et M. Fourcade.
Comment vous le savez ?	M. Lopez et Mme Dumarty se saluent. M. Lopez présente M. Fourcade à Mme Dumarty.
Quel type de relation (formelle ? informelle ?) ont les personnes entre eux ?	M. Lopez et Mme Dumarty : situation formelle. Ils disent *monsieur*, *madame* et ne s'appellent pas par leur prénom. M. Lopez et M. Fourcade : informelle. Ils sont collègues, ils s'appellent par leur prénom. *(**NB** : De faux débutants indiqueront peut-être tout de suite que les uns se vouvoient et les autres se tutoient. Accepter cette bonne réponse.)*

RÉPONSES ATTENDUES :
Noms à cocher : Dumarty Anne, Fourcade Jean, Lopez Pascal
Badges : Anne Dumarty / directrice de la communication / Nofisa
Jean Fourcade / Informaticien / GF3000
Pascal Lopez / Responsable marketing / GF3000

RETENEZ p. 12-13
OUTILS LINGUISTIQUES p. 19

Développement des compétences fonctionnelles et linguistiques

Pour saluer ; **Pour répondre à des salutations** → Retenez
Le verbe *ALLER* → Outils linguistiques n° 5

- Demander aux apprenants de relever les expressions utilisées par les personnes pour saluer et répondre aux salutations dans la première partie du dialogue. Faire réécouter cette première partie.

NB : On peut mettre le tableau suivant au tableau et demander aux apprenants de le remplir.

M. Lopez salue	
Mme Dumarty répond à des salutations	
M. Lopez répond à des salutations	

Réponses attendues :

M. Lopez salue	Bonjour Mme Dumarty. Vous allez bien ?
Mme Dumarty répond à des salutations	Très bien, merci M. Lopez. Et vous ?
M. Lopez répond à des salutations	Ça va merci !

- Mettre en commun puis vérifier la bonne compréhension des énoncés. Enrichir ensuite les formules en s'aidant des encadrés (Retenez) et des connaissances éventuelles des apprenants.

NB : On pourra rajouter : Pour saluer : « Salut ! Tu vas bien ? / Comment tu vas ? »
- Faire remarquer que ces formules utilisent le verbe *aller* dont on donnera la conjugaison (Outils linguistiques n° 5).

REPÈRES CULTURELS p. 22

Développement des compétences culturelles et interculturelles

Il est possible d'aborder **les salutations** à ce stade de la démarche. Voir l'exploitation p. 24-25 de ce guide.

■ **Pour présenter quelqu'un** ; **Pour répondre à des présentations** → Retenez
Pour préciser la profession / la fonction et le nom de la société ; **Des fonctions dans l'entreprise** → Retenez
Les prépositions *À*, *DANS*, *CHEZ* → Outils linguistiques n° 8

- Demander aux apprenants de réécouter attentivement la deuxième partie du dialogue pour relever les informations données lors des présentations et des formules utilisées pour ces présentations.

Réponses attendues : 1. Informations données : Prénom et nom, relation, fonction / profession, nom de l'entreprise. 2. Formules utilisées : Pour présenter : « Je vous présente… », « Je te présente… » ; Pour répondre aux présentations : « Bonjour », « Enchanté ».

- Reprendre les badges (Réagissez) et focaliser l'attention des apprenants sur les fonctions et le lieu de travail des personnes puis leur demander comment ces informations sont données dans le dialogue.

Réponses attendues : « Jean Fourcade. Il est responsable marketing chez nous. » ; « Mme Dumarty, directrice de la communication chez Nofisa ».

- Faire lire l'encadré « Des fonctions dans l'entreprise » et rappeler la manière d'indiquer le nom de l'entreprise (Retenez + Outils linguistiques n° 8).
- Faire observer et justifier la différence entre « Je vous présente » et « Je te présente » puis vérifier la bonne compréhension des formules pour répondre à des présentations.

REPÈRES PROFESSIONNELS p. 23

Développement des compétences culturelles et interculturelles

Il est possible d'aborder **le tutoiement et le vouvoiement au travail** à ce stade de la démarche. Voir l'exploitation p. 25 de ce guide.

ENTRAÎNEZ-VOUS

Activités de systématisation

Point à systématiser	Dans le cahier d'activités
Les formules de présentations et de salutations	p. 7 n° 7
Le verbe *aller*	p. 7 n° 8
La conjugaison des verbes *être*, *s'appeler* et *aller*	p. 7 n° 9
Les prépositions *à*, *chez*, *dans*	p. 8 n° 10

→ Pour les corrigés des activités du cahier, voir p. 110 du cahier.

PASSEZ À L'ACTION p. 13

Tâches cibles

Rencontres.

Tâche 1

- Reprendre les informations relevées lors de la tâche cible de la séquence A (p. 11). Demander aux apprenants de présenter deux personnes de la classe.
- Faire valider les réponses par les intéressés ou par d'autres personnes du groupe.

Tâche 2

- Constituer trois groupes.
- Faire lire les badges proposés à un groupe et demander à chaque apprenant de s'approprier une de ces identités (un badge peut être attribué plusieurs fois).
- Demander à chaque personne de ce groupe de choisir une personne du deuxième groupe et de se présenter à cette personne (cette dernière n'aura pas vu les badges). Ces deux apprenants vont ensuite rencontrer une personne du troisième groupe. Ils devront alors se présenter les uns et les autres (la personne du troisième groupe n'aura pas vu non plus les badges).
- À l'issue de toutes les présentations, demander à la classe des informations sur chaque personne du groupe.

Variante : On peut demander à chaque apprenant de s'inventer une identité. On procèdera ensuite comme ci-dessus.
Note : L'usage veut qu'en France, on présente toujours un homme à une femme et non l'inverse.

p. 14-15
C Voici un formulaire

Tâche cible de la séquence	Tâche support de la séquence	Objectifs fonctionnels de la séquence	Objectifs linguistiques de la séquence
↘ Compléter un formulaire pour adhérer à une assurance de voyage	↘ Identifier les informations importantes contenues dans un formulaire	↘ Indiquer une date ↘ Indiquer sa situation de famille	**Lexique** ↘ Les formulaires ↘ La situation de famille ↘ Les mois de l'année

LISEZ
RÉAGISSEZ
p. 14

Tâche support

• Projeter / Montrer rapidement le formulaire de la page 14 non renseigné ainsi que celui de la page 15 puis les faire identifier par les apprenants. Leur demander ensuite quels types d'information sont en général demandés dans ces formulaires.
Réponses attendues : Ce sont des formulaires *(noter le nom au tableau)*. On y demande : le nom, le prénom, la date de naissance, etc.
NB : Noter au fur et à mesure les réponses données par les apprenants (à reformuler s'ils le disent de manière incorrecte ou dans leur langue).
• Faire ouvrir ensuite le livre à la page 14 et faire observer les photos. Puis expliquer aux apprenants que cinq d'entre elles correspondent à des informations contenues dans le formulaire renseigné.
• Faire réaliser la tâche de repérage des informations.

Vérification de la bonne réalisation de la tâche

• Pour la mise en commun, projeter les photos et demander aux apprenants d'identifier les photos à retenir puis leur demander de justifier leurs réponses en les faisant correspondre avec les informations du formulaire renseigné.
• S'assurer de la bonne compréhension de toutes les informations contenues dans le formulaire.

RÉPONSES ATTENDUES :
Les 5 photos qui correspondent aux informations sur la personne sont les photos 1 (mariée), 2 (femme), 4 (médecin), 6 (employeur : hôpital), 9 (malgache).

RETENEZ
p. 14-15

Développement des compétences fonctionnelles et linguistiques

Pour indiquer la date ; Les mois de l'année

• Demander aux apprenants d'observer comment la date est donnée dans l'encadré (jour / mois / année). Puis faire lire et mémoriser les mois de l'année.
• Demander ensuite à chaque apprenant d'indiquer son jour d'anniversaire. Pour cela, ils peuvent repérer la manière de dire la date en cherchant dans le tableau des nombres (p. 29).

Pour indiquer la situation de famille

• Faire lire l'encadré puis indiquer la bonne prononciation de chacun des mots. Faire observer la graphie spécifique pour les féminins. Expliquer brièvement (éventuellement en langue partagée) la notion de pacsé(e).

POINT INFO
Le **Pacs** (pacte civil de solidarité) est un contrat entre deux personnes majeures, de sexe différent ou de même sexe, pour organiser leur vie commune. Les partenaires, communément appelés « pacsé(e)(s) », ont des droits et des obligations réciproques en terme de soutien matériel, de logement, de patrimoine, d'impôts et de droits sociaux.

ENTRAÎNEZ-VOUS

Activités de systématisation

Point à systématiser	Dans le cahier d'activités
Le lexique des formulaires	p. 8 n° 11 ; p. 9 n° 13
Indiquer la date	p. 8 n° 12

→ Pour les corrigés des activités du cahier, voir p. 110 du cahier.

PASSEZ À L'ACTION
p. 15

Tâche cible

Contrat d'assurance.
- Faire prendre connaissance du formulaire proposé.
- Poser les questions suivantes pour introduire la tâche.

Questions de l'enseignant	Réponses attendues des apprenants
Qui propose ce formulaire ?	Une agence de voyages, une compagnie d'assurance, une compagnie aérienne. *(accepter toutes ces réponses)*
Pour quoi faire ?	Pour proposer un contrat d'assurance.
Qu'est-ce que vous devez faire si vous êtes intéressé(e) ?	Compléter le formulaire.
Quelles informations sont demandées ?	Des informations personnelles, les coordonnées.

- Faire compléter le formulaire individuellement.
- Chaque formulaire est ensuite donné à une personne de l'agence (un autre apprenant) qui vérifie si le formulaire a été renseigné convenablement. Cet apprenant peut vérifier certaines informations en posant des questions (exemple : Votre prénom c'est bien Nicolas ?).
- Chaque personne peut ensuite présenter oralement le futur assuré à un de ses collègues (un autre apprenant).

p. 16-17

D Une demande de stage

Tâche cible de la séquence	Tâche support de la séquence	Objectifs fonctionnels de la séquence	Objectifs linguistiques de la séquence
↘ Enrichir un carnet d'adresses en demandant et / ou donnant des contacts (nom, prénom, adresse électronique)	↘ Corriger des informations données concernant un stagiaire suite à un échange entre ce dernier et un réceptionniste	↘ Utiliser des formules de politesse ↘ Demander / Indiquer l'objet d'une visite ↘ Demander / Donner des informations personnelles / des coordonnées ↘ Demander / Épeler l'orthographe d'un mot / nom ↘ Indiquer son accord	**Grammaire** ↘ Les adjectifs interrogatifs *quel / quelle* ↘ Les adjectifs possessifs *mon / ma / mes / votre / vos* **Lexique** ↘ L'alphabet ↘ La ponctuation ↘ Les adresses électroniques

ÉCOUTEZ RÉAGISSEZ
p. 16
Mes audios 03

Tâche support

- Projeter / Montrer le formulaire (Réagissez) et introduire la tâche en interagissant avec les apprenants de la manière suivante.

Questions de l'enseignant	Réponses attendues des apprenants
Qu'est-ce que c'est ?	Un formulaire.
Qui propose ce formulaire ?	Un hôtel / Une université / Une école de tourisme… *(accepter toutes les réponses)*
Les informations concernent qui ?	Un étudiant, un stagiaire.
Quelles informations sont demandées ?	Des informations personnelles, les coordonnées.

• Donner la consigne de la tâche et procéder à une écoute du dialogue pour la faire réaliser individuellement.

Vérification de la bonne réalisation de la tâche
• Demander aux apprenants de comparer leurs réponses puis procéder à la mise en commun.
• Leur demander quelles sont les bonnes informations puis celles qui sont incorrectes. Faire justifier les réponses.
• Vérifier ensuite la bonne compréhension de la situation en posant les questions suivantes.

Questions de l'enseignant	Réponses attendues des apprenants
Alors, qui propose le formulaire ? Un hôtel ? Une université ? Une école de tourisme ? Quelle est la bonne réponse ?	C'est un hôtel.
Combien de personnes parlent ?	Deux.
Qui sont ces personnes ?	Une personne de l'hôtel et une jeune femme.
Qu'est-ce que cette jeune femme veut faire ?	Un stage.
Elle est étudiante ?	Non, elle travaille déjà dans un grand hôtel à Rio.
Qui a complété le formulaire : la jeune femme ou l'employé ?	L'employé. (C'est pour cela qu'il y a des erreurs !)

• Faire résumer la situation : Une jeune femme veut faire un stage, elle s'adresse à un hôtel. L'employé complète un formulaire.

RÉPONSES ATTENDUES :
Informations à corriger : Nom : Nogueiras – Adresse électronique : pano@privo.com.br – Nationalité : Brésilienne

RETENEZ
p. 16-17
OUTILS LINGUISTIQUES
p. 19

Développement des compétences fonctionnelles et linguistiques

Les formules de politesse → Retenez

• Faire réécouter le dialogue et demander aux apprenants de relever toutes les formules de politesse entendues. Noter en vrac au tableau toutes les réponses données par les apprenants et leur demander de les classer dans le tableau suivant.

Pour saluer	
Pour demander	
Pour remercier	
Pour prendre congé	

• Après la mise en commun. Enrichir éventuellement avec d'autres formules : « Bonjour. / Bonsoir. » ; « Merci / Merci bien / Merci beaucoup ». On peut également donner aux apprenants les différentes façons de répondre à un remerciement : « De rien » ; « Je vous en prie ».

Pour demander / indiquer l'objet de la visite → Retenez

• Faire lire les encadrés. Vérifier la compréhension.
• Ajouter d'autres possibilités d'objets de la visite : une demande de stage, une visite, etc.

Pour demander des informations personnelles et des coordonnées → Retenez
Les adjectifs interrogatifs *QUEL / QUELLE* → Outils linguistiques n° 6
Les adjectifs possessifs *MON / MA / MES / VOTRE / VOS* → Outils linguistiques n° 7

• Faire réécouter le dialogue et demander aux apprenants d'identifier les questions posées pour obtenir les informations qui sont sur le formulaire (Réagissez).
• Noter les réponses attendues lors de la mise en commun.

Réponses attendues :

Nom et prénom	Quel est votre nom ?
Adresse électronique	Vous avez une adresse électronique ?
Profession	Quelle est votre profession ?
Nationalité	Quelle est votre nationalité ?

• Faire observer les réponses et faire remarquer la récurrence de la forme « quel / quelle est votre… ? ». Demander aux apprenants d'expliquer pourquoi à leur avis il y a deux formes *(quel / quelle)*.

• Leur demander comment on pourrait éventuellement transformer la question pour l'adresse électronique (→ Quelle est votre adresse électronique ?).

• Terminer la conceptualisation de ce point en vous aidant des Outils linguistiques (n° 6).

• Introduire les adjectifs possessifs de manière succincte en vous aidant du tableau proposé dans les Outils linguistiques (n° 7).

Mes audios 04-05-06

■ **Pour épeler** ; **Pour demander l'orthographe** → Retenez

• Demander aux apprenants si l'employé sait écrire le nom (Écoutez).

Réponse attendue : Non, il demande « Comment ça s'écrit ? ».

• Faire ensuite lire l'encadré « Pour demander l'orthographe » pour faire découvrir une autre manière de le demander.

• Montrer ensuite l'alphabet et le faire écouter intégralement.

• Procéder par la suite à une écoute séquencée (5 lettres par 5) et faire répéter lettre par lettre, puis séquence par séquence.

Voici quelques activités possibles pour aider à la mémorisation des lettres :

1. Faire prononcer uniquement les voyelles.
2. Faire prononcer les consonnes qui se prononcent presque de la même façon :
B / C / D / G / P / T / V / W – F / L / M / N / R / S.
3. Prononcer une lettre et demander aux apprenants de prononcer la suivante ou la précédente.
4. Faire une dictée de lettres puis, après la correction, faire répéter les lettres de la dictée.

• Une fois que les apprenants savent prononcer les lettres. Faire lire la partie « Les caractères spéciaux » de l'encadré « Pour épeler ».

• Entraîner les apprenants en écrivant des mots contenant ces spécificités au tableau et en leur demandant de les épeler.

• Noter l'adresse électronique de Paula Nogueiras au tableau (pano@privo.com.br) et faire réécouter aux apprenants la partie du dialogue où elle la donne. Faire ensuite répéter l'adresse aux apprenants. Puis faire lire la partie « L'adresse électronique » dans l'encadré « Pour épeler » et noter deux ou trois adresses au tableau à faire lire aux apprenants pour vérifier la bonne acquisition du lexique.

À la fin de toutes les conceptualisations, il est possible de faire lire le document oral à haute voix aux apprenants pour leur faire travailler la prononciation et la fluidité. Noter les liaisons et les enchaînements pour que les apprenants s'y entraînent régulièrement.

Il est également recommandé de faire les activités de la rubrique « Prononcez » p. 19 à ce stade de la démarche.

ENTRAÎNEZ-VOUS

Activités de systématisation

Point à systématiser	Dans le manuel	Dans le cahier d'activités
Les mots interrogatifs *quel / quelle*	Entraînez-vous p. 20 n° 5	p. 10 n° 17
Les adjectifs possessifs *mon / ma / mes / votre / vos*	Entraînez-vous p. 20 n° 4	p. 10 n° 18
Les formules de politesse		p. 9 n° 14
Demander / Donner des informations personnelles		p. 9 n° 15 et 16 p. 11 n° 19 ; p. 12 n° 23

L'alphabet		p. 11 n° 20
Indiquer une adresse électronique		p. 11 n° 21
Tu ou *vous* ?		p. 12 n° 22
La prononciation	Prononcez p. 19	

→ Pour les corrigés des activités « Entraînez-vous » du manuel, voir p. 23-24 de ce guide et pour les corrigés des activités du cahier, voir p. 110 du cahier.

PASSEZ À L'ACTION p. 17

Tâches cibles

Contacts.

Tâche 1

• Avant le cours, préparer des photocopies du carnet de la tâche 1 au nombre des apprenants. Prendre soin de supprimer les adresses.
• En classe, faire identifier rapidement le document support sans les adresses.
• Distribuer les photocopies à une moitié de la classe. Chaque apprenant de ce groupe devra alors demander deux adresses électroniques à un apprenant de l'autre groupe puis il en demandera deux autres à un autre apprenant. Il continuera jusqu'à ce qu'il ait son carnet rempli.
• Quand tous les apprenants du groupe ont rempli leur carnet, vérifier les adresses données en grand groupe. Ceux du groupe qui ont demandé les adresses donnent les adresses et ceux de l'autre groupe valident les adresses données.

Tâche 2

• Avant le cours, préparer un document contenant un tableau avec deux entrées (noms / adresses électroniques) et un nombre de lignes correspondant au nombre d'apprenants plus l'enseignant.
• En classe, distribuer ce document vierge et demander à chaque apprenant de se promener dans la classe et d'interroger chacune des personnes du groupe pour obtenir l'adresse électronique de chacun.
• Constituer ensuite des groupes de 2-3 apprenants afin qu'ils comparent leurs informations. En cas de divergences, ils doivent interroger à nouveau la personne dont ils ne sont pas sûrs de l'adresse.
• Demander ensuite à un apprenant volontaire d'envoyer un mail réel à tous les contacts en utilisant les adresses récoltées. La fois suivante, vérifier que tout le monde a reçu le mail.

p. 20

ENTRAÎNEZ-VOUS
Corrigés des activités

1. Présentations

b) 1. Je m'appelle…, je suis… – **2.** Elle s'appelle Elsa Khol, elle est allemande. – **3.** Il s'appelle Hans Bjorg, il est suédois. – **4.** Il s'appelle Juan Dominguez, il est mexicain.

2. Quelle est votre nationalité ?

1. – Il est indien ? – Oui, il est de nationalité indienne. / **2.** – Il est chinois ? – Oui, il est de nationalité chinoise. / **3.** – Il est suisse ? – Oui, il est de nationalité suisse. / **4.** – Il est marocain ? – Oui, il est de nationalité marocaine. / **5.** – Il est sénégalais ? – Oui, il est de nationalité sénégalaise. / **6.** – Il est colombien ? – Oui, il est de nationalité colombienne. / **7.** – Il est espagnol ? – Oui, il est de nationalité espagnole. / **8.** – Il est polonais ? – Oui, il est de nationalité polonaise. / **9.** – Il est danois ? – Oui, il est de nationalité danoise. / **10.** – Il est français ? – Oui, il est de nationalité française.

3. Au colloque

– Bonjour, je suis Paul Alliot et je vous présente Catherine Claude.
– Enchantée, mon nom est Barbara Schmitt. Je suis allemande. Vous êtes français ?
– Oui, mais ma collègue est suisse.
– Les participants sont dans la salle ?
– Oui, nous sommes en retard !!

4. Prêt pour le départ !

J'ai ma carte d'identité avec ma photo, mon passeport avec mon visa, mon portefeuille avec ma carte de crédit et mon argent. J'ai aussi mon ordinateur, ma caméra et mon téléphone. Ma valise est prête !

5. Quelles questions !

1. Quel – **2.** Quelle – **3.** Quelle – **4.** Quel – **5.** Quelle – **6.** Quelle – **7.** Quel

6. Mon homologue

1. directrice – **2.** informaticien – **3.** acheteur – **4.** consultante – **5.** déléguée commerciale – **6.** comptable

---

p. 21

TESTEZ-VOUS

Si vous choisissez de faire faire les Testez-vous en classe, voici des propositions de modalités de travail pour les tâches proposées (corrigés p. 174 du manuel).

Mes audios 10

1. Premier contact

• Laisser aux apprenants le temps de prendre connaissance des consignes et des items.
• Passer l'enregistrement deux fois : une fois intégralement, puis une deuxième écoute séquencée, avec une pause entre chaque question. Laisser aux apprenants le temps de répondre.

Mes audios 11

2. Une réunion chez Artemis International

• S'assurer de la bonne compréhension des consignes et des entrées du tableau.
• Passer l'enregistrement deux fois : une fois intégralement, puis une deuxième écoute séquencée avec pause après chaque présentation. Laisser aux apprenants le temps de compléter les colonnes pour chaque personne. Procéder à une troisième écoute intégrale pour vérification des réponses.

Mes audios 12

3. Un formulaire bien rempli

• Laisser le temps aux apprenants de prendre connaissance du formulaire. Attirer leur attention sur le fait qu'il s'agit d'un formulaire de banque pour une ouverture de compte. Élucider les termes inconnus si nécessaire.
• Passer l'enregistrement deux fois : une fois intégralement, puis une deuxième écoute séquencée avec une pause après chaque question-réponse. Laisser aux apprenants le temps de compléter les cases. Procéder à une troisième écoute intégrale pour vérification des réponses.

Modalités de correction :
– *Première possibilité :* correction en groupe.
• Demander aux apprenants de donner les réponses. Les faire valider par le groupe et les noter sur le document si vous avez la possibilité de le projeter et de l'annoter. Des réécoutes partielles sont possibles si nécessaire.

– *Deuxième possibilité :*
• Demander aux apprenants de s'auto-corriger en comparant leurs réponses à celles données page 174 du manuel. Leur demander ensuite ce qu'ils ont réussi et ce sur quoi ils se sont trompés. On peut procéder à des réécoutes partielles si nécessaire sur les items qui ont posé des difficultés.

Mon portfolio

〉Une fois les activités du Testez-vous corrigées en autonomie ou en groupe, demander aux apprenants de remplir le **portfolio de l'unité 1**.

p. 22

Repères culturels

Les salutations

↘ Procéder comme indiqué. Les deux premières activités permettent de se rendre compte qu'on ne fait pas toujours la même chose dans tous les pays. L'apprenant saura alors quelle attitude adopter face à un Français en fonction du pays où il le rencontre. Qui s'adaptera à qui ?

↘ Faire lire la rubrique « Comment saluer ? ». Elle peut également être traduite si la langue des apprenants est trop éloignée du français.

↘ Demander aux apprenants s'ils trouvent ces habitudes normales ? différentes ? surprenantes ?

↘ Faire lire la rubrique « Comment interpeller ? ». Interagir ensuite avec les apprenants à partir de la question posée. Ces échanges peuvent se faire dans une langue partagée par tous les apprenants.

p. 23

↘ Repères professionnels

Au travail : ***TU*** ou ***VOUS*** dans les premiers contacts ?

↘ Procéder comme indiqué. Ci-dessous les réponses attendues pour chacune des activités.

RÉPONSES ATTENDUES :

1. À une personne inconnue ou peu connue : vous – À un(e) collègue proche : tu

2.

Situation		
Vous êtes dans une entreprise française et…	Vous dites TU	ou VOUS ?
1. …vous rencontrez le directeur général.		X
2. … vous parlez avec une personne de votre service.	X *(cela dépend de la proximité avec la personne)*	X
3. … votre supérieur vous dit « On peut se tutoyer ? ».	X	
4. …votre collègue est beaucoup plus âgé que vous.		X
5. …vous parlez à un client.		X
6. …vous parlez à un collègue proche.	X	

Mes vidéos

〉Nous vous invitons à visionner la vidéo « **Se présenter à un entretien** » et à utiliser la fiche p. 172 de ce guide pour son exploitation.

Faites connaissance !

p. 24-25 Entrée dans l'unité

• Projeter / Écrire le titre « Faites connaissance ! » au tableau puis demander aux apprenants où on peut faire connaissance / rencontrer une personne pour la première fois et lui parler.
Réponses attendues : dans un cours de langue, en classe, dans une discothèque, dans un bar, chez des amis, au travail, dans un train, dans un avion, etc.
• Montrer / Projeter la photo des pages 25-26 avec le titre de l'unité et faire faire des hypothèses sur le lieu où sont les personnes, la saison, ce qu'ils font.
Réponses possibles : ils sont dans un bus, un métro, ils voyagent, il fait beau / chaud, ils ont des vêtements d'été, ils sont dans un pays chaud ou c'est une saison chaude.
• Aider les apprenants à formuler ce qu'ils souhaitent dire et en profiter pour noter le vocabulaire ou des expressions inconnus.

p. 26-27 A S'il vous plaît !

Tâche cible de la séquence	Tâche support de la séquence	Objectifs fonctionnels de la séquence	Objectifs linguistiques de la séquence
↘ Aborder une hôtesse ou un steward pour demander quelque chose dont on a besoin	↘ Identifier des objets demandés par des passagers à une hôtesse ou un steward lors d'un vol	↘ Aborder une personne ↘ Demander / Donner quelque chose ↘ Remercier	**Grammaire** ↘ Les articles indéfinis (révision) **Lexique** ↘ Les objets courants dans un avion

ÉCOUTEZ
RÉAGISSEZ
p. 26
Mes audios 13

Tâche support

• Montrer / Projeter la photo de la page 27 et interagir avec les apprenants en leur posant les questions suivantes : Où se passe la scène ? (Dans un avion.) Qui sont les personnes ? (Deux hommes / passagers et une hôtesse.) Demander, selon le public, si les personnes sont en classe économique ou affaires / business et comment ils le savent (les sièges, l'ordinateur pour travailler, les vêtements). Ce sont des termes que des professionnels peuvent connaître. Leur demander également : Que fait l'hôtesse ? Que font les personnes / les passagers ? Pour introduire « un verre d'eau ».
• On peut aussi enrichir le vocabulaire dès cette étape d'enseignement / apprentissage selon le public et poser la question : Qu'est-ce qu'on peut demander dans un avion ? Faire une liste pour introduire les objets courants dont on peut avoir besoin dans un avion (voir p. 26 et 27).
• Aider les apprenants à formuler ce qu'ils souhaitent dire et en profiter pour noter le vocabulaire ou des expressions inconnus.
• Faire écouter les dialogues sans les transcriptions avec la consigne suivante : « Vous allez entendre trois passagers dans un avion demander quelque chose à l'hôtesse et ou au steward. Écoutez et repérez ce qu'ils demandent ».
• Faire faire l'activité Réagissez (sans les transcriptions) en faisant une écoute séquencée.

Vérification de la bonne réalisation de la tâche

• Les apprenants peuvent comparer leurs réponses avant de procéder à la correction en grand groupe.

RÉPONSES ATTENDUES :
Des magazines : passager 2 – Une couverture : passager 3 – Un café : passager 1

RETENEZ
p. 26

Développement des compétences fonctionnelles et linguistiques

Pour aborder une personne ; Pour demander / donner quelque chose ; Pour remercier → Retenez

- Faire réécouter les situations (Écoutez) et donner la consigne suivante (on peut diviser la classe en trois groupes ; chaque groupe s'occupe d'un acte de parole précis) : « Notez comment : 1. les passagers appellent / interpellent / abordent l'hôtesse / le steward ; 2. ils demandent quelque chose ; 3. ils remercient. »
- À partir des réponses données, récapituler (comment on aborde une personne / comment on demande quelque chose / comment on remercie) puis faire lire aux apprenants les encadrés en apportant des explications supplémentaires si nécessaire.
- Faire réécouter le dialogue avec les transcriptions. Si vous pouvez projeter le document, noter les liaisons et les enchaînements.
- Faire dramatiser les dialogues en veillant à la prononciation des sons, à la rythmique et à l'intonation.

ENTRAÎNEZ-VOUS

Activités de systématisation

Point à systématiser	Dans le cahier d'activités
Les formules de politesse	p. 13 n° 1 et 2
Les articles indéfinis *un / une / des* (révision)	p. 14 n° 3

→ Pour les corrigés des activités du cahier, voir p. 110 du cahier.

PASSEZ À L'ACTION
p. 27

Tâche cible

Vous êtes dans un avion.

- Reprendre la liste de tout ce qu'on peut demander à une hôtesse ou un steward dans un avion ou la constituer à cette étape. Compléter si nécessaire avec les objets du Passez à l'action si cela n'a pas été proposé par les apprenants.

NB : Prévoir réellement des objets si vous en disposez.

- Disposer les chaises de la classe comme dans un avion.
- Demander à deux apprenants de se lever (un homme et une femme de préférence). Ils seront l'hôtesse et le steward. Les autres apprenants (assis) interpelleront le personnel de bord et demanderont quelque chose (en s'aidant de la liste au tableau).
- À la fin de la tâche, demander à chaque apprenant ce qu'il a demandé et s'il est satisfait du service. Interroger ensuite le steward et l'hôtesse pour leur demander s'ils ont facilement pu comprendre les besoins des passagers.

p. 28-29

B Vous travaillez dans quoi ?

Tâches cibles de la séquence	Tâche support de la séquence	Objectifs fonctionnels de la séquence	Objectifs linguistiques de la séquence
↘ Aborder une personne et échanger avec elle pour faire connaissance ↘ Présenter des clients à partir de leurs fiches	↘ Compléter deux fiches clients d'une compagnie aérienne à la suite d'informations relevées dans une conversation entre deux passagers qui font connaissance lors d'un vol	↘ Demander / Préciser la profession ↘ Indiquer un lieu de travail / de résidence ↘ Demander / Donner des précisions sur la situation de famille ↘ Demander / Indiquer l'âge ↘ Compter jusqu'à 59	**Grammaire** ↘ Les prépositions *en*, *à* (*au / aux*) ↘ Le verbe *avoir* ↘ Les adjectifs possessifs (suite) ↘ Les pronoms toniques ↘ Les prépositions *chez*, *dans*, *pour* **Lexique** ↘ Des secteurs d'activité ↘ Les liens familiaux

ÉCOUTEZ
RÉAGISSEZ
p. 28

Tâche support

- Projeter / Montrer les fiches clients du Réagissez et interagir avec les apprenants pour introduire la tâche.

Mes audios 14

Questions de l'enseignant	Réponses attendues des apprenants
Qu'est-ce que c'est ?	Des fiches clients. (Il y a écrit « client n°… »)
Qui sont les clients ? / Quelle est l'identité de ces clients ?	La première fiche : Mme Eugenia Ferreira. La deuxième fiche : M. Cédric Laperre.
Ce sont des fiches de quelle entreprise ?	Air Zen. Une compagnie aérienne.
À quoi servent ces fiches ?	À constituer un fichier avec toutes les informations sur les clients.
Quel type d'information ?	Des informations personnelles, des informations sur la famille.
Pour quoi faire à votre avis ?	Pour proposer des promotions, pour cibler mieux la clientèle. *(**NB** : les apprenants ne répondront bien évidemment pas en ces termes-là mais peuvent donner des réponses intéressantes dans leur langue. Faire un retour positif et les reformuler. Il est possible de les écrire au tableau.)*

• Donner la consigne suivante : « Vous allez entendre ces deux clients (Mme Ferreira et M. Laperre) parler dans un avion. Écoutez leur conversation et repérez les informations utiles pour compléter les fiches. »
• Diviser la classe en deux. Une partie s'occupe de Mme Ferreira et l'autre partie de M. Laperre.
• Faire écouter le document intégralement. On peut procéder à une ou plusieurs écoute(s) intégrale(s) si les apprenants sont demandeurs.

Vérification de la bonne réalisation de la tâche
• Demander aux apprenants de mettre leurs réponses en commun. .
• Avant la validation commune du groupe. Poser quelques questions pour vérifier la compréhension globale de la situation.

Questions de l'enseignant	Réponses attendues des apprenants
Est-ce que Mme Ferreira et M. Laperre se connaissent ?	Non.
Ils parlent ensemble pour quoi faire ?	Pour faire connaissance.
De quoi parlent-ils ?	De leur travail, de leur famille, des enfants, de l'âge des enfants, de leur situation de famille.

• Faire ensuite une validation commune par le groupe et faire justifier les réponses à partir de ce qui a été dit dans la conversation entre Mme Ferreira et M. Laperre.
NB : Si vous disposez d'un TNI, demander à deux apprenants de venir compléter les fiches au TNI.

RÉPONSES ATTENDUES :

N° Client : 1590	AIR ZEN
Nom :	Ferreira
Prénom :	Eugenia
Nationalité :	Portugaise
Pays de résidence :	France
Situation de famille :	Mariée
Nombre d'enfants :	2
Âge des enfants :	12 ans / 8 ans
Secteur d'activité professionnelle :	Vente sur Internet

N° Client : 1591	AIR ZEN
Nom :	Laperre
Prénom :	Cédric
Nationalité :	Français
Pays de résidence :	Portugal
Situation de famille :	Divorcé
Nombre d'enfants :	2
Âge des enfants :	6 ans et 4 ans
Secteur d'activité professionnelle :	Communication

Développement des compétences fonctionnelles et linguistiques

RETENEZ p. 28-29
OUTILS LINGUISTIQUES p. 34-35

Pour demander / préciser la profession ; Pour indiquer un lieu de travail / un lieu de résidence ; Des secteurs d'activité → Retenez

• Reprendre les fiches complétées (Réagissez). Constituer deux groupes d'apprenants et donner une consigne différente à chaque groupe :

– Groupe 1 : « Relevez les questions posées pour obtenir les informations sur le lieu de résidence ou de travail et le secteur d'activité professionnelle. »

– Groupe 2 : « Relevez les phrases complètes qui correspondent aux réponses données dans la fiche sur le lieu de résidence ou de travail et le secteur professionnel. »

• Procéder à une écoute partielle (jusqu'à « Avec mon mari et mes deux enfants ») puis à une écoute séquencée si nécessaire.

Réponses attendues : Groupe 1 : Lieu de résidence : « Vous habitez à Paris ? » / « Et vous ? » – Secteur d'activité professionnelle : « Vous travaillez dans quoi ? » / « Vous travaillez dans quel secteur ? »

Groupe 2 : Lieu de résidence : « J'habite en France » / « je travaille au Portugal » / « je travaille à Lisbonne » – Secteur d'activité professionnelle : « Je suis dans la communication » / « Dans la vente sur Internet »

• Après validation de toutes les réponses sur le secteur d'activité professionnelle, faire observer les différentes façons de dire et faire lire les encadrés sur la profession et les secteurs d'activité. Vérifier la bonne compréhension des secteurs.

Les prépositions *EN*, *À* (*AU* / *AUX*) → Outils linguistiques n° 1

• Après la mise en commun des réponses sur le lieu de résidence ou de travail (voir paragraphe ci-dessus), faire observer les prépositions qui accompagnent le nom d'un pays ou d'une ville (« en France », « au Portugal » / « à Paris »).

• Faire découvrir la règle et conceptualiser les prépositions de lieu en vous aidant des Outils linguistiques (n° 1).

Les pronoms toniques → Outils linguistiques n° 7

• Profiter également de la réponse à la question « et vous ? » pour aborder rapidement les pronoms toniques (Outils linguistiques n° 7).

Les prépositions *CHEZ*, *DANS*, *POUR* → Outils linguistiques n° 8

• Revenir sur la façon d'« indiquer la profession / le secteur d'activité » et aborder *chez*, *dans* (Outils linguistiques n° 8).

La conjugaison des verbes en *–ER* : le verbe *travailler* → Outils linguistiques n° 2

• Il est possible de donner toute la conjugaison du verbe *travailler* à ce stade. La conceptualisation de la conjugaison des verbes en *–ER* sera vue plus tard.

Pour préciser la situation de famille ; Pour indiquer des liens de famille → Retenez

Les adjectifs possessifs → Outils linguistiques n° 6

• Reprendre les fiches remplies (Réagissez) et demander aux apprenants d'indiquer le sexe des enfants des deux personnes.

Réponses attendues : Mme Ferreira a un garçon et une fille (elle dit « mon fils et ma fille ») et M. Laperre a deux garçons (il dit « j'ai deux garçons »).

• Faire relever comment la femme et l'homme parlent de la famille.

Réponses attendues : « avec mon mari et mes enfants » / « Quel âge ont vos enfants ? » / « mon fils » / « ma fille ».

• Après validation des réponses, aborder l'encadré « Pour préciser la situation de famille » et prolonger en faisant lire le vocabulaire des liens de famille.

• Aborder les adjectifs possessifs en vous aidant du tableau des Outils linguistiques (n° 6).

Pour demander/ indiquer l'âge → Retenez

La conjugaison du verbe *avoir* → Outils linguistiques n° 3

• Faire réécouter ensuite la dernière partie du dialogue et demander les phrases exactes dites pour donner l'âge.

Réponses attendues : « Mon fils a 12 ans et ma fille 8 ans » / « j'ai deux garçons de 6 ans et 4 ans ».

• Faire lire les encadrés correspondants. Si vous avez la possibilité de projeter les encadrés, mettre toutes les formes du verbe *avoir* en valeur (en les surlignant par exemple). Si vous n'avez pas cette possibilité, recopier au tableau quelques exemples.

• Faire comprendre aux apprenants que le verbe *avoir* est utilisé pour indiquer l'âge en français et faire trouver toutes les formes de ce verbe à partir des énoncés donnés.

• Terminer la conceptualisation grammaticale en indiquant sa conjugaison complète.

Pour compter jusqu'à 59 → Retenez

• Pour apprendre à vos apprenants à compter : faire mémoriser en faisant répéter dizaine par dizaine.

• Faire une dictée de nombres ; les apprenants les écrivent en chiffres. On ne demandera pas encore aux apprenants de savoir les écrire en lettres à ce stade.

• Indiquer les liaisons et enchaînements à faire avec « ans » : *un an*, *deux ans*, *quatre ans*, etc. et faire dire à chacun son âge (ou l'âge de leur choix !).

À cette étape, on pourra faire faire l'activité de phonétique.
À la fin de toutes les conceptualisations, faire dramatiser le dialogue pour entraîner les apprenants au rythme, à l'intonation et à la bonne prononciation des mots.

ENTRAÎNEZ-VOUS

Activités de systématisation

Point à systématiser	Dans le manuel	Dans le cahier d'activités
Les prépositions *en*, *à* (*au*, *aux*)	Entraînez-vous p. 36 n° 3	p. 17 n° 10
La conjugaison du verbe *avoir*		p. 14 n° 4 ; p. 15 n° 6
Les pronoms toniques	Entraînez-vous p. 36 n° 2	
Les prépositions *chez*, *dans*, *pour*		p. 17 n° 10
Les adjectifs possessifs		p. 18 n° 13
Les groupes rythmiques, les enchaînements et les liaisons	Prononcez p. 35	

→ Pour les corrigés des activités « Entraînez-vous » du manuel, voir p. 36 de ce guide et pour les corrigés des activités du cahier, voir p. 110-111 du cahier.

PASSEZ À L'ACTION
p. 29

Tâches cibles

En avion.

Tâche 1

• Demander aux apprenants de remplir leur fiche (s'inspirer des fiches Réagissez) et les ramasser.
• Constituer des groupes de deux ou trois apprenants et leur demander de faire connaissance.
• Après les conversations, demander à chacun de présenter au groupe la personne qu'il vient de rencontrer.
• Comparer les informations données aux informations des fiches.

Tâche 2

• Faire prendre connaissance de la tâche. Constituer des binômes et demander de réaliser la tâche.
Variante : Expliquer le contexte : Vous travaillez chez Air Zen et vous devez parler de deux nouveaux clients à un collègue. Votre collègue n'a pas les fiches et vous pose des questions.
• À la fin de la tâche, demander aux apprenants « collègues » de restituer toutes les informations obtenues.

REPÈRES CULTURELS
p. 38

Développement des compétences culturelles et interculturelles

Il est possible d'aborder la thématique interculturelle des questions à poser lors d'un premier contact pour **faire connaissance** à cette étape de la démarche. Pour cela, nous vous invitons à exploiter les Repères culturels. Voir leur exploitation p. 36-37 de ce guide.

p. 30-31

C En vol !

Tâches cibles de la séquence	Tâche support de la séquence	Objectifs fonctionnels de la séquence	Objectifs linguistiques de la séquence
↘ Remplir le questionnaire d'une compagnie aérienne sur les habitudes et les goûts en avion ↘ Poster sa contribution sur un forum Internet concernant les habitudes en avion	↘ Remplir des questionnaires d'enquête sur les habitudes en avion à partir des contributions d'internautes à un forum sur le sujet	↘ Indiquer des habitudes et préciser la fréquence d'une action ↘ Indiquer des goûts ↘ Décrire des sensations	**Grammaire** ↘ Des verbes en *-ER* ↘ Le verbe *faire* ↘ La forme négative ↘ Les articles définis : *le / la / l' / les* **Lexique** ↘ Des activités en avion

LISEZ
RÉAGISSEZ
p. 30

Tâche support

• Projeter / Montrer le questionnaire Europe Air et interagir avec les apprenants comme suit pour introduire la tâche.

Questions de l'enseignant	Réponses attendues des apprenants
Qu'est-ce que c'est ?	Un questionnaire d'enquête.
Qui propose ce questionnaire ?	Une compagnie aérienne. Europe Air.
C'est un questionnaire sur quoi ?	Les voyages en avion, les habitudes des gens quand ils voyagent en avion.
Qui répond aux questions ?	Les voyageurs en avion.
Pourquoi les compagnies proposent ces questionnaires ?	Pour faire une enquête. Pour connaître leurs clients. *(accepter toutes les réponses pertinentes)*

• Projeter / Montrer le forum rapidement (Lisez) et interagir avec les apprenants de la manière suivante pour introduire le document qui servira de support à la tâche. Montrer de nouveau le document si nécessaire.

Questions de l'enseignant	Réponses attendues des apprenants
Qu'avez-vous vu ?	Une page d'un site.
Avez-vous vu le nom du site ?	On peut deviner « Facebook ».
Qu'est-ce qu'il y a sur cette page ?	C'est un forum.
Comment le savez-vous ?	Il y a une question et à droite, il y a un bandeau avec « j'aime » et « commenter ». Il y a des petits textes avec prénoms / pseudos des personnes avec leur avatar.
Est-ce qu'on sait qui a lancé le forum ?	Oui, Europe Air.
Quel est le sujet du forum ?	Vous aimez les voyages en avion ?
Combien de personnes participent au forum ? / Il y a combien de posts / contributions ?	5.

• Faire lire la consigne de la tâche et en valider la compréhension puis constituer des binômes. Chaque binôme complète le questionnaire d'un internaute différent.
NB : Si vous en avez la possibilité, photocopier le questionnaire (1 par binôme) et faire réaliser la tâche sur la photocopie.

Vérification de la bonne réalisation de la tâche
• Faire ensuite une validation commune du groupe en reportant par exemple toutes les réponses sur une grille de dépouillement (écrire les noms des internautes dans les cases : voir paragraphe « Réponses attendues »).
• Faire justifier les réponses en faisant relever, dans les commentaires, les énoncés correspondant aux réponses du questionnaire.
• Faire ensuite commenter les résultats de l'enquête (on voyage plutôt seul pour des raisons professionnelles ou plutôt pour faire du tourisme, quelles sont les activités les plus fréquentes, les moins fréquentes, combien d'internautes sont contents des prestations…).
NB : Si vous disposez d'un TNI, demandez à cinq apprenants de venir compléter les questionnaires au TNI puis faire valider par les autres.

RÉPONSES ATTENDUES :

1. Vous voyagez	Seul	En couple	En famille	En groupe
	Max57 / Caro78	Julie	SweetSo	

2. But du voyage	Voyage touristique	Voyage professionnel
	SweetSo / Caro78	Max57 / Julie

3. Fréquence du voyage	Souvent	Parfois/Quelquefois	Rarement
	Max57 / Julie / Caro78		SweetSo

4. Activités en vol	+++ Toujours	++ Souvent	+ Parfois / Quelquefois	- Rarement	- - Jamais
Regarder des films		SweetSo	Caro78		Max57 / Mathieu
Écouter de la musique			Max57		
Lire		SweetSo			
Travailler / Étudier	Max57 / Julie				
Jouer					
Dormir	Mathieu				

5. Vos appréciations	☺	☹
Service	Julie / Caro78	
Confort	Julie	
Repas		SweetSo / Mathieu

RETENEZ p. 31

OUTILS LINGUISTIQUES p. 34-35

Développement des compétences fonctionnelles et linguistiques

Des activités dans l'avion → Retenez

- Faire lire le lexique des activités en avion qui reprend celles du questionnaire du Réagissez.

Pour indiquer des habitudes et préciser la fréquence → Retenez

- Demander aux apprenants quels mots les internautes utilisent pour parler de leurs habitudes et de la fréquence, puis faire lire l'encadré correspondant.

Pour indiquer les goûts → Retenez

- Demander aux apprenants de souligner dans le forum tous les énoncés dans lesquels les passagers expriment leurs goûts (ce qu'ils n'aiment ou ce qu'ils n'aiment pas). Exemple : « J'aime bien l'avion. » ; « Nous apprécions le confort et le service. »
- Procéder à la mise en commun des réponses et les reporter au tableau.

NB : Si vous disposez d'un TNI, demander à différents apprenants de souligner / surligner les énoncés dans le document.

La conjugaison des verbes en *–ER* → Outils linguistiques n° 2

- À partir de l'ensemble des réponses apportées précédemment, aborder la conjugaison des verbes en *–ER* en vous aidant des Outils linguistiques (n° 2).

Le verbe *FAIRE* → Outils linguistiques n° 3

- À partir des énoncés relatifs aux activités dans l'avion, on pourra aborder la conjugaison du verbe *faire* à ce stade. Faire mémoriser la conjugaison du verbe *faire*.

La forme négative → Outils linguistiques n° 4

- À partir des énoncés relatifs aux activités dans l'avion, sensibiliser à la forme négative et faire conceptualiser (→ pronom (sujet) + *n'* + verbe au présent + *pas*) en vous aidant des Outils linguistiques (n° 4).

Les articles définis *LE / LA / L' / LES* → Outils linguistiques n° 5

- À partir de l'ensemble des énoncés précédents, faire remarquer l'utilisation des articles définis en vous aidant des Outils linguistiques (n° 5).

Décrire des sensations → Retenez

Le verbe *AVOIR* → Outils linguistiques n° 3

- Faire relever tous les énoncés qui expriment une sensation. Exemple : « les enfants ont toujours faim. »
- Faire lire l'encadré correspondant dans les Outils linguistiques (n° 3) et remarquer l'utilisation du verbe *avoir* pour indiquer une sensation.

À la fin des conceptualisations, faire relire le document et répondre aux questions éventuelles.

ENTRAÎNEZ-VOUS

Activités de systématisation

Point à systématiser	Dans le manuel	Dans le cahier d'activités
Des verbes en *–ER*	Entraînez-vous p. 36 n° 1	p. 18-19 n° 15
Le verbe *faire*		p. 22 n° 23
La forme négative		p. 19 n° 16 et 17
Les articles définis *le / la / l' / les*		p. 20 n° 19

→ Pour les corrigés des activités « Entraînez-vous » du manuel, voir p. 36 de ce guide et pour les corrigés des activités du cahier, voir p. 111 du cahier.

PASSEZ À L'ACTION

p. 31

Tâches cibles

Quel client êtes-vous ?

Tâche 1

• Avant le cours, photocopier le questionnaire de la page 30 et préparer des grilles pour le dépouillement des réponses (voir ci-dessous).
• Chaque apprenant remplit individuellement son questionnaire.
• Collecter tous les questionnaires et les répartir, selon la taille du groupe, par groupe de 3 apprenants (un apprenant lit les réponses, un autre note et un scrutateur vérifie) pour un dépouillement des réponses.
• Reporter toutes les réponses des groupes sur une même grille pour les comptabiliser.
• Faire ensuite commenter les résultats obtenus à l'enquête.
NB : Si vous disposez d'un TNI, demandez à chaque représentant de venir compléter les questionnaires au TNI.

Grille de dépouillement

1. Vous voyagez	**Seul**	**En couple**	**En famille**	**En groupe**	
2. But du voyage	**Voyage touristique**		**Voyage professionnel**		
3. Fréquence du voyage	**Souvent**	**Parfois/Quelquefois**	**Rarement**		
4. Activités en vol	**+++ Toujours**	**++ Souvent**	**+ Parfois / Quelquefois**	**- Rarement**	**- - Jamais**
Regarder des films					
Écouter de la musique					
Lire					
Travailler / Étudier					
Jouer					
Dormir					
5. Vos appréciations	☺		☹		
Service					
Confort					
Repas					

Tâche 2

• Avant le cours, préparer des bandes de papier correspondant à une contribution.
• Faire lire la consigne. Donner une bande à chaque apprenant et demander d'y mettre leur prénom / pseudo accompagné d'une petite illustration pour représenter leur avatar puis d'y rédiger leur contribution.
NB : Si vous avez un TNI et que vos apprenants peuvent travailler sur leur propre ordinateur ou dans le centre multimédia de votre institution, créer une page et faire contribuer les apprenants directement sur la page.
• On peut aussi demander aux apprenants de faire ce travail en autonomie chez eux et de vous envoyer leur texte afin que vous puissiez ensuite faire la mise en page de tous les textes.
• Une fois que toutes les contributions sont rassemblées sur le même document, demander aux apprenants de les lire et de les commenter en grand groupe.

p. 32-33

D Bienvenue à Paris !

Tâches cibles de la séquence	Tâche support de la séquence	Objectifs fonctionnels de la séquence	Objectifs linguistiques de la séquence
↘ Écrire une carte postale destinée à un ami francophone ↘ Dans un avion, faire une annonce aux passagers à l'approche de la ville de destination ↘ Réaliser une séquence météo simple pour une radio francophone	↘ Identifier la carte météo qui correspond aux informations données par un commandant de bord aux passagers lors de l'arrivée à destination	↘ Décrire la météo (le temps, la température) ↘ Exprimer des souhaits	**Grammaire** ↘ Le verbe *faire* (révision) **Lexique** ↘ Les saisons

ÉCOUTEZ
RÉAGISSEZ
p. 32
Mes audios 15

Tâche support

• Projeter / Montrer les cartes météo (Réagissez) et les faire identifier. Elles correspondent à trois jours différents donc à des temps différents.
• Faire écouter le document intégralement sans la transcription et interagir avec les apprenants de la manière suivante. Le nombre d'écoutes dépendra du niveau des apprenants.

Questions de l'enseignant	Réponses attendues des apprenants
Qu'est-ce que c'est ?	Une annonce dans un avion.
Qui parle ?	Un steward / commandant de bord.
De quoi il parle ?	Du temps / de la météo à Paris et il prend congé des passagers.
À quel moment du vol il parle ?	À la fin du vol.

• Faire faire l'activité du Réagissez sans la transcription.

Vérification de la bonne réalisation de la tâche

• Demander à un apprenant d'indiquer la bonne carte météo. Faire valider la réponse par les autres apprenants.
• Demander aux apprenants de justifier leur choix avec les énoncés pris dans l'annonce.
• Noter ces réponses au tableau (des réécoutes ciblées sont possibles si nécessaire).

RÉPONSE ATTENDUE : Carte n°2

RETENEZ
p. 32
OUTILS LINGUISTIQUES
p. 34

Développement des compétences fonctionnelles et linguistiques

■ **Pour décrire le temps ; Pour indiquer la température** → Retenez

Le verbe *FAIRE* → Outils linguistiques n° 3

• À partir des énoncés relevés dans l'annonce, récapituler comment on décrit la météo et faire lire les encadrés.
• Faire remarquer les formes verbales utilisées. Attirer l'attention sur l'emploi du verbe *faire* pour indiquer le temps (révision) : « Il fait chaud / froid / beau. » // « Il y a du vent / du soleil. » – « Il pleut. » – « La température / Le ciel est… »

■ **Pour exprimer des souhaits** → Retenez

• Faire relever comment le commandant de bord ou le steward termine l'annonce.
• Demander aux apprenants s'ils connaissent d'autres expressions.
• Puis faire lire l'encadré correspondant.

■ **Les saisons** → Retenez

• Faire lire le nom des saisons dans le Retenez et le Mémo de la page 22 (activité 24) dans le Cahier d'activités. On peut aussi demander à quels mois correspondent chaque saison en France sans faire lire le Mémo selon le public. Vous pouvez compléter en montrant **le calendrier** du DVD-ROM.

Mes docs

• Demander aux apprenants s'il y a des saisons dans leur pays, à quels mois les saisons correspondent et quel temps il fait pour chaque saison.

Ma carte de France

Faire réutiliser les actes de parole pour décrire le temps et la température pour commenter la météo des cartes 1 et 3 de la page 32. Vous pouvez faire repérer une ville française (sur **la carte interactive** du DVD-ROM ou sur la carte de la page 192 du manuel) et en demander la météo.

On peut aussi faire commenter la photo de la page 33.

ENTRAÎNEZ-VOUS

Activités de systématisation

Point à systématiser	Dans le cahier d'activités
Il fait / Il y a	p. 22 n° 23 et 24

→ Pour les corrigés des activités du cahier, voir p. 111 du cahier.

PASSEZ À L'ACTION
p. 33

Tâches cibles

Des nouvelles.
Tâche 1

• Faire identifier le document et ses différentes parties, les formules d'appel et de salutations, le pays d'expédition.
• Si possible, prévoir des photocopies de cartes postales vierges (ou de vraies cartes postales envoyées de France) pour réaliser la tâche.
• Faire lire la consigne et demander aux apprenants de déterminer la ville / le pays où ils sont en mission (le timbre indique le Canada mais ils peuvent choisir un autre lieu) puis demander à chacun d'écrire la carte postale.
• Demander ensuite à chaque apprenant de « l'envoyer » à un autre apprenant de la classe qui la lira silencieusement.
• Interroger ensuite les apprenants pour savoir qui leur a écrit, où il / elle est, quel temps il fait et quelles sont les activités.

Mesdames, Messieurs…
Tâche 2

• Avant le cours, prévoir la liste des destinations d'une compagnie aérienne (Air France par exemple ou une compagnie aérienne du pays de vos apprenants).
• Faire lire la consigne et demander à chaque apprenant de choisir une destination dans la liste. Faire préparer l'annonce individuellement.
• Puis enregistrer les annonces dites par les apprenants.
• Faire écouter ensuite toutes les annonces enregistrées au grand groupe. Demandez aux apprenants de quelles villes il s'agit et quel temps il fait pour vérifier la bonne compréhension des annonces. On peut faire commenter également la (belle) voix du steward ou de l'hôtesse ;)

La météo des capitales.
Tâche 3

• Constituer des binômes et leur attribuer 5 capitales. Leur demander d'imaginer la météo de ces villes (des recherches sur Internet peuvent être effectuées).
• Donner la consigne de la tâche à effectuer puis faire préparer le bulletin météo en binômes.
• Ensuite, enregistrer les annonces dites par les apprenants. Vous pouvez mettre en situation avec une musique / un jingle d'introduction de la météo et la présentation de la présentatrice ou du présentateur : Exemple « XXX, c'est à vous pour la météo du jour. » ; « XXX, quelle météo pour aujourd'hui ? »
• Faire écouter toutes les annonces enregistrées au grand groupe. Demandez aux apprenants de quelles villes il s'agit et quel temps il fait pour vérifier la bonne compréhension des bulletins météo.

REPÈRES PROFESSIONNELS
p. 39

Développement des compétences culturelles et interculturelles

Il est possible d'aborder la thématique des **entreprises françaises** à cette étape de la démarche. Pour cela, nous vous invitons à exploiter les Repères professionnels. Voir leur exploitation p. 37-38 de ce guide.

p. 36

ENTRAÎNEZ-VOUS
Corrigés des activités

1. À l'aéroport

a) 1. Elle achète – **2.** Nous enregistrons – **3.** Je regarde – **4.** Les passagers écoutent – **5.** Les touristes montrent – **6.** Nous passons – **7.** Mon mari récupère – **8.** Vous cherchez – **9.** L'hôtesse demande – **10.** Il fait
b) 1. Elle n'achète pas – **2.** Nous n'enregistrons pas – **3.** Je ne regarde pas – **4.** Les passagers n'écoutent pas – **5.** Les touristes ne montrent pas – **6.** Nous ne passons pas – **7.** Mon mari ne récupère pas – **8.** Vous ne cherchez pas – **9.** L'hôtesse ne demande pas – **10.** Il ne fait pas

2. Une bonne organisation

1. Nous – **2.** Vous – **3.** Lui – **4.** Elles – **5.** Eux – **6.** Elle – **7.** Toi – **8.** Moi

3. En voyage d'affaires

Le groupe Daccor a un hôtel à Bruxelles, en Belgique ; à Rio de Janeiro au Brésil ; à Angkor, au Cambodge ; à Bogota, en Colombie ; à Copenhague, au Danemark ; à Barcelone, en Espagne ; à Bali, en Indonésie ; à Tokyo, au Japon ; à Rabat, au Maroc ; à Rotterdam, aux Pays-Bas ; à Varsovie, en Pologne ; à Bucarest, en Roumanie.

p. 37

TESTEZ-VOUS

Si vous choisissez de faire faire les Testez-vous en classe, voici des propositions de modalités des activités.

Mes audios 19

1. Échanges en vol

• Faire prendre connaissance des réponses avant de procéder à deux écoutes : une première écoute sans pause et une deuxième écoute séquencée avec pause entre chaque question pour que les apprenants puissent vérifier leurs réponses.

2. Entreprise

• Demander de quel type de document il s'agit (un article de presse) et quoi parle le texte (d'une entreprise et de ses dirigeants / patrons).
• Faire répondre aux questions individuellement.

Modalités de correction :
Première possibilité : correction en groupe
• Vous pouvez choisir de passer à la correction après chaque tâche ou procéder à celle-ci une fois que toutes les tâches ont été effectuées.
• Demander aux apprenants de donner les réponses. Les faire justifier et valider par le groupe. Une correction après chaque micro-dialogue est possible pour l'activité de compréhension orale. On peut aussi procéder à des réécoutes partielles si nécessaire sur les items qui ont posé des difficultés.
Deuxième possibilité :
• Demander aux apprenants de s'auto-corriger en comparant leurs réponses à celles données p. 174 du manuel.

Mon portfolio

› Une fois les activités du Testez-vous corrigées en autonomie ou en groupe, demander aux apprenants de remplir le **portfolio de l'unité 2**.

p. 38

Repères culturels

Faites **connaissance**

Mes audios 14

1. Faire réécouter le dialogue B page 28 si nécessaire, « Vous travaillez dans quoi ».
• Reprendre ou faire relever les questions posées et les noter au tableau.
• Faire une synthèse ou rappeler sur quoi porte les questions et noter au tableau.
Réponses attendues : « Vous êtes portugaise / Et vous ? / Et vous habitez à Paris ? » → la nationalité, le pays de résidence et de travail – « Vous travaillez dans quoi ? / Vous travaillez dans quel secteur ? » → la profession / le secteur d'activité – « Quel âge ont vos enfants ? » → la famille

↘ **2.** Procéder à une réflexion interculturelle en amenant les apprenants à réfléchir sur leurs habitudes culturelles afin d'acquérir des savoir-être comportementaux pour faire connaissance avec des Français et interagir avec adéquation en posant les bonnes questions lors d'un premier contact.

• En grand groupe, discuter avec les apprenants en se basant sur les questions posées. Cela permet des échanges interculturels et la connaissance des façons de faire dans différents pays si la classe est multiculturelle.

• À partir de la discussion, barrer les questions qu'on ne peut pas poser, souligner celles qu'on peut poser (si vous avez un TNI ; sinon recopier d'abord les questions au tableau). Si le groupe est multiculturel, mettre des signes négatifs ou positifs. Procéder à une brève analyse des résultats obtenus.

• Puis demander aux apprenants les questions qu'on peut poser ou qu'on ne peut pas poser selon la culture et compléter la liste au tableau.

Par exemple, dans certains pays, un sujet typique d'amorce de discussion est le temps et la saison (par exemple au Japon), le sport (sujet populaire aux États-Unis), le pays d'où l'on vient, la situation de famille ou encore combien on gagne (en Corée), le travail ou les goûts sociaux (en Argentine). Si, dans certaines cultures, il est recommandé de parler des enfants ou de demander des nouvelles de la santé des parents (en Chine) ; dans d'autres pays, il faut s'abstenir de poser des questions sur la famille (en Thaïlande) ou encore d'aborder des problèmes de santé ou de politique (en Chine) ou encore de religion.

• Puis faire lire les bulles (p. 38) pour confirmer ou infirmer les réponses du groupe.

• On peut prolonger l'activité. Mettre les apprenants en binômes et leur demander de faire connaissance en enrichissant les questions posées.

p. 39

↘ Repères professionnels

Les **entreprises françaises**

L'objectif est de faire acquérir quelques éléments de culture générale d'économie d'entreprise et des mots-clés en mobilisant les savoirs culturels des apprenants.

↘ Faire répondre aux questions en grand groupe et noter les réponses au tableau dans une grille avec le nom des sociétés et leur secteur d'activité.

↘ Faire ouvrir le livre et faire lire le tableau de la page 39.

↘ Demander aux apprenants s'ils connaissant ces entreprises, si elles sont implantées dans leur pays et dans quelle ville.

↘ Puis faire compléter la suite du tableau de la page 39. Compléter le lexique des secteurs d'activité si nécessaire.

↘ Montrer / Faire lire et comparer les réponses. Demander aux apprenants s'ils connaissent ces autres entreprises données par les apprenants, si elles sont implantées dans leur pays (dans le cas où les apprenants viennent de plusieurs pays).

POINT INFO

Les dix premières entreprises françaises

La liste concerne les dix premières entreprises françaises présentes dans le monde classées selon leur chiffre d'affaires.
Les entités économiques listées sont, en réalité, non pas des entreprises en soi, mais des **groupes d'entreprises**, avec sociétés mères, filiales, sous-filiales et autres sociétés liées (**une filiale** est une société appartenant à plus de 50 % du capital à une société mère). Les noms indiqués correspondent aux raisons sociales des têtes de groupe (**la raison sociale** est le nom sous lequel une société exerce son activité).
Les entreprises possèdent plusieurs caractéristiques qui permettent de les classer telles que la taille (voir p. 122 du manuel), le secteur d'activité, le cadre juridique, la zone d'influence (activité locale, régionale, nationale ou internationale).
Les entreprises citées sont des **multinationales** : leurs activités s'exercent dans plusieurs pays, dans le monde entier.
Plusieurs indicateurs sont utilisés pour mesurer **la taille** de l'entreprise. Les plus courants sont : le chiffre d'affaires (CA) (c'est le montant total du chiffre d'affaires) ; l'effectif (c'est le nombre d'employés).
Le secteur d'activité ou secteur économique est l'ensemble des entreprises qui produisent des biens ou qui fournissent des services analogues entrant dans une même catégorie. Par exemple, l'industrie pétrolière et chimique, la distribution, le bâtiment et travaux publics, l'automobile… Une entreprise peut avoir des activités multiples. **La branche** est l'ensemble des entreprises ou parties d'entreprises spécialisées dans la production d'un bien ou service). Par exemple, le **Groupe Louis Dreyfus** est un groupe multinational de négoce avec différentes branches (transport maritime, énergie, immobilier…). C'est le type de produit correspondant à la fonction principale de l'entreprise qui commande le rattachement de l'entreprise à un secteur donné (secteur négoce et services).

POINT INFO

La population active est classée en trois grands secteurs :
– **le secteur primaire** : tout ce qui touche à la terre, mer, à la production naturelle. Par exemple, les activités agricoles, la forêt, la pêche mais aussi les exploitations minières.
– **le secteur secondaire** : concerne les entreprises de transformation (production industrielle et artisanale).
– **le secteur tertiaire** : rassemble les entreprises commerciales (achat et revente sans transformation) et les entreprises de services (transports, assurances…).

Des termes-clés de la distribution : le groupe Carrefour. Pour des recherches d'informations : www.carrefour.com.
Le groupe Carrefour est une **multinationale** du secteur **tertiaire**. Le groupe français Carrefour a été créé en 1960. C'est en 1963 que Carrefour invente un nouveau concept de commerce : l'hypermarché. N° 1 de la grande distribution en Europe et n° 2 dans le monde (après Wallmart, groupe américain), Carrefour est implanté dans 30 pays avec cinq formes de magasins :
– **l'hypermarché** avec une superficie variant de 5 000 m² à 20 000 m²,
– **le supermarché** avec une offre essentiellement alimentaire : enseigne Carrefour market,
– **les magasins de proximité** présentant dans de petits magasins (de 200 à 800 m²) une offre de produits alimentaires en centre ville : Carrefour city, Carrefour montagne, Shopi, Marché Plus, 8 à Huit et Proxi,
– le cash&carry propose des produits de qualité en grandes quantités pour les professionnels et pour les particuliers : Promocash, Docksmarket, Gross ou encore Atacadao au Brésil,
– et la vente en ligne.
Ses trois grands marchés sont l'Europe, l'Amérique latine et l'Asie. Le groupe réalise plus de la moitié de son chiffre d'affaires hors de France et compte 410 000 collaborateurs répartis dans le monde entier.

Prolongement pédagogique possible
• Demander de trouver des informations chiffrées sur les entreprises de la liste et les pays d'implantation.
• Demander aux apprenants de classer les entreprises selon les trois grands secteurs (primaire, secondaire et tertiaire).

Pour plus d'informations sur les groupes cités :
http://www.total.fr/ : 5ᵉ groupe pétrolier international coté dans le monde, présent dans 130 pays avec 96 104 collaborateurs.
www.gdfsuez.com/ : Électricité, gaz naturel et services à l'énergie et à l'environnement, le groupe compte 217 550 collaborateurs dans le monde.
http://www.edf.com : Site interactif où on peut trouver les données chiffrées et une carte avec les pays d'implantation.
www.psa-peugeot-citroen.com/ ; http://www.francetelecom.com/fr/ ; www.groupe-auchan.com/
www.saint-gobain.fr/ : Fondée en France en 1665 avec la création de la Manufacture des Glaces de Miroirs, le groupe Saint-Gobain est une multinationale leader mondial des marchés de l'habitat, avec 195 000 salariés dans 64 pays dans le secteur industriel du vitrage et des matériaux haute performance, de l'énergie et de l'environnement. Il est le premier distributeur de matériaux de construction en Europe et le premier distributeur de carrelage au plan mondial. Le groupe est le deuxième acteur mondial dans l'emballage verre, il fabrique des bouteilles et pots en verre pour l'emballage des boissons et des produits alimentaires.
www.louisdreyfus.com : Le groupe Louis Dreyfus est un groupe multinational de négoce (grains, transport maritime, énergie, immobilier…) fondé par Léopold Louis Dreyfus en 1851 dont le siège social est à Paris. Il est présent dans 53 pays et emploie plus de 10 000 personnes.
http://www.e-leclerc.com/ : E. Leclerc est le premier groupement de commerçants indépendants. Les dirigeants des centres E. Leclerc sont tous des chefs d'entreprise et propriétaires de leurs magasins. Le groupe s'internationalise avec des implantations en Espagne, en Italie, au Portugal, en Pologne, en Slovénie…

POINT INFO

La Direction Générale du Trésor et de la Politique Économique diffuse sur son site et ceux des Missions Économiques de nombreuses fiches sur les marchés extérieurs et la présence française à l'étranger. Ces renseignements peuvent être très précieux pour vos apprenants et peuvent faire l'objet d'activités complémentaires s'ils ont accès à Internet : http://www.tresor.economie.gouv.fr/
Le site d'**UBIFRANCE**, l'Agence française pour le développement international des entreprises, est un Établissement Public Industriel et Commercial placé sous la tutelle du ministre de l'Économie et des Finances, du ministre en charge du Commerce extérieur et de la Direction générale du Trésor, donne de nombreuses informations sur les aides à l'export, des données sectorielles, des actualités sur les marchés internationaux, une radio et une carte du monde interactive. http://www.ubifrance.fr/

Communiquez en ligne !

p. 40-41 Entrée dans l'unité

• Projeter / Écrire au tableau le titre de l'unité et demander aux apprenants à quoi cela leur fait penser.
Réponses attendues : Internet, les téléphones, les messageries électroniques, les sms, Facebook, etc.
• Leur demander lequel de ces moyens de communication ils utilisent le plus souvent.
• Leur annoncer que l'unité portera sur tous ces moyens de communication et qu'ils vont apprendre à communiquer en ligne.

p. 42-43 A Ne quittez pas !

Tâches cibles de la séquence	Tâche support de la séquence	Objectifs fonctionnels de la séquence	Objectifs linguistiques de la séquence
↘ Échanger avec un(e) standardiste pour obtenir une personne et laisser un message et ses coordonnées ↘ Répondre à un appel professionnel et compléter une fiche téléphonique	↘ Compléter une fiche téléphonique lors d'un appel téléphonique professionnel	↘ Saluer au téléphone ↘ Utiliser les formules d'usage au téléphone ↘ Demander à quelqu'un de faire quelque chose ↘ Demander l'autorisation ↘ Répondre à un remerciement ↘ S'excuser	**Grammaire** ↘ La préposition *à* ↘ Le verbe *pouvoir* ↘ Des verbes en *–dre* : *répondre* et *attendre* **Lexique** ↘ Les nombres jusqu'à 99

ÉCOUTEZ
RÉAGISSEZ
p. 42
Mes audios 20

Tâche support

• Projeter / Montrer la fiche téléphonique (Réagissez) et interagir avec les apprenants de la manière suivante pour introduire la tâche.

Questions de l'enseignant	Réponses attendues des apprenants
Qu'est-ce que c'est ?	Une fiche téléphonique.
À quoi elle sert ?	À informer sur un appel / laisser un message quand la personne recherchée est absente.
Elle est pour qui ?	Pour la personne absente.
En général, qui remplit ce type de fiche ?	Les standardistes / assistantes.
Quelles informations on va noter sur la fiche ?	Le nom et le prénom de la personne qui appelle / de la personne appelée. La raison de l'appel.

• Donner la consigne suivante : « Vous êtes standardiste. Une personne appelle, compétez la fiche téléphonique. »
• Faire écouter le document intégralement. Puis laisser du temps aux apprenants pour qu'ils complètent la fiche. Procéder éventuellement à une deuxième écoute intégrale si les apprenants le demandent.

Vérification de la bonne réalisation de la tâche

• Avant de procéder à la mise en commun, échanger avec les apprenants pour vérifier la bonne compréhension de la situation.

Questions de l'enseignant	Réponses attendues des apprenants
Comment s'appelle la société ?	Démépro.
Comment vous le savez ?	La standardiste dit « Société Démépro. Bonjour ! ».
Pourquoi la standardiste doit remplir une fiche ?	Parce que le poste demandé ne répond pas / parce que la personne est absente…

Elle le fait immédiatement ?	Non, elle essaye. Elle fait patienter. Elle dit « Un instant, s'il vous plaît. Ne quittez pas. »

• Si vous avez un TNI, projeter la fiche (dans le cas contraire, la reproduire au tableau) et demander à un apprenant de venir la remplir au tableau.
• Faire valider les réponses par les autres apprenants. Faire des réécoutes ciblées si certaines informations posent problème.
• Faire justifier les réponses et noter les énoncés importants au tableau.

RÉPONSES ATTENDUES :

DÉMÉPRO

Message ⓧ Urgent ◯ Rappeler

De M. Pilat **À** M. Masson

Tél. 06 81 78 94 63

Objet de l'appel Dossier Japon

Justification « urgent » : La personne dit « c'est urgent ».
Justification M. Pilat : La standardiste demande : « C'est de la part de qui ? » et le monsieur répond « M. Pilat ».
Justification M. Masson. La personne dit « Je voudrais parler à M. Masson ».
Justification de l'objet de l'appel : la standardiste demande « C'est à quel sujet ? », M. Pilat répond « C'est pour notre dossier "Japon" ».

RETENEZ p. 42-43
OUTILS LINGUISTIQUES p. 50-51

Développement des compétences fonctionnelles et linguistiques

■ **Appeler un correspondant / Répondre à un correspondant** → Retenez

La préposition *À* → Outils linguistiques n° 3

Les verbes en *–DRE* : *répondre* et *attendre* → Outils linguistiques n° 7

• Reprendre les justifications données pour les réponses apportées dans la fiche (Réagissez) puis les enrichir en faisant lire les encadrés correspondants « Pour saluer au téléphone », « Pour demander à parler à quelqu'un », « Pour demander le nom », « Pour demander / dire l'objet de l'appel », « Pour faire patienter », « Pour dire que la personne n'est pas disponible ». Apporter des précisions si nécessaire.

• Profiter de l'expression « je voudrais parler à… » pour introduire l'utilisation de cette préposition. Pour cela, s'aider de la deuxième partie des Outils linguistiques n° 3.

• Donner également la conjugaison du verbe *répondre* à ce stade de la démarche (*répondre* est dans l'un des titres du Retenez et est conjugué dans l'encadré « Pour dire que la personne n'est pas disponible ». Donner le verbe *attendre* car il se conjugue de la même façon).

■ **Pour demander l'autorisation ; Pour demander de faire quelque chose** → Retenez

Le verbe *POUVOIR* → Outils linguistiques n° 5

• Demander aux apprenants quelles sont les questions posées par la standardiste pour obtenir l'orthographe du nom et pour obtenir les coordonnées. Il est possible de faire réécouter les extraits correspondants du document.

Réponses attendues : « Pouvez-vous épeler votre nom s'il vous plaît ? » – « Je peux prendre vos coordonnées ? »

• Noter les énoncés au tableau puis vérifier leur bonne compréhension. Demander aux apprenants de préciser la différence de nuance entre ces deux énoncés.

Réponses attendues : Dans le premier, elle demande à la personne de faire quelque chose et, dans le deuxième, elle demande la permission de faire quelque chose.

• Faire ensuite lire les encadrés correspondants. Faire remarquer qu'il y a 2 formes possibles (*vous pouvez / pouvez-vous*) sans rentrer dans le détail de la forme interrogative et indiquer aux apprenants que c'est le verbe *pouvoir* qui est utilisé ici. Terminer la conceptualisation avec le tableau des Outils linguistiques n° 5.

■ **Pour répondre à un remerciement ; Pour s'excuser** → Retenez
- Faire réécouter la fin du document et faire relever les formules de politesse.

Réponses attendues : « Je vous remercie » – « je vous en prie » – « Au revoir ».
- Demander aux apprenants s'il y en a eu d'autres dans le dialogue.

Réponses attendues : « Bonjour » – « s'il vous plaît » – « Je suis désolée ».
- Demander aux apprenants dans quel cas on utilise ces formules puis récapituler avec les encadrés correspondants.

■ **Pour indiquer un nombre** → Retenez
- Partir du numéro de téléphone noté sur la fiche du Réagissez et le faire répéter. En profiter ensuite pour faire acquérir les nombres jusqu'à 99.

Activités possibles : Faire répéter dizaine par dizaine. Dicter des nombres et faire répéter les nombres dictés. Demander à chaque apprenant de dire son numéro de téléphone.

À la fin des conceptualisations, faire dramatiser le dialogue pour travailler la prononciation et la fluidité.
Il est possible d'intégrer les activités de prononciation proposée p. 51 (prononcez n° 1 et 2) à cette étape de la démarche.

ENTRAÎNEZ-VOUS

Activités de systématisation

Point à systématiser	Dans le manuel	Dans le cahier d'activités
La préposition *à*	Entraînez-vous p. 52 n° 1	p. 25 n° 1
Les expressions usuelles au téléphone		p. 25 n° 2
Le verbe *pouvoir*	Entraînez-vous p. 52 n° 3	p. 27 n° 5
Des verbes en *–dre*		p. 26 n° 4
Les numéros de téléphone		p. 27 n° 6
Les consonnes finales	Prononcez p. 51 n° 1	
Les enchaînements et les liaisons (nombre + nom)	Prononcez p. 51 n° 2	

CORRIGÉ DE L'ACTIVITÉ 1 p. 51 (PRONONCEZ) a. Je voudrai~~s~~ parle~~r~~ à M. Masso~~n~~. – b. U~~n~~ momen~~t~~, s'il vou~~s~~ plaî~~t~~. – c. Le poste ne répon~~d~~ pa~~s~~. – d. Je peu~~x~~ laisse~~r~~ u~~n~~ message ? – e. Vou~~s~~ pouve~~z~~ épele~~r~~ votre no~~m~~ ?
Liste des consonnes finales non prononcées : D / M / N / R / S / T / X / Z.

→ Pour les corrigés des activités « Entraînez-vous » du manuel, voir p. 48 de ce guide et pour les corrigés des activités du cahier, voir p. 111-112 du cahier.

REPÈRES CULTURELS p. 54

Développement des compétences culturelles et interculturelles

Il est possible d'aborder les rubriques « **Les numéros de téléphone** » et « **Épeler au téléphone** » des Repères culturels avant de passer à la réalisation des tâches cibles. Voir leur exploitation p. 49-50 de ce guide.

PASSEZ À L'ACTION p. 43

Tâche cible

Vous pouvez laisser un message.
- Constituer deux groupes d'apprenants (un groupe constituera les standardistes, l'autre les personnes qui appellent).
- Demander aux personnes qui vont appeler de réfléchir à la raison de leur appel.
- Demander ensuite à ce groupe d'appeler (on peut utiliser de vrais téléphones et dans ce cas-là les personnes qui appellent et les standardistes ne sont pas dans la même pièce ou alors mettre les apprenants dos à dos de sorte qu'ils ne se voient pas).
- Pendant l'appel, les standardistes complètent les fiches téléphoniques.
- Une fois l'appel passé, on peut demander aux standardistes de transmettre les messages à Martine Jasmin et Bruno Dubosc (= d'autres apprenants qui n'ont pas entendu la conversation téléphonique).

p. 44-45

B Je te rappelle !

Tâches cibles de la séquence	Tâche support de la séquence	Objectifs fonctionnels de la séquence	Objectifs linguistiques de la séquence
↘ Compléter son répertoire téléphonique après avoir interrogé le service des renseignements téléphoniques ↘ Contacter un(e) ami(e) et laisser un message sur le répondeur	↘ Vérifier des informations contenues dans un agenda électronique	↘ Indiquer / Vérifier que vous êtes au bon numéro ↘ Se présenter au téléphone ↘ Indiquer la raison d'un appel ↘ Proposer de rappeler et indiquer un moment ↘ Terminer un message téléphonique ↘ Indiquer la disponibilité / l'indisponibilité ↘ Faire une proposition	**Grammaire** ↘ *Parce que* **Lexique** ↘ Les loisirs ↘ Les jours de la semaine ↘ Les indicateurs temporels

ÉCOUTEZ
RÉAGISSEZ
p. 44
Mes audios 21

Tâche support

• Montrer / Projeter l'écran de téléphone (Réagissez) et interagir avec les apprenants pour introduire la tâche.

Questions de l'enseignant	Réponses attendues des apprenants
Qu'est-ce que c'est ?	Un écran de téléphone avec une page d'agenda.
Qu'est-ce qu'il y a sur cette page d'agenda ?	Des activités / actions / événements pour la semaine.
À qui appartient ce téléphone / cet agenda ?	À une personne qui travaille / qui voyage.

• Faire écouter intégralement le document et poursuivre les échanges.

Questions de l'enseignant	Réponses attendues des apprenants
Qui parle ?	Patricia.
À qui ?	À Lucie. Elle laisse un message sur son téléphone.
Pourquoi elle appelle Lucie ?	Parce qu'elle veut sortir avec elle. Parce qu'elle est dans sa ville. Elle dit « je te téléphone parce que je suis à Nantes ».
Où habite Lucie ?	À Nantes.
À qui appartient l'agenda ?	À Patricia.

• Donner la consigne de la tâche et procéder à une autre écoute du document.

Vérification de la bonne réalisation de la tâche

• Demander aux apprenants de comparer leurs réponses.
• Mettre en commun en groupe et faire justifier les réponses. Noter les réponses au tableau.

RÉPONSES ATTENDUES :
Conférence Nantes lundi, mardi et mercredi : correct – jeudi : pas correct → « Je suis à Nantes lundi, mardi et mercredi pour une conférence »
Cinéma ou dîner avec Lucie lundi : pas correct → « Lundi je finis tard » ; « je suis libre mardi soir pour sortir »
Dîner avec Paul Dumont mardi : pas correct → « Je suis libre mardi soir pour sortir »
Vol Londres jeudi : pas correct → « Mercredi soir, je vais à Londres »

RETENEZ
p. 44-45
OUTILS LINGUISTIQUES
p. 50

Développement des compétences fonctionnelles et linguistiques

■ **Les jours de la semaine ; Les loisirs ; Pour indiquer la raison de l'appel** → Retenez

Parce que → Outils linguistiques n° 2

• À partir des réponses données lors de la tâche, faire acquérir le lexique. S'aider des encadrés de lexique.
• Faire également acquérir l'expression *parce que* (s'aider des Outils linguistiques n° 2).

■ **Pour indiquer / vérifier que vous êtes au bon numéro ; Pour indiquer la disponibilité / l'indisponibilité ; Pour proposer de rappeler et indiquer un moment** → Retenez
Des indicateurs de temps → Outils linguistiques n° 4

• Faire réécouter le message d'accueil sur le répondeur de Lucie puis demander aux apprenants ce qu'elle fait dans ce message.

Réponses attendues : Elle confirme le numéro, elle dit qu'elle n'est pas disponible, elle propose de laisser un message et elle propose de rappeler plus tard.

• Demander aux apprenants de restituer le message. Le noter au tableau et le faire mémoriser.

• Faire lire les encadrés correspondants.

• Demander aux apprenants d'identifier quand Patricia va rappeler (***réponse attendue :*** Patricia dit : « Je te rappelle ce soir ou demain matin »). Partir de ces énoncés pour aborder les indicateurs temporels (Outils linguistiques n° 4).

■ **Pour terminer un message / une conversation au téléphone** → Retenez

• Demander aux apprenants comment Patricia commence et finit son message. Faire éventuellement réécouter la partie concernée du document.

Réponses attendues : « Bonjour Lucie ! C'est Patricia. » ; « Bisous, bonne journée ! »

• Noter les réponses au tableau et demander aux apprenants s'ils connaissent d'autres manières de saluer et de prendre congé. Finir la conceptualisation en faisant lire l'encadré correspondant.

À la fin des conceptualisations, faire lire les messages à haute voix (le message de la boîte vocale et le message de Patricia). Il est possible d'enregistrer les apprenants (avec un téléphone par exemple) pour qu'ils se rendent compte de leurs progrès.

ENTRAÎNEZ-VOUS

Activités de systématisation

Point à systématiser	Dans le manuel	Dans le cahier d'activités
Des indicateurs temporels	Entraînez-vous p. 52 n° 2	p. 29 n° 11 ; p. 30 n° 12
Parce que		p. 28 n° 8
Les jours de la semaine		p. 28 n° 9
Des expressions téléphoniques		p. 29 n° 10
Le lexique des loisirs		p. 31 n° 14

› Pour les corrigés des activités « Entraînez-vous » du manuel, voir p. 48 de ce guide et pour les corrigés des activités du cahier, voir p. 112 du cahier.

PASSEZ À L'ACTION

p. 45

Mes audios 22

Tâches cibles

Le service des renseignements.

Tâche 1

• Faire identifier le support puis donner la consigne.
• Faire écouter puis compléter le répertoire téléphonique.
• Demander ensuite aux apprenants de valider les numéros notés auprès d'autres apprenants.

Contacts.

Tâche 2

• Préparer des supports vierges (les pages d'un répertoire téléphonique sans les numéros).
• Constituer ensuite deux groupes d'apprenants. Une partie des apprenants aura les numéros et les autres devront se renseigner auprès d'eux pour les avoir.
• Après les échanges, demander ensuite aux apprenants qui ont noté les numéros d'interagir entre eux pour s'assurer qu'ils ont les bons numéros.

Messagerie vocale.

Tâche 3

• Constituer deux groupes. Demander à chaque personne du premier groupe de réfléchir à un message d'accueil pour son téléphone.

• Demander à chaque personne du deuxième groupe de réfléchir à une sortie qu'il / elle proposera à la personne de l'autre groupe qu'il / elle appellera.
• Enregistrer ensuite les productions des apprenants en couplant chaque message d'accueil avec les messages laissés.
• Réécouter tous les enregistrements et laisser les apprenants réagir et commenter les contributions.

REPÈRES CULTURELS p. 54

Développement des compétences culturelles et interculturelles

Il est possible d'aborder la partie « **Le savoir-vivre au téléphone** » des Repères culturels à la fin de cette séquence. Voir son exploitation p. 50 de ce guide.

p. 46-47

C Textos efficaces !

Tâches cibles de la séquence	Tâche support de la séquence	Objectifs fonctionnels de la séquence	Objectifs linguistiques de la séquence
↘ Contacter un collaborateur par téléphone et lui laisser des instructions sur son répondeur à propos d'un dossier en cours ↘ Contacter un(e) ami(e) par texto pour lui proposer une sortie ↘ Prendre connaissance de différents événements professionnels programmés dans son agenda et contacter les personnes concernées par texto	↘ Noter des informations importantes dans son agenda suite à la réception de différents textos	↘ Donner des instructions ↘ Indiquer une heure de rendez-vous ↘ Inviter quelqu'un	**Grammaire** ↘ Des formules pour donner des instructions ↘ Les pronoms *te / vous* ↘ Les verbes *finir* et *choisir*

LISEZ RÉAGISSEZ p. 46

Tâche support

• Montrer / Projeter brièvement les écrans de téléphone (Lisez) et demander aux apprenants de les identifier.
Réponse attendue : Ce sont des téléphones avec des textos.
• Montrer / Projeter ensuite la page d'agenda (Réagissez) et la faire identifier aux apprenants.
Réponse attendue : C'est une page vierge d'un agenda sur une tablette.
• Faire lire la consigne et en vérifier la compréhension. Faire travailler les apprenants en binômes.

Vérification de la bonne réalisation de la tâche
Pour chaque texto, procéder comme suit :
• Demander qui écrit et à quel sujet.
• Demander à un binôme de venir noter au tableau les tâches et informations importantes concernant le texto.
• Faire valider les réponses par les autres apprenants et faire justifier les réponses.

RÉPONSES ATTENDUES :
Texto 1 : Sophie de l'agence Planète écrit à propos de billets d'avion – Tâche : Passer à l'agence demain pour les billets d'avion.
Texto 2 : SFR info écrit à propos d'un problème de facture – Tâche : Contacter le service client au 564.
Texto 3 : Secrétariat du Dr Jules Piquart à propos d'un rendez-vous – Tâche : Rappeler au 04 31 76 54 20 pour confirmer le rendez-vous avec le Dr Jules Piquart mardi 12 à 15 h 30.
Texto 4 : Nicolas à propos d'une invitation à dîner – Tâche : Choisir un restaurant pour ce soir. Rendez-vous à 19 h chez Nicolas.

RETENEZ p. 46
OUTILS LINGUISTIQUES p. 50-51

Développement des compétences fonctionnelles et linguistiques

Lexique des tâches propres à la communication téléphonique

• Faire relever, dans les réponses notées sur la tablette (Réagissez), les tâches propres au téléphone.
Réponses attendues : « Contacter le… » ; « Rappeler au… ».
• Enrichir cette liste : « appeler (le / au / M ou Mme…) » ; « téléphoner à (+ personne) / au (+ numéro) », « envoyer un texto / SMS à… ».

Pour indiquer une heure de rendez-vous → Retenez

- Faire relever les énoncés concernant les rendez-vous dans les réponses apportées.

Réponses attendues : « Rendez-vous avec le Dr Jules Piquart mardi 12 à 15 h 30 » ; « Rendez-vous à 19 h à la maison ».

- Conceptualiser la manière de donner un rendez-vous à partir de ces énoncés : *Rendez-vous avec* + personne / *à* + heure ou lieu / *chez* + nom d'une personne pour indiquer le domicile.
- Faire lire l'encadré correspondant.

Pour donner des instructions → Retenez

- Partir des justifications apportées par les apprenants concernant les tâches qu'ils ont notées (Réagissez) pour leur faire acquérir les différentes formules possibles (l'impératif sera vu plus tard).

Justifications : « Vous pouvez passer à l'agence » ; « Nous vous invitons à contacter » ; « Merci de rappeler » ; « Tu choisis ».

- Vérifier la bonne compréhension des spécificités de chaque formule en faisant transformer chaque exemple. Exemple : Vous pouvez passer / Nous vous invitons à passer / Merci de passer…

Pour inviter → Retenez

Les pronoms personnels *TE* et *VOUS* → Outils linguistiques n° 1

- Noter au tableau les énoncés suivants : « Nous vous invitons à contacter le service client » ; « Je t'invite à dîner ».
- S'assurer de la bonne compréhension du sens du verbe *inviter* dans les deux énoncés. Puis demander aux apprenants qui invite qui. Conceptualiser les pronoms *te / vous* à cette étape de la démarche (Outils linguistiques n° 1).

NB : Il est possible d'enrichir les exemples avec des énoncés présents dans les documents de la séquence précédente : « Je vous rappelle dès que possible » ; « je te téléphone » ; « je te rappelle ».

La conjugaison des verbes en *–IR* → Outils linguistiques n° 7

- Projeter / Montrer le texto 4 et surligner / souligner : « Je finis à 18 heures » et « Tu choisis le restaurant » ou noter les deux énoncés complets au tableau.
- S'assurer de la bonne compréhension des énoncés et demander l'infinitif des verbes aux apprenants. Leur faire remarquer la terminaison identique pour « je » et « tu » et terminer la conceptualisation en s'aidant des Outils linguistiques n° 7.

À la fin des conceptualisations, faire relire silencieusement tous les textos et faire élucider le sens de certains mots / énoncés si nécessaire.

ENTRAÎNEZ-VOUS

Activités de systématisation

Point à systématiser	Dans le manuel	Dans le cahier d'activités
Les pronoms *te* et *vous*	Entraînez-vous p. 52 n° 4	p. 27-28 n° 7
La conjugaison de *finir* et *choisir*		p. 31 n° 15
Inviter		p. 32-33 n° 16

→ Pour les corrigés des activités « Entraînez-vous » du manuel, voir p. 48 de ce guide et pour les corrigés des activités du cahier, voir p. 112 du cahier.

PASSEZ À L'ACTION

p. 47

Tâches cibles

Je vous appelle pour...

Tâche 1

- Demander aux apprenants de réfléchir à une tâche / un dossier qu'ils ont eu à réaliser pour un client / collaborateur et à des instructions possibles à donner. Noter toutes les idées possibles au tableau.
- Constituer des binômes et demander aux apprenants de préparer un message à laisser sur le répondeur du client / collaborateur. Leur demander ensuite d'enregistrer leur message.
- Faire écouter tous les messages à l'ensemble de la classe et demander à chacun de noter : qui appelle ; à propos de quoi ; la tâche et les informations importantes données.
- Mettre en commun et faire valider les réponses par ceux qui ont enregistré le message.

Vous avez rendez-vous.
Tâche 2
• Demander à chaque apprenant de choisir une sortie (cinéma / restaurant / musée, etc.) et une personne avec qui il / elle voudrait la faire. Leur demander ensuite de rédiger un texto sur une bandelette de papier (ou un texto réel) pour faire cette proposition de sortie et indiquer un rendez-vous.
• Faire envoyer les textos aux personnes sélectionnées puis demander aux destinataires d'y répondre.
• Faire envoyer les réponses.
• Interroger ensuite les apprenants destinataires sur l'émetteur du texto, l'objet du texto et les détails sur la sortie et le rendez-vous. Faire valider ces informations par les apprenants émetteurs et leur demander le contenu de la réponse (sortie et rendez-vous ok ou non).

Textos professionnels.
Tâche 3
• Demander aux apprenants de prendre connaissance de la page d'agenda et vérifier la bonne compréhension de chaque tâche.
• Attribuer une tâche à chaque apprenant et faire rédiger le texto qui correspond à cette tâche. Faire envoyer chaque texto à un autre apprenant (qui aura rédigé un autre texto à propos d'une tâche différente).
• Demander à chaque apprenant de répondre au texto qui lui a été envoyé.
• Constituer des binômes et donner à chaque binôme un texto et sa réponse. Leur demander d'évaluer la bonne correspondance entre le texto et sa réponse ainsi que la clarté des deux textos.

p. 48-49

D Vous avez un nouveau message

Tâches cibles de la séquence	Tâche support de la séquence	Objectifs fonctionnels de la séquence	Objectifs linguistiques de la séquence
↘ Rédiger divers courriels professionnels ↘ Contacter un(e) collaborateur/trice par téléphone pour l'inviter à un dîner-débat	↘ Compléter des mémos correspondant à des tâches relevées dans un courriel professionnel	↘ Demander la disponibilité ↘ Exprimer une obligation / un besoin ↘ Remercier ↘ Saluer et prendre congé dans un courriel / un mail	**Grammaire** ↘ L'interrogation fermée *(est-ce que)* ↘ Le verbe *devoir* **Lexique** ↘ Les expressions usuelles contenues dans les mails

LISEZ
RÉAGISSEZ
p. 48

Tâche support

• Projeter / Montrer brièvement le mail / courriel (Lisez) et le faire identifier.
• Demander aux apprenants d'ouvrir leur livre à la page 48 et leur demander de lire le mail.
NB : Si vous disposez d'un TNI, ne montrer que la partie supérieure du mail sans le message en lui-même.
• Interagir ensuite avec eux comme suit pour en vérifier la compréhension globale.

Questions de l'enseignant	Réponses attendues des apprenants
Qui a écrit ce mail ?	Sandrine Dumont.
À qui ?	Paul Morisson.
À quel sujet ? / Quel est l'objet du mail ?	La réunion des délégués.
C'est un mail amical ou professionnel ?	Professionnel.

• Projeter entièrement le mail et demander aux apprenants de le lire. Puis leur poser la question suivante : « Qu'est-ce que Sandrine fait dans son mail ? »
Réponse attendue : Elle propose un rendez-vous et elle demande une information.
• Projeter / Montrer les post-it (Réagissez) et donner la consigne de la tâche aux apprenants. Leur accorder quelques minutes pour qu'ils réalisent ce qui est demandé.

Vérification de la bonne réalisation de la tâche
• Demander aux apprenants de comparer leurs réponses en binômes puis envoyer un apprenant au tableau pour noter les tâches de Sandrine et un autre pour noter celles de Paul. Faire valider les réponses par l'ensemble du groupe.
NB : Si vous disposez d'un TNI, préparer des étiquettes des différentes tâches et envoyer des apprenants au tableau à tour de rôle pour positionner les étiquettes sur le mémo correspondant.

RÉPONSES ATTENDUES :
Paul : préparer une réunion avec les délégués / confirmer un jour de la semaine pour la réunion / donner le numéro de téléphone et l'adresse mail de Mme Langlois.
Sandrine : préparer une réunion avec les délégués / contacter la responsable des ventes.

RETENEZ
p. 48-49
OUTILS LINGUISTIQUES
p. 50

Développement des compétences fonctionnelles et linguistiques

Pour saluer et prendre congé dans un courriel / un mail → Retenez

- Demander aux apprenants de relever les formules de salutations et de prise de congé utilisées par Sandrine et leur demander le type de relation qui existe entre Paul et elle.

Réponses attendues : Relation professionnelle formelle : « Bonjour Paul » ; « Cordialement ».

- Demander aux apprenants quelles formules elle aurait pu utiliser s'ils étaient amis puis faire lire l'encadré correspondant.

Le verbe *devoir* → Outils linguistiques n° 6

- Reprendre le mémo de Sandrine et demander aux apprenants ce qui indique dans le texte que ce sont des obligations pour Sandrine.

Réponses attendues : Elle écrit « nous devons organiser une réunion » ; « je dois contacter Mme Langlois ».

- Vérifier la bonne compréhension du sens du verbe *devoir* et faire observer sa construction. Terminer la conceptualisation en vous aidant des Outils linguistiques n° 6.

L'interrogation fermée (Réponse → *OUI / NON / JE NE SAIS PAS*) → Outils linguistiques n° 8
Pour demander la disponibilité → Retenez

- Reprendre le mémo de Paul et demander quel énoncé du mail correspond à la tâche : « Confirmer un jour de la semaine ».

Réponse attendue : « Est-ce que vous êtes libre mardi ? » Paul doit confirmer sa disponibilité, répondre par *oui* ou *non*.

- Faire lire l'encadré « Pour demander la disponibilité » et demander aux apprenants d'observer la manière dont peut être posée une question à laquelle correspondent les réponses *oui / non*.
- Faire trouver un autre exemple dans le mail (« Est-ce que vous avez ses coordonnées ? ») puis s'aider des Outils linguistiques n° 8 pour finir la conceptualisation.

ENTRAÎNEZ-VOUS

Activités de systématisation

Point à systématiser	Dans le manuel	Dans le cahier d'activités
Les verbes *pouvoir* et *devoir*	Entraînez-vous p. 52 n° 3	p. 33 n° 18 ; p. 34 n° 19
Les formules de salutations et de prise de congé dans les mails		p. 33 n° 17
L'interrogation fermée		p. 34 n° 20
Le vocabulaire informatique		p. 34 n° 21
Les lettres muettes (phonie-graphie)		p. 34 n° 22

→ Pour les corrigés des activités « Entraînez-vous » du manuel, voir p. 48 de ce guide et pour les corrigés des activités du cahier, voir p. 112 du cahier.

PASSEZ À L'ACTION
p. 49

Tâches cibles

Pas mardi.

Tâche 1

- Faire lire la consigne et en valider la compréhension.
- Faire répondre au mail de manière individuelle puis faire échanger les mails entre apprenants.
- Demander aux apprenants de répondre au mail de réponse qui vient de leur être envoyé.
- Faire un tour de table et demander ensuite à chaque binôme (Sandrine, Paul) quel jour ils auront finalement rendez-vous.

Nouveauté.
Tâche 2
• Constituer des groupes de trois apprenants et leur expliquer qu'ils font partie d'une même entreprise. Demander à chaque groupe d'imaginer leur entreprise et un nouveau produit qu'ils vont lancer.
• Demander ensuite à chaque groupe d'imaginer la présentation de ce produit (quand ? où ? à qui ? comment ?) et de noter les informations sur une feuille. Aider vos apprenants à formuler leur projet si nécessaire.
• Faire rédiger un mail d'invitation par groupe puis afficher tous les mails sur un mur de la classe. Demander ensuite à tout le groupe de se lever, de lire les mails et de dire quelle présentation les intéresse et pourquoi.

Invitation à un dîner-débat.
Tâche 3
• Avant le cours, photocopier les cartes au nombre de vos apprenants. Faire ensuite un paquet de cartes jaunes et un paquet de cartes vertes.
• Constituer des binômes. Faire lire la consigne du livre à une personne du binôme et lui donner une carte jaune. Donner la carte verte à l'autre apprenant.
• Mettre les personnes dos à dos et demander à l'apprenant « vous » d'appeler son/sa collaborateur/trice.
• À la fin de la conversation, interroger les apprenants « vous » pour savoir pourquoi le/la collaborateur/trice est indisponible.
Variante : On peut laisser la conversation libre et ne pas utiliser les cartes. Les collaborateurs sont alors libres de choisir s'ils sont disponibles ou pas.

REPÈRES PROFESSIONNELS p. 55

Développement des compétences culturelles et interculturelles

Il est possible d'aborder la page Repères professionnelles à cette étape de l'unité. Voir son exploitation p. 50 de ce guide.

p. 52

ENTRAÎNEZ-VOUS
Corrigés des activités

1. Une journée chargée

Je dois expliquer le planning à l'assistante. – Je dois envoyer un mél à l'informaticien. – Je dois parler au chef des ventes. – Je dois téléphoner à la directrice des ressources humaines. – Je dois écrire aux actionnaires. – Je dois montrer le contrat aux stagiaires. – Je dois donner la facture à la / au comptable.

2. Planning

1. d. Aujourd'hui, je suis au bureau. – **2. g.** Ce matin, j'ai un rendez-vous avec Olivier Darmont. – **3. e.** Cet après-midi, je prépare le salon. – **4. h.** Ce soir, je vais à une conférence. – **5. c.** Demain, je suis à Bordeaux. – **6. a.** Demain matin, je visite l'usine de Bordeaux. – **7. b.** Demain après-midi, je rencontre les commerciaux. – **8. f.** Demain soir, j'ai un dîner-débat.

3. Une urgence !

je ne peux pas – je dois – nous devons – vous pouvez – vous devez

4. SMS

a. vous – **b.** t' – **c.** vous – **d.** vous – **e.** te

p. 53

TESTEZ-VOUS

Si vous choisissez de faire faire les Testez-vous en classe, voici des propositions de modalités de travail pour les tâches proposées (corrigés p. 175 du manuel).

1. La bonne formule

• Lire la consigne et en vérifier la bonne compréhension.
• Laisser du temps aux apprenants pour qu'ils réalisent la tâche demandée.

2. Des erreurs dans le fichier clients

Mes audios 25

• Lire la consigne et en vérifier la bonne compréhension.

• Faire une écoute séquencée pour laisser aux apprenants le temps de faire ce qui leur est demandé puis passer intégralement le document pour qu'ils vérifient.

Mes audios 26

3. Prenez un message téléphonique

• Lire la consigne et en vérifier la bonne compréhension.
• Laisser aux apprenants le temps de lire le document support.
• Faire une écoute intégrale du document puis laisser aux apprenants le temps de faire ce qui leur est demandé. Faire une deuxième écoute intégrale si nécessaire.

Modalités de correction :
– *Première possibilité :* correction en groupe
• Demander aux apprenants de donner les réponses. Les faire valider par le groupe et les noter sur le document si vous avez la possibilité de le projeter et de l'annoter.
• Des réécoutes partielles sont possibles si nécessaire.
– *Deuxième possibilité :*
• Demander aux apprenants de s'auto-corriger en comparant leurs réponses à celles données page 175.
• Leur demander ensuite ce qu'ils ont réussi et ce sur quoi ils se sont trompés. On peut procéder à des réécoutes partielles si nécessaire sur les items qui ont posé des difficultés.

Mon portfolio

› Une fois les activités du Testez-vous corrigées en autonomie ou en groupe, demander aux apprenants de remplir le **portfolio de l'unité 3**.

p. 54

Repères culturels

Téléphoner en France

L'objectif est de faire prendre connaissance des pratiques téléphoniques en France pour permettre à l'apprenant d'être à l'aise lors de communications téléphoniques avec des Français ou lors d'un éventuel séjour en France. L'accent est aussi mis sur l'attitude comportementale à suivre au / avec le téléphone dans les relations avec les Français, partie intégrante d'une communication interculturelle réussie, afin d'éviter des incompréhensions ou des situations embarrassantes.

Les numéros de téléphone
• Procéder comme indiqué.

Ma carte de France

• Pour l'activité 3, les apprenants ont la possibilité de se reporter à la carte de France p. 192 du manuel ou à la **carte interactive** du DVD-rom.

RÉPONSES ATTENDUES :
2. En France, on prononce les numéros 2 par 2.
3. b. Paris : 01… – Strasbourg : 03… – Rennes : 02… – Bordeaux : 05… – Nice : 04…

POINT INFO

Les appels nationaux
Tous les numéros de téléphone français comportent 10 chiffres et commencent par un zéro. Voici la liste des préfixes et leurs significations : 01 : poste fixe situé à Paris et en banlieue parisienne. 02 : poste fixe situé dans le Nord-Ouest de la France. 03 : poste fixe situé dans le Nord-Est de la France. 04 : poste fixe situé dans le Sud-Est de la France. 05 : poste fixe situé dans le Sud-Ouest de la France. 06 / 07 : téléphones portables. 0 800 : numéros verts, appels gratuits depuis un poste fixe.
Les numéros commençant par 08 (sauf 0 802, 0 820, 0 803 et 0 825) ont des tarifs élevés.

Les appels internationaux
Pour appeler la France depuis l'étranger faire le 00, le 33 puis le numéro du correspondant à 9 chiffres (on ne compose pas le premier 0).
Pour appeler à l'étranger depuis la France, il faut composer le 00 + l'indicatif du pays + le numéro du correspondant.

www.pagesjaunes.fr : Les pages jaunes pour les coordonnées des administrations, des sociétés ou des professionnels ; on peut trouver les numéros de téléphone et de fax, les adresses et les plans d'accès, les adresses mails et les sites Internet.
www.pagesblanches.fr : Les pages blanches pour obtenir les numéros de téléphone et adresses privés.

www.pagespro.fr : Les pages Pro (Pages professionnelles), un annuaire entièrement consacré aux entreprises en France avec quelques informations sur les sociétés (chiffre d'affaires, effectif, etc.) et qui propose aussi des options de recherche avancée.
www.europages.com : Un annuaire professionnel européen qui couvre 33 pays et est consultable dans 25 langues différentes.
www.kompass.fr : Une base de données en ligne très complète recensant les entreprises en France et à l'étranger avec des options de recherche avancée, comme une recherche par produits et services, raison sociale, marque et dirigeants. Certaines informations ne sont consultables que par les adhérents. Film vidéo de démonstration.

Les numéros d'urgence
Des numéros uniques sur l'ensemble du territoire français permettent d'appeler les services d'urgence les plus proches de sa zone d'habitation : le 15 (SAMU), le 17 (police), le 18 (pompiers), mais aussi le 112 (numéro général d'urgence européen), le 115 (SAMU Social) et le 119 (enfance maltraitée). Ces numéros sont gratuits depuis un poste fixe.

↘ Épeler au téléphone

1. Cet échange donne lieu à des informations pratiques intéressantes quand les apprenants sont de nationalités différentes.
2. Les apprenants peuvent s'aider d'un calendrier français avec les prénoms.

Mes docs

Faire découvrir l'**alphabet officiel des prénoms** pour épeler dans le DVD-rom.
3. Procéder comme indiqué et demander aux autres apprenants de prendre sous la dictée le nom de l'apprenant qui appelle. Un apprenant écrira le nom directement au tableau.

POINT INFO

Épeler au téléphone
En France, il est d'usage d'utiliser des prénoms pour épeler les noms. La liste donnée est celle en usage pour les professionnels mais les Français utilisent aussi d'autres prénoms. Cet aspect culturel est très important car les apprenants seront amenés à épeler leur nom ou à prendre des noms en note pour des besoins professionnels ou autres. Même pour un francophone, certains sons peuvent prêter à confusion au téléphone, c'est le cas des lettres m, n, l, p, b, v.

↘ Le savoir-vivre au téléphone

- L'objectif de cette rubrique vise surtout le savoir-être et permet de mettre l'accent sur des habitudes culturelles françaises liées par exemple aux horaires d'appel qui peuvent être évidemment très différents d'une culture à l'autre et engendrer des malentendus délicats.
- Procéder comme indiqué.

p. 55

↘ Repères professionnels

Bien rédiger **ses courriers professionnels**

- L'objectif est de faciliter l'accès à une boîte mail en français et la rédaction de courriels formels.
- Procéder comme indiqué.

RÉPONSES ATTENDUES :
2. 1 → e – 2 → c – 3 → a – 4 → b – 5 → d

p. 56-57

Scénario professionnel

〉Pour l'exploitation du **Scénario professionnel**, nous vous invitons à lire les conseils dans l'introduction de ce guide p. 9.

Partez en déplacement !

p. 58-59 Entrée dans l'unité

• Montrer / Projeter la photo des pages 58-59 avec le titre de l'unité et la faire décrire. Demander où se passe la scène, qui sont les personnes, quel peut être leur activité.
Réponses attendues : La réception d'un hôtel ; derrière le comptoir, il y a une femme, la réceptionniste ; elle tient une tablette. En face d'elle, il y a un homme, peut-être un professionnel : il est habillé avec un costume, il a une housse pour ses vêtements et un bagage, il signe sur une tablette.
• Demander aux apprenants quel lien ils font entre la photo et le titre de l'unité.
Réponse attendue : L'homme est en déplacement / en voyage professionnel.
• Aider les apprenants à formuler ce qu'ils souhaitent dire et en profiter pour noter le vocabulaire ou des expressions inconnus.

p. 60-61 A Où souhaitez-vous partir ?

Tâches cibles de la séquence	Tâche support de la séquence	Objectifs fonctionnels de la séquence	Objectifs linguistiques de la séquence
↘ Réserver un billet de train par Internet ↘ Interroger un responsable sur ses souhaits de réservation d'un billet de train et effectuer la réservation ↘ Aider des amis francophones à organiser leur voyage en train en leur donnant des instructions par mail	↘ Vérifier la confirmation d'une commande de billet en ligne pour s'assurer qu'elle est conforme à la réservation faite sur le site de la SNCF	↘ Interroger sur les souhaits ↘ Donner des instructions ou suggérer une action	**Grammaire** ↘ Les pronoms interrogatifs ↘ L'impératif des verbes en *-ER* ↘ Le verbe *partir* **Lexique** ↘ Les voyages en train

Entrée dans la séquence

• Demander aux apprenants comment ils se déplacent, quels moyens de transport ils utilisent pour leurs déplacements dans leur ville, dans leur région, dans leur pays (vous pouvez vous aider des questions « Je valide, je voyage » des Repères culturels, p. 72 du manuel).
• Leur demander ce qu'ils doivent faire pour prendre un transport en commun.
• Aider les apprenants à formuler ce qu'ils souhaitent dire et en profiter pour noter le vocabulaire ou des expressions inconnues.

REPÈRES CULTURELS p. 72

Développement des compétences culturelles et interculturelles

Il est possible d'aborder la thématique des **transports en commun** à cette étape de la démarche. Pour cela, nous vous invitons à exploiter la première partie des Repères culturels, « Je valide, je voyage ». Voir son exploitation p. 64 de ce guide. Ce point culturel peut-être aussi traité à la fin de la séquence.

LISEZ RÉAGISSEZ p. 60

Tâche support

• Projeter / Montrer la photo de la page 61.
• Demander aux apprenants de la décrire. Demander ce qu'on voit, ce que c'est, de quel type de train il s'agit, quel appareil on voit, à quoi correspondent les lettres E et D. Est-ce qu'ils connaissent le nom de l'entreprise française de transport ferroviaire (le transport par train)...
• Demander aux apprenants comment ils réservent leur billet de train (pour ceux qui voyagent en train).
• Aider les apprenants à formuler ce qu'ils souhaitent dire et en profiter pour noter le vocabulaire ou des expressions inconnus.

Réponses attendues : Il y a deux trains, des voyageurs (des enfants, des adultes, un chien, ils ont des valises), les trains sont modernes, on voit une locomotive et des voitures de voyageurs, c'est un TGV (train à grande vitesse) ; les lettres E et D sont les numéros des quais, il y a un appareil pour les billets ; c'est la SNCF – Société Nationale des chemins de fer français et donner le mot « sigle » (déjà vu dans le cahier d'activités p. 11 ou faire rechercher le sigle dans la fiche du DVD-rom « **Sigles et abréviations** »).

Mes docs

POINT INFO

Il est possible de faire une petite parenthèse socioculturelle sur les différents types de train selon le public et ses besoins : les trains de banlieue (à Paris, le **RER**) qui desservent la banlieue, les trains **Corail** et **TER** (train express régional) qui desservent la province, les **TGV** (train à grande vitesse) qui desservent les grandes villes de province ainsi que Londres (l'Eurostar), Bruxelles (le Thalys), la Suisse et l'Italie (le Lyria). Le TGV permet de parcourir la France d'un bout à l'autre en moins de 4 heures.

• Projeter / Montrer les documents de la page 60 (site de la SNCF et confirmation de la réservation) et interagir avec les apprenants de la manière suivante pour introduire la tâche.

Questions de l'enseignant	Réponses attendues des apprenants
Qu'est-ce que voyez ?	Une page Internet / Un site Internet et un document avec des horaires et des villes / Une confirmation de commande.
À quoi sert cette page Internet ?	À réserver une place de train.
Quelles sont les informations demandées ?	Les informations sur le voyage : les lieux de départ et d'arrivée (la destination), la date et l'heure de départ, de retour, le nombre de passagers, l'âge, le confort du voyage.
Qui a rédigé / établi le deuxième document ?	(Le site) voyages-sncf.com.
Pour quoi faire ?	C'est une confirmation de commande, c'est écrit.
À qui est-elle adressée ?	À M. Michel Morin.
Quel est le lien entre les deux documents ?	La SNCF confirme la réservation / la commande.
Que doit-on faire quand on reçoit cette confirmation ?	Vérifier qu'elle est conforme à la réservation / qu'il n' y a pas d'erreur.

• Puis faire lire les deux documents de la page 60 et s'assurer de la bonne compréhension de l'ensemble des informations avant de passer à la tâche du Réagissez.
• Demander ce qu'il faut faire quand on a rempli la page du site.
Réponse attendue : Il faut appuyer sur le bouton « Réservez ».
• Demander si on a tout de suite la réservation après avoir appuyé, s'il manque des informations, lesquelles, ce qu'il faut faire pour obtenir la réservation, le billet.
Réponse attendue : Il faut donner ses coordonnées et payer.
• Demander aux apprenants ce qu'il faut faire pour vérifier la confirmation.
Réponse attendue : Il faut lire la confirmation et comparer avec la réservation faite sur le site.
• Faire réaliser la tâche.

Vérification de la bonne réalisation de la tâche
• Constituer des binômes et leur demander de comparer leurs réponses.
• Faire valider les réponses en grand groupe et demander aux apprenants de justifier leurs réponses.
NB : Si vous disposez d'un TNI, demander à un apprenant de venir procéder à la correction au TNI puis faire valider par le groupe.
• Faire repérer tout le vocabulaire lié au train et faire lire l'encadré « Les voyages en train » du Retenez (p. 61).

Vérifier la bonne compréhension des documents.

RÉPONSES ATTENDUES :

Voyage aller → *erreurs :* 2 passagers (au lieu d'1 seul) – départ à 6 h 30 (case à partir de 7 h cochée) – passager senior 60 ans + (case « 26-59 ans » cochée) – 1re classe (case « 2e classe cochée »)
Voyage retour → *erreurs :* 2 passagers (au lieu d'1 seul) – retour le 14/09 (case retour le « 13/09/2012 » sélectionnée)

RETENEZ p. 61
OUTILS LINGUISTIQUES p. 68-69

Développement des compétences fonctionnelles et linguistiques

Les pronoms interrogatifs → Outils linguistiques n° 1

Pour interroger sur les souhaits → Retenez

• Demander / Faire rappeler aux apprenants quel type d'informations sont demandées et quelles sont les questions posées sur la page du site Internet (informations sur la destination, la date et l'heure de départ, le confort et les passagers). Noter les réponses sur deux colonnes. On pourra proposer le tableau suivant (à écrire au tableau).

Informations sur...	Questions posées
La destination	**Où** souhaitez-vous partir ?
La date de départ	**Quand** souhaitez-vous partir ?
Le/Les passager(s)	**Qui** participe au voyage ?
Le confort	**Comment** souhaitez-vous voyager ?

• Attirer l'attention des apprenants sur les mots interrogatifs et sur la forme soutenue de la question.

• Faire lire l'encadré « Pour interroger sur des souhaits » et s'aider des Outils linguistique n° 1 pour faire observer la manière de formuler des questions.

La conjugaison des verbes : *partir* → Outils linguistiques n° 8

• Attirer l'attention sur : *départ* → *partir*.

• Faire lire et mémoriser la conjugaison du verbe *partir*.

L'impératif des verbes en *–ER* → Outils linguistiques n° 2

Pour donner des instructions ou suggérer une action → Retenez

• Faire relever toutes les instructions et les conseils sur la page du site Internet de la SNCF (« réservez », « simplifiez », « créez », « voyagez », « sélectionnez »).

• Faire lire l'encadré « Pour donner des instructions ou suggérer une action » et les Outils linguistiques n° 2. Faire observer les formes verbales et faire conceptualiser l'impératif (on n'abordera pas ici les verbes pronominaux).

• En profiter pour voir la conjugaison au présent du verbe *voyager*.

À cette étape, on pourra faire faire l'activité phonétique n° 1 p. 69.

ENTRAÎNEZ-VOUS

Activités de systématisation

Point à systématiser	Dans le manuel	Dans le cahier d'activités
Les pronoms interrogatifs	Entraînez-vous p. 70 n° 1	p. 35 n° 1 et 2
L'intonation dans les questions fermées	Prononciation p. 69 n° 1	
Le verbe *vouloir*		p. 36 n° 6
L'impératif des verbes en *–ER*	Entraînez-vous p. 70 n° 2	
Le verbe *partir*		p. 36 n° 4

→ Pour les corrigés des activités « Entraînez-vous » du manuel, voir p. 63 de ce guide et pour les corrigés des activités du cahier, voir p. 112-113 du cahier.

PASSEZ À L'ACTION p. 61

Ma carte de France

Tâches cibles

Vous souhaitez voyager en train.

Tâche 1

• Constituer des binômes et demander à chaque binôme de choisir un voyage au départ d'une ville en France (voir la **carte de France interactive** du DVD-rom ou p. 192 du manuel) et une ville de destination en France (mais on peut aussi choisir un trajet au départ de France à destination d'une grande ville de Belgique, de Suisse, d'Allemagne, de Grande-Bretagne ou encore d'Italie). Demander aux apprenants de décider des dates, du nombre et de l'âge des passagers et de noter toutes ces informations sur une fiche.

• Faire compléter la fiche sur Internet par binôme (si vous avez un centre multimédia ou sur l'ordinateur personnel de l'apprenant) ou proposer la page du site photocopiée avec des blancs. Si vous en avez la possibilité, capturer la page à compléter du site de la SNCF et la photocopier (www.voyages-sncf.com/billet-train).
• Donner la fiche avec les détails sur le voyage à un autre binôme avec la fiche de réservation Internet et lui demander de valider la bonne réalisation de la réservation.

Votre responsable doit partir en déplacement.
Tâche 2
• Faire lire la consigne puis constituer des binômes (un responsable et un assistant).
• Demander à tous les responsables de réfléchir à un voyage qu'ils veulent réaliser (où ? quand ? comment ?) et demander à tous les assistants de réfléchir aux questions qu'ils pourraient poser à leur responsable.
• Faire réaliser la tâche en binômes.
• Interroger ensuite chaque assistant sur les souhaits de son responsable.
• Il est possible de continuer en faisant faire la réservation par Internet ou par téléphone.

Des amis francophones veulent faire un voyage en train dans votre pays.
Tâche 3
• En grand groupe, faire trouver les différentes questions qu'on peut se poser concernant des déplacements en train dans un pays que l'on ne connaît pas.
• Faire faire la tâche individuellement. Les productions peuvent aussi se faire au centre multimédia si vous en possédez un ou en autonomie à la maison.
• Il est possible de proposer des photocopies d'un écran mail vierge.
• Demander à chaque apprenant d'envoyer (ou de transmettre) le mail à un autre apprenant en vous mettant « en copie » pour une correction individuelle.
• Demander aux destinataires des courriels ce qu'ils doivent faire pour voyager dans le pays de l'expéditeur du mail.
• Puis discuter des instructions avec les apprenants. Cette tâche permet un échange interculturel sur les modalités pour prendre le train dans un pays étranger.
• L'apprenant destinataire pourra ensuite faire des remarques et aider à une meilleure rédaction (présentation du mail, plan et choix adéquat des formules pour saluer et prendre congé, forme verbale choisie).
• Une fois toutes les productions rassemblées, demander aux apprenants de lire tous les mails et de les commenter en grand groupe. Attirer l'attention sur la bonne présentation du mail, le plan et les choix adéquats des formules pour saluer et prendre congé.

p. 62-63

B hôtel.com

Tâches cibles de la séquence	Tâche support de la séquence	Objectifs fonctionnels de la séquence	Objectifs linguistiques de la séquence
↘ Proposer un descriptif d'hôtel pour la page francophone d'un site ↘ Déposer un commentaire positif concernant un hôtel sur un site de voyageurs	↘ Répondre de manière précise au mail de demande de renseignements d'un client sur les prestations d'un hôtel	↘ Décrire un hôtel et donner des caractéristiques ↘ Décrire les caractéristiques et le confort d'une chambre ↘ Indiquer l'emplacement d'un bâtiment ↘ Indiquer un prix	**Grammaire** ↘ Les adjectifs qualificatifs **Lexique** ↘ L'hôtellerie

Entrée dans la séquence

• Demander aux apprenants où ils logent lorsqu'ils sont en déplacement / en voyage, s'ils vont à l'hôtel et dans quel type d'hôtel ils vont, comment ils effectuent leur réservation.

REPÈRES CULTURELS p. 72

Développement des compétences culturelles et interculturelles

• Il est possible d'aborder la thématique des **hébergements** à cette étape de la démarche ou après la séquence d'enseignement-apprentissage. Pour cela, nous vous invitons à exploiter la deuxième partie des Repères culturels, « Je choisis mon hébergement ». Voir son exploitation p. 64-65 de ce guide.

LISEZ
RÉAGISSEZ
p. 62

Tâche support

• Projeter / Montrer le courriel du « Réagissez » pour le faire identifier et interagir pour introduire la tâche. Demander aux apprenants ce que c'est, à qui est adressé le mail, qui est l'expéditeur, qu'est-ce qu'on remarque et pour quelles raisons ce mail est envoyé.
Réponses attendues : C'est un mail / courriel adressé à l'hôtel Sillon, il y a beaucoup de questions, une personne demande des renseignements sur l'hôtel (sur les chambres, le prix, le dîner, la situation…).
• Puis montrer / projeter la page Internet (Lisez) et interagir en posant les questions suivantes pour faire identifier le site.

Ma carte de France

Questions de l'enseignant	Réponses attendues des apprenants
Qu'est-ce que c'est ?	Une page Internet d'un site d'hôtel (de l'hôtel Sillon).
De quoi il s'agit précisément *(faire lire les titres des différentes parties)* ?	Un descriptif d'hôtel.
À quoi ça sert ?	C'est pour réserver (il y a « Votre réservation » en bas à droite).
Quelle est la catégorie de l'hôtel ?	Deux étoiles. *(expliquer brièvement cette classification si nécessaire, voir Point info p. 64-65 de ce guide)*
Dans quelle ville se trouve cet hôtel ?	À Lyon. *(faire retrouver Lyon sur* ***la carte de France interactive*** *du DVD-rom ou p. 192 du manuel)*
Quels types d'informations a-t-on ?	Les coordonnées, le tarif des chambres, une description, le détail des prestations.

• Faire ouvrir le livre et demander aux apprenants de réaliser la tâche.
• Constituer des binômes pour faire comparer les réponses.
NB : Vous pouvez aussi recopier ce mail et l'adresser aux apprenants qui répondront sur le mail et l'enverront (si vous avez un centre multimédia).

Vérification de la bonne réalisation de la tâche

• Faire ensuite une validation commune du groupe et faire justifier les réponses.
• Pour finir, demander à quelle description correspondent les photos du site de l'hôtel et faire décrire la chambre (chambre double avec un grand lit, la décoration est agréable, un beau jardin, la réception).
NB : Si vous disposez d'un TNI, demander à un apprenant de venir compléter le mail au TNI puis faire valider par le groupe.

RÉPONSES ATTENDUES :
Bonjour Monsieur Prakash,
Merci pour votre demande. Notre réponse est dans votre mail.
Sincères salutations
Signature de l'apprenant

Bonjour
Je souhaite réserver deux chambres simples pour deux nuits dans votre hôtel mais j'ai des questions : Combien coûte la chambre par personne pour deux nuits ? *168 euros.* / Est-ce que nous devons payer une taxe ? *Oui, la taxe de séjour est de 1 € par nuit et par personne.* / Est-ce que le petit déjeuner est inclus dans le prix ? *Non. C'est 8,50 euros.* / Est-ce que nous pouvons dîner à l'hôtel ? *Non, il n'y a pas de restaurant.* / Est-ce que l'hôtel est à côté d'une station de métro ? *Oui. La station Saxe-Gambetta.* / Est-ce qu'il y a Internet dans les chambres ? *Oui, la connexion est gratuite dans les chambres.* / Comment nous pouvons payer ? *Par carte de crédit ou en espèces, l'hôtel n'accepte pas les chèques.*
Merci pour votre réponse / Navagara Prakash

RETENEZ
p. 63
OUTILS LINGUISTIQUES
p. 68

Développement des compétences fonctionnelles et linguistiques

Pour donner les caractéristiques des chambres ; Pour décrire le confort d'une chambre ; Pour indiquer le prix d'une chambre → Retenez

• Demander quelles informations on a sur les chambres sur le site Internet puis faire lire les encadrés correspondants.

■ **Pour faire la description positive d'un hôtel** → Retenez

Les adjectifs qualificatifs → Outils linguistiques n° 3

• Faire relire le paragraphe « Description » du site Internet et faire relever tous les points positifs de l'hôtel Sillon.

• Mettre en commun en grand groupe. Écrire les réponses au tableau en les classant en deux colonnes : pour indiquer l'emplacement d'un bâtiment et pour faire la description positive de l'hôtel.

Réponses attendues : pour indiquer l'emplacement d'un bâtiment : dans un beau jardin – à côté de la gare – en centre-ville – à 5 min à pied de la navette pour l'aéroport – métro, bus et tramway à proximité
pour faire la description positive de l'hôtel : dans un beau jardin – un accueil personnalisé – un service exceptionnel – une décoration agréable – un mobilier élégant – des chambres charmantes et confortables – de jolies salles de bains – accès facile à l'aéroport – un parking privé – animaux acceptés – connexion Internet gratuite.

• À partir du corpus obtenu, faire observer la présence et l'utilité des adjectifs qualificatifs. Faire ensuite lire l'encadré « Pour faire la description positive d'un hôtel » et conceptualiser l'accord des adjectifs en vous aidant des Outils linguistiques n° 3.

■ **Pour indiquer l'emplacement d'un bâtiment** → Retenez

• À partir du corpus obtenu (voir ci-dessus), faire observer les expressions de la localisation. Faire ensuite lire l'encadré correspondant.

À cette étape, on pourra faire faire l'activité phonétique n° 2 p. 69.
Vérifier la bonne compréhension des documents.

ENTRAÎNEZ-VOUS

Activités de systématisation

Point à systématiser	Dans le manuel	Dans le cahier d'activités
Les adjectifs qualificatifs	Entraînez-vous p. 70 n° 3	p. 37 n° 8 et 9 ; p. 38 n° 10
La localisation	Entraînez-vous p. 70 n° 4	
La prononciation des voyelles	Prononcez p. 69 n° 2	

→ Pour les corrigés des activités « Entraînez-vous » du manuel, voir p. 63 de ce guide et pour les corrigés des activités du cahier, voir p. 112-113 du cahier.

PASSEZ À L'ACTION
p. 63

Tâches cibles

Un site Internet.

Tâche 1

• Constituer des groupes de trois apprenants. Faire discuter du choix de l'hôtel, de la description, de l'emplacement, des prestations, des tarifs. On peut également apporter des photos et les donner aux apprenants (photos différentes par groupe) afin de leur donner des idées.
• Faire réaliser la tâche. Elle peut se faire au centre multimédia si vous en possédez un ou en autonomie (individuellement ou à plusieurs) en dehors du cours sur un ordinateur personnel.
• Une fois la tâche réalisée, les apprenants présentent leur descriptif (illustré si possible) au groupe. Les autres apprenants peuvent poser des questions.
• On peut également collecter et afficher toutes les productions. Faire réagir les apprenants. Chaque apprenant dira quel hôtel il préfère ou il choisit et pour quelles raisons.

Votre avis

Tâche 2

• Faire faire la tâche individuellement sur une feuille ou sur une photocopie du document.
• Collecter les commentaires et les afficher sur un mur de la classe. On peut aussi faire un montage pour que chaque apprenant ait l'ensemble des commentaires.
• Faire lire les commentaires et laisser les apprenants réagir. Leur demander quel hôtel ils choisiraient et de justifier leurs réponses.
Prolongement de la tâche : Si vos apprenants peuvent travailler sur leur propre ordinateur ou dans le centre multimédia de votre institution, vous pouvez leur demander ensuite de déposer leur avis en français sur l'hôtel qu'ils veulent recommander sur un site dédié aux avis des internautes sur les hôtels. On pourra alors demander aux autres apprenants

de lire ces avis sur les pages du site et faire leurs commentaires en classe sur les points positifs relevés dans différents avis. Quel(s) est (sont) le(s) point(s) positif(s) donné(s) par les internautes ?

p. 64-65

C Au quatrième !

Tâches cibles de la séquence	Tâches supports de la séquence	Objectifs fonctionnels de la séquence	Objectifs linguistiques de la séquence
↘ Interagir avec des visiteurs pour leur donner des informations et les orienter dans un aéroport ↘ Échanger avec un réceptionniste en se présentant à la réception d'un hôtel muni d'une réservation	↘ Compléter une facture d'hôtel ↘ Indiquer l'emplacement des chambres d'un hôtel sur un plan	↘ Demander l'emplacement d'un lieu / d'un objet ↘ Indiquer un itinéraire, une direction ou une localisation	**Grammaire** ↘ Les articles contractés ↘ Les adjectifs ordinaux ↘ Les verbes *prendre* et *sortir* **Lexique** ↘ La localisation ↘ Des actions de déplacement ↘ Les lieux d'un bâtiment ↘ Les nombres jusqu'à 1 000

ÉCOUTEZ RÉAGISSEZ p. 64

Mes audios 27

Tâche support

• Montrer / Projeter la facture du Réagissez quelques secondes et interagir en posant les questions suivantes pour faire identifier le document et deviner le contexte, la situation aux apprenants.

Questions de l'enseignant	Réponses attendues des apprenants
Qu'est-ce que c'est ?	Une facture. *(s'assurer de la bonne compréhension du mot)*
Pourquoi est-ce une facture ? / Pourquoi vous dites ça ?	Il y a le mot « facture », un numéro et des prix.
Et qui a fait cette facture ?	L'hôtel Sillon.
À qui elle est destinée et pour quoi faire ?	À un client, pour payer.
Est-ce que cette facture est complète ? / Qu'est-ce qu'on remarque ?	Il manque des informations : le nom du client, la date de départ, des informations sur la chambre, le nombre de nuits…

• Faire écouter le dialogue et interagir en posant les questions suivantes. Faire réécouter si nécessaire.

Questions de l'enseignant	Réponses attendues des apprenants
Où a lieu la conversation ?	À la réception d'un hôtel.
Qui parlent ?	Un homme et une réceptionniste.
À quel moment a lieu cette conversation ? À l'arrivée ? Au départ ? Pourquoi ?	À l'arrivée. L'homme a une réservation pour 2 chambres et pour 2 nuits.
Qu'est-ce qu'on a comme autres informations ?	On connaît les noms des clients, les numéros des chambres et leur emplacement.

• Faire ensuite réécouter le dialogue et faire faire la première tâche du Réagissez puis demander aux apprenants de se mettre en binômes pour comparer leurs réponses.

Vérification de la bonne réalisation de la tâche

• Procéder à une validation commune du groupe et faire justifier les réponses à partir de ce qui a été dit dans la conversation entre M. Dubosc et la réceptionniste.

Mes docs

• Élucider les sigles du bas de la facture (les apprenants pourront se reporter à la fiche du DVD-rom « **Sigles et abréviations** »).

• Ensuite, faire identifier le document de la tâche 2 puis procéder éventuellement à une réécoute pour faire retrouver l'emplacement des chambres sur le plan.

• Procéder à une validation commune du groupe et faire justifier les réponses.

NB : Si vous disposez d'un TNI, demander à un apprenant de venir compléter la facture puis faire valider par les autres. Puis demander à un autre apprenant d'indiquer l'emplacement des chambres en décrivant / commentant l'itinéraire. Faire indiquer l'emplacement du restaurant en demandant de commenter l'emplacement.

RÉPONSES ATTENDUES :

1. Hôtel sillon facture
Société : BACALI – Date d'arrivée : 15 septembre – Date de départ : 17 septembre – Nombre de chambres : 2 – Type de chambre : Chambres simples – Nombre de nuits : 2 – N° des chambres : 435 et 438
2. *Voir plan ci-contre.*

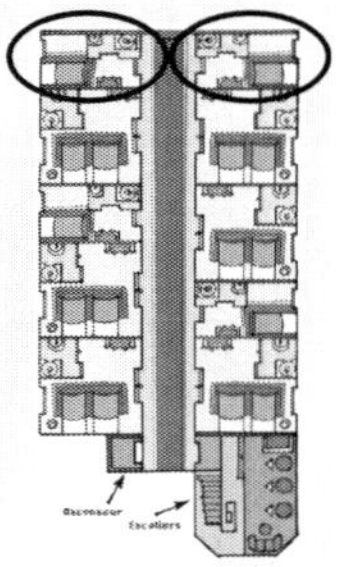

POINT INFO

La facture

On peut utiliser plusieurs termes pour le mot facture. On dit « une **addition** » dans les cafés et les restaurants et on utilise souvent le mot « une **note** » dans les hôtels.

Des mentions sont obligatoires dans les factures : les coordonnées du fournisseur ou prestataire (le créancier est ici l'hôtel), le nom du client, le numéro de la facture, la nature des prestations ou des marchandises, le prix hors taxe, la taxe sur la valeur ajoutée et le prix toutes taxes comprises.

Il existe plusieurs taux de TVA en France. Ces taux sont sujets à des variations. Pour actualiser les données, vous pouvez consulter le site http://www.economie.gouv.fr/cedef/taux-tva-france-et-union-europeenne.

– Le taux normal concerne la majorité des ventes de biens et des prestations de services.

– Les taux réduits sont applicables à certains secteurs d'activité (hôtellerie, restauration, Bâtiments Travaux Publics), aux produits alimentaires, équipements et services pour handicapés, abonnements gaz et électricité, fourniture de repas dans les cantines scolaires et d'énergies renouvelables.

– Un taux particulier inférieur est réservé aux médicaments remboursables par la Sécurité sociale, aux ventes d'animaux vivants de boucherie et de charcuterie, à certains spectacles et certaines publications de presse.

Développement des compétences fonctionnelles et linguistiques

RETENEZ p. 65
OUTILS LINGUISTIQUES p. 68-69

Les adjectifs ordinaux → Outils linguistiques n° 4

Les lieux d'un bâtiment ; Pour compter jusqu'à 1 000 → Retenez

- Demander quels lieux du bâtiment on voit sur le plan (l'ascenseur, le couloir, le restaurant, les escaliers) puis faire lire l'encadré « Les lieux d'un bâtiment ».
- Faire remarquer comment on indique l'étage et les chambres (« au quatrième étage » et les nombres 435 et 438) et faire compter jusqu'à 1 000.
- Faire lire les Outils linguistiques n° 4. Faire remarquer la graphie en s'appuyant sur le document A : « 1re classe » et « 2e classe ». Attirer l'attention sur les deux façons de dire pour le/la deuxième (le/la second(e)).
- Puis faire lire le tableau à haute voix pour entraîner les apprenants à la prononciation.

Pour demander l'emplacement d'un lieu / d'un objet ; Pour indiquer un itinéraire ; Pour indiquer une direction ou une localisation → Retenez

La conjugaison des verbes : *prendre* et *sortir* → Outils linguistiques n° 8

- Constituer trois groupes et demander à un groupe de relever les énoncés pour demander l'emplacement d'un lieu, au deuxième groupe les énoncés pour indiquer un itinéraire et au troisième groupe de relever les énoncés pour indiquer une direction ou une localisation.
- Procéder à une ou plusieurs écoutes si nécessaire.
- Puis faire lire les trois encadrés du Retenez. Vérifier la bonne compréhension des verbes de déplacement et en profiter pour faire observer et mémoriser la conjugaison des verbes *prendre* et *sortir*.
- Faire remarquer comment on demande l'emplacement d'un lieu (utilisation du verbe *être* ou du verbe *se trouver*).
- Entraîner les apprenants à mémoriser et à utiliser les expressions pour indiquer une direction. Constituer des groupes de trois apprenants. Une personne de chaque groupe sort de la salle et les autres cachent un livre ou un autre objet. Quand l'apprenant revient, il pose la question : « Où est mon livre ? » et il doit le retrouver grâce aux réponses données par les autres apprenants.

Variante : Un groupe choisit un objet dans la classe et l'autre groupe doit trouver ce que c'est en posant des questions (*c'est sous…, devant…*).

Les articles contractés → Outils linguistiques n° 5

• Noter au tableau les énoncés suivants : « Vous sortez de l'ascenseur » ; « Vos chambres se trouvent au bout du couloir ».

• Faire observer la contraction des articles et conceptualiser en vous aidant des Outils linguistiques n° 5.

Pour faire travailler la phonie-graphie, faire réécouter le dialogue avec la transcription puis faire dramatiser le dialogue en binômes. Veillez à la prononciation des sons, à la rythmique et à l'intonation.

ENTRAÎNEZ-VOUS

Activités de systématisation

Point à systématiser	Dans le manuel	Dans le cahier d'activités
Les adjectifs ordinaux		p. 40 n° 14
Les prépositions de localisation		p. 40 n° 15
Les articles contractés	Entraînez-vous p. 70 n° 4	p. 41 n° 16
Compter jusqu'à 1000		p. 41 n° 17
Le verbe *prendre* et ses dérivés		p. 41 n° 18

→ Pour les corrigés des activités « Entraînez-vous » du manuel, voir p. 63 de ce guide et pour les corrigés des activités du cahier, voir p. 113 du cahier.

PASSEZ À L'ACTION p. 65

Tâches cibles

Informations.

Tâche 1

• Montrer / Projeter le plan, faire identifier et justifier de quel plan il s'agit (un plan d'aéroport : les portes, les comptoirs d'enregistrement, les navettes aéroport). S'assurer que les différents pictogrammes sont bien identifiés.

• Aménager la classe et prévoir plusieurs points « informations » avec un apprenant à chaque point. Un groupe d'apprenants prend la place des visiteurs, se promène et demande l'emplacement de lieux. Les apprenants au point « informations » orientent les visiteurs à l'aide du plan. Inverser ensuite les tâches.

• L'enseignant amorcera en premier la tâche en demandant un lieu à un groupe puis il se « promènera » et apportera des corrections si nécessaire.

Une réservation.

Tâche 2

• Montrer / Projeter la confirmation de réservation et faire identifier de quelle réservation il s'agit (une réservation de chambre d'hôtel).

• Constituer des binômes (un client et un réceptionniste) et faire lire la consigne aux clients puis faire réaliser la tâche.

• À la fin des échanges, demander à chaque client quelle chambre leur a été attribuée et où elle se trouve puis demander aux réceptionnistes de valider les informations données.

Mes vidéos

› Nous vous invitons à visionner la vidéo « **Vous avez une réservation ?** » et à utiliser la fiche p. 175-177 de ce guide pour son exploitation.

REPÈRES PROFESSIONNELS p. 73

Développement des compétences culturelles et interculturelles

Il est possible d'aborder la thématique des **frais professionnels** à cette étape de la démarche. Pour cela, nous vous invitons à exploiter les Repères professionnels. Voir leur exploitation p. 65 de ce guide.

p. 66-67

D Qu'est-ce qu'on fait ce soir ?

Tâches cibles de la séquence	Tâche support de la séquence	Objectifs fonctionnels de la séquence	Objectifs linguistiques de la séquence
↘ Organiser un déplacement avec un collègue (choix de la compagnie aérienne, jour et horaire) ↘ Informer un ami par texto d'une heure d'arrivée en train ↘ Organiser le programme d'une soirée avec un collègue en visite	↘ Identifier le texto qui correspond à l'invitation de deux collègues	↘ Demander et exprimer un souhait ↘ Indiquer un moyen de déplacement ↘ Se renseigner ↘ Demander / Donner des indications horaires	**Grammaire** ↘ Le pronom sujet *on* ↘ Les expressions impersonnelles avec *Il* ↘ Les verbes *vouloir*, *savoir* ↘ L'impératif (suite) **Lexique** ↘ L'heure officielle

Prévoir des horaires de train, d'avion, de cinéma… avant la séquence d'enseignement-apprentissage pour les activités de développement des compétences fonctionnelles et linguistiques.

ÉCOUTEZ
RÉAGISSEZ
p. 66
Mes audios 28

Tâche support

• Montrer / Projeter les textos (Réagissez). Les faire identifier et attirer l'attention des apprenants sur la formulation : formule d'appel, heure, date et signatures.
• Faire faire une hypothèse sur les relations entre les personnes.
• Demander quel est l'objet des textos.
Réponses attendues : Ce sont des amis, ils se connaissent, ils disent « Salut », ils se tutoient, ils donnent leurs prénoms Quentin et Diana, ils donnent un rendez-vous mais il y a des informations qui ne sont pas les mêmes (heure et jour du rendez-vous, programme de sortie, moyen de transport).
• Faire écouter le dialogue jusqu'à « D'accord, je vais demander les horaires de bus à la réceptionniste » et interagir avec les apprenants en posant les questions suivantes. Procéder à une nouvelle écoute si nécessaire.

Questions de l'enseignant	Réponses attendues des apprenants
Qui sont les personnes ?	Une femme et un homme (Quentin et Diana).
Quelle est leur relation ?	Des collègues de travail (« on commence à… »).
De quoi ils parlent ?	De sorties, une visite, d'un dîner au restaurant.
Où se trouvent t-ils ?	Dans un hôtel.
Quelle information l'homme veut demander ? / De quelle information ils ont besoin ? / Quelle information il leur manque ?	Les horaires de bus.
Comment ils vont faire pour avoir cette information ?	L'homme va demander à la réceptionniste.

• Faire écouter la deuxième partie du dialogue et interagir avec les apprenants en posant les questions suivantes. Procéder à une nouvelle écoute si nécessaire.

Questions de l'enseignant	Réponses attendues des apprenants
Qui sont les personnes ?	L'homme et la réceptionniste.
Quelles informations l'homme demande ?	Les horaires du bus, un restaurant.

• Puis procéder à une écoute du dialogue dans sa totalité.
• Faire faire la tâche. Laisser aux apprenants le temps de lire les textos avant de procéder à une nouvelle écoute pour vérification des réponses.

Vérification de la bonne réalisation de la tâche

• Demander aux apprenants de comparer leurs réponses en binômes.
• Puis procéder à une validation en grand groupe. Demander aux apprenants de justifier leurs réponses avec ce qui a été dit dans le dialogue.

RÉPONSE ATTENDUE :
Texto 1 (« on a le temps de visiter la vieille ville » ; « après, on peut aller dîner au restaurant » ; « on peut prendre le bus » ; « il y a un bus à 18 heures et un autre bus à 18 h 09 » ; « les bons restaurants sont sur la grande place »)

RETENEZ
p. 66-67
OUTILS LINGUISTIQUES
p. 69

Développement des compétences fonctionnelles et linguistiques

Pour demander ou exprimer un souhait → Retenez

La conjugaison des verbes : *vouloir* → Outils linguistiques n° 8

Le pronom sujet *ON* → Outils linguistiques n° 7

- Constituer deux groupes d'apprenants. Faire réécouter la première partie du dialogue.
- Demander à un groupe de relever comment les personnes demandent le souhait de l'autre et demander au deuxième groupe de relever les énoncés où la femme / Diana fait des propositions.

Réponses attendues : – « Qu'est-ce que tu veux faire ce soir ? » ; « Qu'est-ce que tu proposes ? »
– « On a le temps de visiter la vieille ville » ; « On peut aller dîner au restaurant et on rentre vers 10 heures » ; « On peut prendre le bus »

- Vérifier la bonne compréhension des énoncés et demander quelle est la réponse de l'homme / Quentin à la première question puis en profiter pour introduire la conjugaison du verbe *vouloir* (Outils linguistiques n° 8).
- Conceptualiser la manière de demander les souhaits (enrichir avec les verbes *souhaiter*, *désirer*, *préférer*) et la manière de faire des propositions (rappeler l'utilisation du verbe *pouvoir* + infinitif).
- Conceptualiser l'utilisation du pronom *on* à partir des énoncés relevés en vous aidant des Outils linguistiques n° 7.
- Faire ensuite lire l'encadré correspondant du Retenez pour récapituler.

Pour se renseigner → Retenez

La conjugaison des verbes : *savoir* → Outils linguistiques n° 8

- Faire réécouter la deuxième partie du dialogue et demander de relever toutes les questions posées à la réceptionniste.

Réponses attendues : « Vous savez à quelle heure passe le bus ? » ; « Vous savez où nous pouvons dîner dans la vieille ville ? » ; « Les bus circulent tard ? »

- Faire observer la forme indirecte de la question « vous savez… » et faire lire l'encadré correspondant.
- Faire observer et mémoriser la conjugaison du verbe *savoir* (Outils linguistiques n° 8).

Pour indiquer un moyen de déplacement → Retenez

L'expression impersonnelle avec *il y a* → Outils linguistiques n° 6

- Faire relever comment la réceptionniste indique un moyen de déplacement.

Réponses attendues : « Il y a un bus à 18 heures » ; « il y a des bus jusqu'à 23 heures ».

- Faire remarquer la structure récurrente *il y a* pour indiquer l'existence (Outils linguistiques n° 6).
- Puis faire relever dans les textos les énoncés où les personnes indiquent un moyen de transport.

Réponses attendues : « On prend le bus » ; « On prend le métro ».

- Faire remarquer la structure récurrente : *prendre + le / la / l'* + moyen de transport.
- Faire lire l'encadré correspondant. Rappeler la conjugaison du verbe *prendre* (Outils linguistiques n° 8).

L'impératif (suite) → Mémo p. 45 du Cahier d'activités

- Rappeler comment on peut donner des instructions, des indications sur une action (Retenez p. 61 et Outils linguistiques n° 2 p. 68). Pour compléter, donner des exemples avec d'autres verbes que les verbes en *–ER (choisir, apprendre, faire, lire…)* puis faire observer et conceptualiser (pour l'impératif même conjugaison qu'au présent). S'appuyer sur le Mémo de la page 45 du Cahier d'activités pour les exceptions.
- Faire mettre à l'impératif les énoncés de l'encadré du Retenez « Pour indiquer un moyen de déplacement ».

Pour demander / donner des indications horaires → Retenez

L'expression impersonnelle avec *Il* → Outils linguistiques n° 6

- Demander aux apprenants où on donne / trouve l'heure officielle (sur les panneaux horaires des gares, métros, aéroports, les horaires des bus, des cinémas, des spectacles…).
- Faire lire les encadrés du Retenez et faire remarquer les différentes façons de dire / donner l'heure. Attirer l'attention sur la forme impersonnelle *il est*.
- Entraîner les apprenants à dire l'heure officielle. Constituer des binômes et distribuer les horaires que vous avez rassemblés avant la séquence d'enseignement-apprentissage. Demander à un apprenant de poser des questions sur les

horaires : « À quelle heure est la séance… / le départ… / l'arrivée de… ». L'autre apprenant répond puis faire inverser les tâches.

Variante : Si vous disposez d'un centre multimédia, les apprenants peuvent chercher eux-mêmes sur Internet des horaires de séances de cinéma, de vols… à la demande d'un autre apprenant qui pose une question.

À la fin de toutes les conceptualisations, répondre aux éventuelles questions des apprenants.

ENTRAÎNEZ-VOUS

Activités de systématisation

Point à systématiser	Dans le manuel	Dans le cahier d'activités
Les expressions impersonnelles avec *Il*	Entraînez-vous p. 70 n° 5	
Le pronom sujet *on*	Entraînez-vous p. 70 n° 6	
Les prépositions *en / à* pour indiquer un moyen de locomotion		p. 42-43 n° 21
L'heure		p. 43 n° 22
La conjugaison des verbes au présent		p. 43-44 n° 23 et 24
L'impératif (suite)		p. 45 n° 25

→ Pour les corrigés des activités « Entraînez-vous » du manuel, voir p. 63 de ce guide et pour les corrigés des activités du cahier, voir p. 113 du cahier.

PASSEZ À L'ACTION
p. 67

Tâches cibles

Déplacement.
Tâche 1

• Faire observer le document et le faire identifier. Faire remarquer la ville de départ et l'indication de la fréquence de départ des vols.
• Constituer des binômes et demander à chaque apprenant de se mettre à la place d'un des collègues puis faire réaliser la tâche.
• À la fin des échanges, demander à chaque binôme quelle est la décision prise.
Variante : Il est aussi possible de proposer d'autres horaires. On pourra refaire jouer la situation sans contraintes (lieu de destination, jour, heures) et poser des questions de compréhension aux autres apprenants.

J'arrive !
Tâche 2

Ma carte de France

• Demander aux apprenants de choisir une ville française de départ (voir la carte de la p. 192 ou la **carte interactive** du DVD-rom). On peut constituer des binômes.
• Demander aux apprenants de rechercher sur le site de la SNCF les horaires de train pour Marseille ou prévoir des horaires de train pour Marseille.
• Il est possible de faire communiquer les apprenants en leur demandant de s'envoyer de vrais textos si le groupe accepte.
• Demander ensuite aux apprenants de lire les textos et de transmettre les informations reçues au groupe.

Visite sympathique !
Tâche 3

• Constituer des binômes : un apprenant visiteur et un apprenant accueillant (qui est de la ville).
• On laissera aux apprenants un temps de préparation : chaque visiteur liste ce qu'il aime faire quand il visite une ville inconnue et chaque accueillant liste ses propres propositions de sorties.
• À l'issue du temps de préparation, demander à chaque binôme de réaliser la tâche.
• Puis poser des questions de compréhension aux apprenants visiteurs (quelles sont les sorties proposées, quel est le moyen de transport choisi…). On peut demander au groupe quel est le programme qui leur plaît le plus, dans quelle ville ils aimeraient aller…

p. 70

ENTRAÎNEZ-VOUS
Corrigés des activités

1. Questionnaire d'enquête
Qui – Comment / Quand – Où – Où – Où / Quand – Comment – Où – Qui

2. Voyage bien préparé
cherche – imprime – envoie – prépare – ne paye pas – va – laisse – n'oublie pas

3. Un bureau pour une heure
nouveau – grand – aménagés et fonctionnels – spacieuses et équipées – jolie et adaptée – exceptionnels – nouveau

4. La bonne place !
1. à côté du service marketing – **2.** près de la fenêtre – **3.** à droite de la porte – **4.** en face des ascenseurs – **5.** en face du bureau de Barbara – **6.** près des jardins – **7.** de l'avenue Descartes – **8.** à gauche de l'entrée

5. Petits textos sympas !
il fait beau – il y a un train pour Nice – il est 10 heures du soir – il y a ton dossier – il fait très froid

6. Conversations instantanées
1. on va – on a rendez-vous – on doit quitter – on prend un taxi – **2.**nous préparons – nous travaillons – nous demandons – nous pouvons

p. 71

TESTEZ-VOUS

Si vous choisissez de faire faire les Testez-vous en classe, voici des propositions de modalités de travail pour les tâches proposées (corrigés p. 175 du manuel).

1. hotel plus.com
• Faire prendre connaissance du document. Demandez ce que c'est, où on peut trouver ce document sans lire les consignes (dans un guide, sur un site Internet d'hôtel).
• Puis faire répondre aux questions individuellement.

Mes audios 31

2. Au bureau d'informations de la gare
• Faire prendre connaissance des items avant de procéder à deux écoutes.

Mes audios 32

3. À l'agence de voyage
• Faire prendre connaissance de la réservation en ligne.
• Procéder à une écoute intégrale du dialogue, puis à une deuxième écoute pour que les apprenants puissent vérifier leurs réponses avant de procéder à la correction.

Modalités de correction :
Première possibilité : correction en groupe
• Vous pouvez choisir de passer à la correction après chaque tâche ou procéder à celle-ci une fois que toutes les tâches ont été effectuées.
• Demander aux apprenants de donner les réponses. Les faire justifier et valider par le groupe. Une correction après chaque micro-dialogue est possible pour l'activité de compréhension orale. On peut aussi procéder à des réécoutes partielles si nécessaire sur les items qui ont posé des difficultés.
NB : Si vous disposez d'un TNI, demander à un apprenant de venir corriger les erreurs de la réservation en ligne puis faire valider par les autres.
Deuxième possibilité :
• Demander aux apprenants de s'auto-corriger en comparant leurs réponses à celles données p. 175 du manuel.

Mon portfolio

› Une fois les activités du Testez-vous corrigées en autonomie ou en groupe, demander aux apprenants de remplir le **portfolio de l'unité 4**.

p. 72

Repères culturels

Je **valide**, je **voyage**

↘ Faire lire puis remplir individuellement le questionnaire sur les transports en commun après vérification de la bonne compréhension des questions.

↘ Procéder à un dépouillement des réponses en grand groupe : quel est le moyen de transport le plus utilisé par les apprenants dans leur ville, dans leur pays ? Faire comparer les tarifs, les classes. Discuter avec les apprenants en se basant sur les questions posées. Cela permet des échanges interculturels et la connaissance des façons de voyager dans différents pays (si les apprenants sont de pays différents).

↘ Faire lire le texte sur les transports en commun en France. Demander aux apprenants de réagir par rapport à ce qui existe en France et dans leur pays (si les apprenants sont de pays différents).

POINT INFO

• Paris et plusieurs grandes villes françaises offrent un réseau de transport très développé qui permet de se déplacer facilement. Pour prendre le métro, le RER, le bus, le tramway ou le train, il faut toujours être muni d'un titre de transport valable. Toutes les stations de métro ou les gares sont munies de distributeurs automatiques pour acheter un titre de transport (un **ticket** pour les transports urbains – bus, métro, RER, tram –, un **billet** de train ou d'avion). Dans tous les cas, la validation est obligatoire. En l'absence de validation, le voyageur est considéré en infraction et l'amende est la même que s'il voyageait sans titre de transport. Beaucoup d'étrangers ignorent qu'il faut valider le titre de transport car les appareils ne sont pas toujours placés sur le passage. Il est difficile de passer outre dans le métro car il y a des barrières automatiques mais, dans les gares, il est facile d'oublier de composter son billet car l'accès aux quais est libre.

• Le **titre de transport** doit être conservé pendant tout le trajet, jusqu'à la sortie de la zone sous contrôle. En effet, les voyageurs peuvent être contrôlés à tout moment du voyage : dans les gares et les stations comme dans les trains, les bus ou les tramways ou à la descente des bus et des tramways.

• Le **Pass Navigo** permet de circuler en Île-de-France. Très pratique, c'est une carte magnétique qu'on valide en l'approchant simplement des bornes de validation. Il est inutile de la sortir de son étui.

• Afin d'inciter les salariés à utiliser les transports en commun (et réduire ainsi la pollution et les problèmes de circulation dans les grandes villes), tous les employeurs qui emploient au moins un salarié en région Île-de-France sont tenus de rembourser la moitié du prix des titres d'abonnement de transport en commun de leur salariés sur présentation du titre de transport (tickets, Pass Navigo).

• Paris Visite est un seul et unique billet pour découvrir Paris et sa région. Il se compose d'une carte nominative et d'un coupon valable 1, 2, 3 ou 5 jours (indépendamment de la semaine calendaire). Il permet de voyager, dans la limite des zones choisies, sur tous les réseaux (dessertes d'aéroports comprises) de la RATP (Régie Autonome des Transports Parisiens) : métro, RER, bus, tramway, funiculaire de Montmartre, Montmartrobus, Noctilien – bus de nuit et trains de la SNCF en Île-de-France.

Je **choisis** mon **hébergement**

↘ Faire interagir les apprenants à la question posée. Lister au tableau les différents types d'hébergement.

↘ Faire lire le texte sur les types d'hébergement en France. Demander aux apprenants de réagir par rapport à ce qui existe en France et dans leur pays (si les apprenants sont de pays différents).

POINT INFO

Les hôtels de tourisme

Le classement des hôtels en France ne correspond pas nécessairement au classement des hôtels dans d'autres pays. En France, ce classement obéit à une réglementation rigoureuse et prend en compte un très grand nombre de critères (256) bien définis, parmi lesquels des exigences en matière de nouvelles technologies, de développement durable, de formation du personnel ou d'accessibilité aux personnes handicapées.

Les hôtels de tourisme se reconnaissent à leur plaque : rouge pour les établissements de une à quatre étoiles et une plaque en or pour la catégorie cinq étoiles.

Pour obtenir ces distinctions, les hôtels doivent respecter au minimum les exigences de la catégorie.

Exemples de distinctions entre catégories :
Hôtel une étoile : chambre pour deux personnes de plus de 10,5 m^2, ascenseur obligatoire à partir de quatre étages, petit déjeuner servi en salle.
Hôtel deux étoiles : chambre pour deux personnes de plus de 10,75 m^2, mise à disposition de journaux dans les parties communes, personnel parlant une langue officielle européenne en plus du français.
Hôtel trois étoiles : chambre pour deux personnes de plus de 13,5 m^2, accès Internet dans les parties communes, téléphone dans les chambres, espace « salon » dans l'hôtel.
Hôtel quatre étoiles : chambre pour deux personnes d'au moins 16 m^2 avec climatisation, site Internet en deux langues, mise à disposition de chariots de bagages ou encore d'un sèche-cheveux.
Hôtel cinq étoiles : chambre pour deux personnes d'au moins 24 m^2 avec climatisation, ascenseur obligatoire à partir d'un étage, accompagnement du client pour son installation, service d'étage, voiturier, coffre-fort, peignoir, mini-bar, téléphone dans la salle de bain, accès à des chaînes de télévision internationales et thématiques, mise à disposition sur demande d'un ordinateur, d'un fax ou d'une imprimante.
Palace : Le label est décerné suivant la conformité à un cahier des charges encore plus strict (immeuble de prestige, espace fitness, garderie, coiffeur...).
Les hôtels résidentiels ou les résidences de tourisme se reconnaissent par leur plaque orange. Ils conviennent pour des séjours professionnels ou de loisirs. Ils proposent des espaces bien aménagés et toute une gamme de services permettant de profiter de l'intimité d'un appartement tout en appréciant la praticité d'un hôtel.
Les chambres d'hôte se développent de plus en plus en France, non seulement en province mais aussi dans les grandes villes comme Paris. Cette forme d'hébergement plaît aux étrangers comme aux Français. Les chambres d'hôte sont louées par des propriétaires de maison ou d'appartement. Avec ce système, on loge chez l'habitant. Cette formule conviviale permet d'avoir des contacts avec des Français et de bénéficier de conseils personnalisés pour découvrir une région. Il existe des labels de qualité qui permettent une classification des chambres d'hôte (consulter pour cela les offices de tourisme et / ou comités départementaux de tourisme et bien sûr les guides !).
Le gîte : il s'agit d'une location saisonnière meublée qui appartient à un propriétaire. En aucun cas, il ne peut s'agir d'une maison secondaire qu'on loue. Les gîtes peuvent faire l'objet d'une classification.

p. 73

Repères professionnels

Les **frais professionnels**

↘ En grand groupe, discuter avec les apprenants en se basant sur les questions posées. Cela permet des échanges interculturels sur les façons dont les frais professionnels sont comptabilisés ou non dans différents pays (si les apprenants sont de pays différents).

↘ Puis faire lire le texte. Demander aux apprenants de réagir par rapport à ce qui existe en France et dans leur pays (si les apprenants sont de pays différents).

↘ Faire observer la note de frais et interagir avec les apprenants en leur posant des questions sur le document : Pourquoi cette note de frais ? Qui a voyagé ? Quelle est sa fonction ? Où ? Quand ? Combien de temps ? Quel est le montant des dépenses par poste ? Est-ce que la personne a payé avec son argent ? Est-ce que l'entreprise lui a donné de l'argent avant le voyage ? Combien / Quel montant ? Est-ce que la personne avait assez d'argent pour son déplacement ? Quels sont les justificatifs des dépenses que la personne doit présenter pour se faire rembourser ? Les apprenants peuvent aussi faire des remarques sur le montant des frais par poste de dépense (les dépenses d'hôtel, de repas...).

POINT INFO
Les **frais professionnels** sont des dépenses effectuées par le salarié et inhérentes à son emploi ou à sa fonction. C'est à l'entreprise de supporter ces dépenses. Si l'entreprise rembourse les frais de repas ou de logement, alors que ces dépenses ne sont pas liées au travail du salarié, ces remboursements sont qualifiés d'avantages en nature et soumis à des cotisations sociales.

UNITÉ 5

Organisez votre journée !

p. 74-75

Entrée dans l'unité

• Projeter / Écrire le titre de l'unité « Organisez votre journée ! ».
• Demander aux apprenants ce qu'on peut faire pour organiser sa journée.
Exemples attendus : faire la liste des activités de la journée – faire un programme / un planning – noter des rendez-vous / prendre des rendez-vous – planifier des actions / des projets – organiser son temps de travail / des tâches avec des collègues, etc.
• Aider les apprenants à formuler ce qu'ils souhaitent dire et en profiter pour noter le vocabulaire ou des expressions inconnues.
• Introduire les objectifs fonctionnels en les mettant en relation avec les réponses des apprenants.

p. 76-77

A 24 heures avec une pro !

Tâches cibles de la séquence	Tâche support de la séquence	Objectifs fonctionnels de la séquence	Objectifs linguistiques de la séquence
↘ Interroger quelqu'un sur ses activités quotidiennes / sa journée de travail puis rédiger un article à partir des informations récoltées ↘ Répondre à une interview sur ses activités quotidiennes et sa journée de travail pour la rédaction d'un article	↘ Noter dans un agenda électronique les rendez-vous et activités de la journée d'une directrice d'agence de voyage interviewée dans un magazine	↘ Indiquer un moment ↘ Décrire des habitudes ↘ Indiquer des activités sportives	**Grammaire** ↘ Les 3 formes interrogatives ↘ Les verbes pronominaux ↘ Les verbes *aller*, *partir*, *venir* et *arriver* et les prépositions *à* et *de* **Lexique** ↘ Des partenaires professionnels ↘ Des activités professionnelles

LISEZ
RÉAGISSEZ
p. 76

Tâche support

• Montrer la photo du téléphone portable (Réagissez) et demander aux apprenants ce que c'est.
Réponse attendue : C'est une page d'agenda d'un smartphone.
• Faire ensuite lire la liste de tâches (cacher la consigne) et demander aux apprenants ce que c'est.
Réponse attendue : C'est une liste de tâches / activités / choses à faire dans la journée.
• Demander aux apprenants si c'est l'agenda électronique d'une personne qui travaille ou qui ne travaille pas. Puis leur demander de justifier leurs réponses.
Réponse attendue : Ce sont les tâches d'une personne qui travaille. Il y a beaucoup de tâches professionnelles.
• Faire lire ensuite la consigne de la tâche à effectuer et demander aux apprenants de lire l'article (Lisez). Puis interagir rapidement avec eux avant de leur demander de réaliser la tâche demandée.

Questions de l'enseignant	Réponses attendues des apprenants
D'où vient cet article ?	D'un journal / D'un magazine.
Quel est le nom du journal / magazine ?	C'est *Défis économiques*.
Dans quelle rubrique / partie de journal se trouve cet article ?	Dans un dossier qui s'appelle « Organiser son temps ».
Quel est le titre de l'article ?	« Entre vie professionnelle et vie personnelle ».
Comment est organisé l'article ?	C'est une interview. C'est l'interview de Myriam Cousteau / la femme sur la photo.

Qu'est-ce qu'on sait de cette femme ?	Elle s'appelle Myriam Cousseau et elle est directrice d'une agence de voyage en ligne.
De quoi parle Myriam Cousteau dans cette interview ?	Elle explique comment elle organise son temps entre sa vie professionnelle et sa vie personnelle.

Vérification de la bonne réalisation de la tâche

• Demander à chaque groupe de comparer sa page d'agenda avec celle d'un autre binôme puis leur demander s'ils ont trouvé la même chose.

NB : Si vous disposez d'un TNI. Demandez à un (ou plusieurs) apprenant(s) de venir compléter l'agenda au TNI puis faire valider la page remplie par les autres.

• Demander ensuite aux apprenants de justifier leurs réponses en indiquant les énoncés de l'interview qui correspondent.

RÉPONSES ATTENDUES :

9:30 Voir planning avec Solenne → *Quand j'arrive au bureau… Je vérifie mon emploi du temps avec mon assistante.*

11:00 Réunion conseillers-clientèle → *Dans la matinée, j'ai souvent des réunions avec des conseillers-clientèle.*

13:00 Déjeuner Agence Duverger → *Je déjeune quelquefois à l'extérieur avec des responsables d'agence.*

14:30 Étudier « Vietnam essentiel » → *L'après-midi, j'étudie de nouveaux circuits.*

17:00 Rendez-vous avec responsable marketing Air France → *L'après-midi […] je rencontre aussi nos partenaires.*

19:30 Tennis avec Sophie → *Une fois par semaine, je joue au tennis de 19h30 à 20h30 après le travail.*

22:00 Urgent : répondre mail Philippe Petit → *Après le dîner, je consulte ma boîte mail et je réponds aux courriels.*

⚠ Vérifier la bonne compréhension de la correspondance entre les tâches de Myriam Cousseau et les énoncés de l'article.

RETENEZ p. 77
OUTILS LINGUISTIQUES p. 84

Développement des compétences fonctionnelles et linguistiques

Les formes interrogatives : soutenue, familière et standard → Outils linguistiques n° 1

• Faire relire les questions du journaliste (Lisez) et faire observer leur construction.

• Conceptualiser ensuite la forme interrogative en vous aidant du tableau proposé.

Pour indiquer un moment → Retenez

• À partir de l'agenda rempli et des justifications apportées par les apprenants, faire repérer les moments précis et les moments approximatifs.

• En faire ensuite trouver d'autres dans l'article.

• Faire une synthèse en faisant lire l'encadré « Pour indiquer un moment ».

Pour décrire des habitudes → Retenez

• Faire lire l'encadré et faire identifier les expressions qui indiquent la fréquence (*tous les jours, une fois par semaine*) et les expressions qui indiquent juste l'habitude (*j'ai l'habitude de, habituellement*).

• On peut ensuite faire comprendre l'utilisation de l'adjectif *tout* dans les expressions qui expriment une durée ou une fréquence (*tous les jours, toute la journée*…). Voir également la règle dans le Mémo du cahier d'activités (n° 6 p. 50).

Les verbes pronominaux → Outils linguistiques n° 2

• Faire relire la première réponse de Myriam Cousseau dans l'article et demander aux apprenants de souligner toutes les actions dans ce passage.

• Faire remarquer qu'il y a des verbes qui se construisent avec *me* / *m'* et des verbes sans. Noter les 4 énoncés au tableau (*je me réveille / ils se préparent / je me douche / je m'habille*).

• Conceptualiser ensuite les verbes pronominaux en vous aidant des Outils linguistiques.

Les verbes *ALLER*, *PARTIR*, *VENIR* et *ARRIVER* et les prépositions *À* et *DE* → Outils linguistiques n° 3

• Écrire les énoncés suivants au tableau : *Nous partons de la maison / Je pars vers 19 heures* ; *J'arrive au bureau* ; *Je vais à des salons*. (Si vous disposez d'un TNI, souligner directement dans l'article.)

• Demander aux apprenants de retrouver le point commun entre les verbes de ces phrases.

Réponse attendue : Il s'agit de verbes de déplacement.

• Conceptualiser leur construction en vous aidant des Outils linguistiques.

■ **Pour indiquer des activités sportives** → Retenez
- Faire lire l'encadré aux apprenants et conceptualiser pour faire acquérir les structures *jouer au* (**NB** : la majorité des sports qui s'utilisent avec le verbe *jouer* sont au masculin singulier) / *faire du*, *de la* + activité sportive.
- On pourra préciser la règle en faisant lire le Mémo du cahier d'activités (n° 5 p. 49).

À la fin de toutes les conceptualisations, faire relire l'article et répondre aux éventuelles questions des uns et des autres. Il est recommandé de faire les activités de la rubrique Prononcez à ce stade de la démarche.

ENTRAÎNEZ-VOUS

Activités de systématisation

Point à systématiser	Dans le manuel	Dans le cahier d'activités
Les formes interrogatives	Entraînez-vous p. 86 n° 1	p. 48 n° 1
L'intonation dans les questions	Prononcez p. 85 n° 1	
Les verbes pronominaux	Entraînez-vous p. 86 n° 2	p. 48 n° 2 et 3 ; p. 49 n° 4
Le e caduc	Prononcez p. 85 n° 2	
Faire + *de* / *Jouer* + *de* ou *à*		p. 49-50 n° 5

CORRIGÉ DE L'ACTIVITÉ 1 p. 85 (PRONONCEZ) : Intonation montante : b et c – Intonation descendante : a et d.

→ Pour les corrigés des activités « Entraînez-vous » du manuel, voir p. 77 de ce guide et pour les corrigés des activités du cahier, voir p. 113 du cahier.

PASSEZ À L'ACTION p. 77

Tâches cibles

Témoignages.

Tâche 1
- Faire relire les questions du journaliste dans l'interview (Lisez p. 76).
- Demander aux apprenants de préparer une réponse à chaque question de l'interview.
- Faire des binômes (journaliste / interviewé) et faire réaliser oralement les interviews. Les journalistes doivent prendre des notes. Faire ensuite intervertir les rôles (les journalistes deviennent les interviewés).
- Demander ensuite aux apprenants de rédiger un article à partir de l'interview que chacun d'eux a réalisée comme journaliste.
- Faire des groupes de rédacteurs en chef et leur demander de lire les interviews pour y repérer les erreurs éventuelles afin que chaque journaliste y apporte des corrections.
- Une fois que les textes sont corrigés. Les mettre en page avec une photo et sa légende puis constituer un dossier de plusieurs pages avec tous les articles et faire lire le dossier à d'autres personnes (apprenants d'une autre classe, collègues réels, etc.).

Tâche 2
- Les modalités sont les mêmes que pour la tâche 1 mais les interviewés choisissent un des métiers proposés et se mettent à la place de la personne sur la photo.

Mes vidéos

› Nous vous invitions à visionner la vidéo « **24 heures avec une hôtesse de l'air** » et à utiliser la fiche p. 178-181 de ce guide pour son exploitation.

REPÈRES PROFESSIONNELS p. 89

Développement des compétences culturelles et interculturelles

Il est possible d'aborder la thématique des **horaires de travail** à cette étape de la démarche. Pour cela, nous vous invitons à exploiter la première partie des Repères professionnels (laisser de côté la dernière partie « Les repas d'affaires » qui sera réalisée plus tard). Voir l'exploitation p. 79 de ce guide.

p. 78-79

B Planning serré !

Tâches cibles de la séquence	Tâche support de la séquence	Objectifs fonctionnels de la séquence	Objectifs linguistiques de la séquence
↘ Faire un planning d'organisation d'un événement avec des collègues, en réunion ↘ Interroger ou faire part des actions prévues ↘ Donner des instructions de travail par mail à un(e) collègue / assistant(e)	↘ Compléter une carte d'embarquement et noter des tâches sur un bloc note après avoir écouté un entretien entre un chef et son assistante à qui il donne des instructions de travail	↘ Indiquer des actions proches ou des projets ↘ Donner des instructions ↘ Indiquer la provenance et la destination	**Grammaire** ↘ Le futur proche ↘ Les prépositions *à* et *de* avec les verbes de déplacement **Lexique** ↘ Les voyages en avion ↘ Les rendez-vous

ÉCOUTEZ
RÉAGISSEZ
p. 78
Mes audios 33

Tâches supports

Tâche 1

• Montrer le bloc note (Réagissez, 2) et demander aux apprenants à quoi il peut servir au bureau.
• Faire lire la consigne pour la réalisation de la tâche.
• Faire écouter le dialogue.
NB : Il est possible de faire une deuxième écoute si les apprenants le demandent.

Vérification de la bonne réalisation de la tâche

• Demander à chaque apprenant d'échanger son bloc note avec celui de son voisin. Chacun devra valider ou invalider les tâches inscrites. Ils devront ensuite discuter pour trouver les tâches correctes s'il y a désaccord.
• Faire ensuite une validation commune du groupe et faire justifier les réponses en faisant indiquer les instructions exactes de M. Marmont.
NB : Si vous disposez d'un TNI, demander à un apprenant de venir compléter le bloc note puis faire valider par les autres.

RÉPONSES ATTENDUES :

Pour le bloc note :
1. Réserver la salle de réunion pour 15 heures pour recevoir M. Grill et Mme Chapon.
2. Annuler le rendez-vous avec le banquier.
3. Appeler le banquier pour fixer une autre date.

Instructions de M. Marmont :
1. « Vous pouvez réserver la salle de réunion pour 15 heures, s'il vous plaît ? »
2. « Vous allez annuler le rendez-vous avec le banquier. »
3. « Fixez une autre date avec lui. »

Tâche 2

• Interagir avec les apprenants de la manière suivante pour introduire la tâche 1 du livre de l'élève.

Questions de l'enseignant	Réponses attendues des appreants
Est-ce que M. Marmont est là toute la semaine ?	Non, demain il va à Nice.
Comment ?	En avion.

• Montrer la carte d'embarquement (Réagissez, 1). Faire identifier les informations manquantes puis donner la consigne. Chaque apprenant complètera la carte individuellement. Faire une écoute supplémentaire du dialogue.

Vérification de la bonne réalisation de la tâche

• Demander à chaque apprenant de comparer sa carte d'embarquement avec celle de son / sa voisin(e) puis faire une validation commune.
NB : Si vous disposez d'un TNI, demander à un apprenant de venir compléter la carte puis faire valider par les autres.
• Demander aux apprenants de justifier leurs réponses grâce à ce qu'ils ont entendu.

RÉPONSES ATTENDUES :
De : Paris- Orly → « Vous partez de l'aéroport de Paris-Orly »
À : Nice → « Vous arrivez à Nice »
Départ à 8 h 05 → « Décollage à 8 h 05 »
Embarquement à 07 h 40 → « Embarquement à 07 h 40 »
Vol effectué par : Air France → « C'est un vol Air France »

RETENEZ p. 79
OUTILS LINGUISTIQUES p. 84

Développement des compétences fonctionnelles et linguistiques

Le vocabulaire des voyages en avion → Retenez

Pour indiquer la provenance ou la destination → Retenez

- Aborder le vocabulaire à partir de la carte d'embarquement et des réponses obtenues (Réagissez).
- Faire remarquer la relation entre le verbe *partir* et le nom *départ*. Faire ensuite lire l'encadré « Pour indiquer la provenance ou la destination ».
- Rappeler la construction des verbes *partir*, *arriver* et *venir* avec les prépositions *à* et *de* (Outils linguistiques n° 3).

Pour indiquer des actions proches ou des projets → Retenez

Le futur proche → Outils linguistiques n° 4

- Faire lire l'encadré « Pour indiquer des actions proches ou des projets » et demander aux apprenants qui a prononcé ces énoncés.
- Puis leur demander si les actions dont on parle sont présentes ou à venir.
- Conceptualiser ensuite le futur proche en vous aidant du tableau proposé dans les Outils linguistiques.

Pour donner des instructions à un collaborateur / une collaboratrice → Retenez

- Faire relever les instructions de M. Marmont dans le dialogue.
- Noter toutes ces instructions au tableau ou faire lire l'encadré « Pour donner des instructions à un collaborateur / une collaboratrice » et faire identifier les différentes façons de donner des instructions : *Vous pouvez… s'il vous plaît ?* / Futur proche (*Vous allez…*) / Impératif (*Fixez*).
- Faire trouver d'autres exemples pour les trois façons de donner des instructions.

À la fin de toutes les conceptualisations, faire dramatiser le dialogue pour entraîner les apprenants au rythme, à l'intonation et à la bonne prononciation des mots.

ENTRAÎNEZ-VOUS

Activités de systématisation

Point à systématiser	Dans le manuel	Dans le cahier d'activités
Le futur proche	Entraînez-vous p. 86 n° 3	p. 51 n° 9
Les prépositions *à* et *de* avec les verbes de déplacement		p. 50 n° 7 et 8
La conjugaison de *venir*		p. 52 n° 12

→ Pour les corrigés des activités « Entraînez-vous » du manuel, voir p. 77 de ce guide et pour les corrigés des activités du cahier, voir p. 113-114 du cahier.

PASSEZ À L'ACTION p. 79

Tâches cibles

Tout un programme !

Tâche 1

- Faire des groupes de trois apprenants. Attribuer à chaque groupe un événement différent et leur demander de faire la liste des actions à réaliser pour l'organisation de cet événement.
- Chacun des apprenants de chaque groupe reforme ensuite un groupe avec deux autres apprenants de deux autres groupes différents. Puis chacun à leur tour, les apprenants vont exposer le projet de leur groupe aux autres. Les autres prennent des notes et peuvent poser des questions pour avoir des précisions.

• Demander aux apprenants de revenir en grand groupe et demander des informations sur chacun des projets. Les personnes qui ont pris des notes répondront. Ceux qui ont imaginé les projets valideront et/ou préciseront les informations apportées.

Un(e) bon(ne) assistant(e).
Tâche 2

• Demander à chaque apprenant de faire la liste de 4 ou 5 points importants à voir avec son assistant(e). Ces points seront notés sur une feuille, un bloc note ou sur un smartphone / une tablette.
• Identifier ensuite un(e) assistant(e) pour chaque apprenant et demander à chaque assistant(e) de communiquer son adresse mail à son « chef ».
• Chaque chef devra rédiger et envoyer un mail à son assistant(e) pour lui donner des instructions en relation avec ce qu'il a noté dans son agenda, son téléphone ou sur son bloc note.
• Chaque assistant(e) devra imprimer le mail et l'apporter en classe. Il/Elle devra dire au groupe ce qu'il aura à faire et le chef validera la bonne compréhension des instructions.

Variante : Chaque chef devra remettre ses notes à une personne du groupe. Puis chaque assistant(e) devra dire au groupe ce qu'il/elle aura à faire. Le chef validera ou non l'adéquation entre les notes et ce qu'a compris l'assistant(e).

p. 80-81

C Et vous, où et comment déjeunez-vous ?

Tâches cibles de la séquence	Tâche support de la séquence	Objectifs fonctionnels de la séquence	Objectifs linguistiques de la séquence
↘ Intervenir sur un forum à propos de ses habitudes alimentaires ↘ Interroger une personne qu'on va inviter sur ses goûts alimentaires pour déterminer un menu ↘ Indiquer ses goûts et habitudes alimentaires pour aider à la constitution du menu d'un dîner entre amis	↘ Recueillir et classer des contributions d'internautes à l'occasion d'une enquête sur les habitudes alimentaires	↘ Décrire des habitudes alimentaires ↘ Indiquer la chronologie ↘ Indiquer des quantités précises	**Grammaire** ↘ Les articles partitifs **Lexique** ↘ Les aliments ↘ Les repas et les plats

LISEZ
RÉAGISSEZ
p. 80

Tâche support

• Projeter / Montrer le tableau à remplir (Réagissez) et faire lire les consignes pour la réalisation de la tâche sans montrer la page Internet (Lisez). Demander aux apprenants ce qu'ils ont à faire et leur faire faire des hypothèses sur le contexte dans lequel ils auraient à réaliser ce type de tâche. En profiter pour aborder le lexique des repas et des plats (Retenez).
• Projeter / Montrer la page Internet (Lisez) rapidement et interagir avec les apprenants de la manière suivante pour introduire ce document qui servira de support à la tâche.

Questions de l'enseignant	Réponses attendues des apprenants
Qu'avez-vous vu ?	Une page d'un site.
Avez-vous vu le nom du site ?	Non.
Qu'est-ce qu'il y a sur cette page ?	C'est un forum.
Comment le savez-vous ?	Il y a une question et à droite il y a un bouton « Participer ». Il y a des petits textes avec les prénoms/pseudos des personnes et leur avatar.
Quel est le sujet du forum ?	Les habitudes alimentaires. Les personnes expliquent où et comment elles déjeunent/elles mangent le midi.
Ce pourrait être pour quel site alors ?	Un site sur la santé, un site sur le bien-être, etc.
Combien de personnes participent au forum ? / Il y a combien de posts / contributions ?	3.

• Faire ensuite lire le document et réaliser la tâche. Demander également aux apprenants de noter ce que les personnes boivent au moment de leur déjeuner.

RÉPONSES ATTENDUES :

	Où déjeunent-ils ?	Que mangent-ils ?			Que boivent-ils ?
		Entrée	Plat	Dessert	
Pierre	À la cantine de sa société	Des crudités	De la viande (du bœuf ou du poulet) Des légumes Du riz	Pas de fromage mais un yaourt Un fruit	Un verre de vin
Nadège	Au bureau		Un sandwich	Une pomme	De l'eau Un thé
Amir	Au restaurant	Une salade	Jamais de viande Poisson	Un sorbet Une salade de fruits	Un café

Vérification de la bonne réalisation de la tâche

• Demander aux apprenants de se mettre par petits groupes et de comparer leurs réponses. Faire ensuite commenter les réponses de l'enquête : Comment les gens qui travaillent déjeunent-ils en France ? Qui mange le plus parmi les personnes interviewées ? Qui a les mêmes habitudes que l'une des trois personnes ? Dans leur pays, les gens déjeunent-ils aussi de cette manière ? Boivent-ils la même chose ? Qu'est-ce qui les surprend ? Etc.

NB : En profiter pour parler des cantines ou restaurants d'entreprises en France.

POINT INFO

Le restaurant d'entreprise appelé aussi cantine existe dans certaines entreprises. C'est un lieu où les salariés ont la possibilité de prendre leur repas pendant leur pause déjeuner. La prestation peut être assurée par une équipe interne ou concédée à une société spécialisée.
Si le Code du travail interdit à l'employeur de laisser ses salariés prendre leur repas dans les locaux affectés au travail, il ne l'oblige pas à mettre en place un restaurant. En revanche, le Code du travail oblige le chef d'entreprise à veiller à mettre à la disposition de ses salariés un espace dédié à la restauration. Certaines entreprises (par exemple des PME) peuvent aussi se regrouper pour proposer à l'ensemble de leurs salariés un restaurant d'entreprise commun. Une partie des frais de repas est souvent pris en charge par l'entreprise. C'est un avantage financier.
Les employeurs, à partir d'un salarié, peuvent aussi proposer à leur personnel des tickets restaurants, appelés aussi « titre restaurant » ou « chèque restaurant » s'il n'existe pas d'espaces de restauration sur le lieu de travail. C'est un complément de salaire avantageux. En effet, ces titres sont pris en charge de 50 à 60 % par l'employeur. Ces titres sont exonérés d'impôt et de cotisations pour les employeurs. Ces titres nominatifs sont acceptés comme moyen de paiement dans un grand nombre de cafés, restaurants mais aussi dans les charcuteries, les boulangeries et certains autres commerces.

REPÈRES PROFESSIONNELS p. 89

Développement des compétences culturelles et interculturelles

Il est possible d'aborder rapidement la dernière partie des Repères professionnels : « **Les repas d'affaires** » après la tâche support (Réagissez p. 80). Voir l'exploitation p. 79 de ce guide.

RETENEZ p. 81
OUTILS LINGUISTIQUES p. 85
Mes docs

Développement des compétences fonctionnelles et linguistiques

Le vocabulaire des aliments → Retenez

• Faire observer le document p. 81 (Retenez) avec les photos de produits alimentaires. (**NB** : Il s'agit d'une application disponible sur les tablettes et téléphones pour faire sa liste de courses.)

• Demander aux apprenants d'associer ces photos avec les informations recueillies pour l'enquête (Réagissez). Puis faire trouver les catégories alimentaires.

• Enrichir éventuellement le vocabulaire en utilisant la fiche de lexique « **Les produits alimentaires** ».

Pour décrire des habitudes alimentaires ; Pour indiquer la chronologie → Retenez

La conjugaison des verbes *boire*, *prendre* et *choisir* → Précis de conjugaison p. 180-182

• Demander aux apprenants quels verbes les personnes du forum utilisent pour parler de leurs habitudes et quels mots ils utilisent pour indiquer la chronologie dans le déroulement du repas.

Réponses attendues : Les verbes *manger, boire, prendre, choisir* – Pour la chronologie : *d'abord / pour commencer, ensuite, après, pour finir.*

- Faire donner des exemples pour justifier les réponses (Ex. : *Je bois de l'eau*) et conceptualiser avec les encadrés « Pour indiquer la chronologie » et « Pour décrire des habitudes alimentaires » (Retenez).
- On pourra faire découvrir / rappeler et répéter la conjugaison des verbes *boire, prendre* et *choisir* à ce stade (Précis de conjugaison, p. 180-182).

■ **Les articles partitifs** → Outils linguistiques n° 5

Pour indiquer des quantités précises → Retenez

- Faire observer les réponses de l'enquête (Réagissez) et demander aux apprenants de relever, parmi les informations données, dans quels cas on a une information précise sur la quantité.

Réponses attendues : un yaourt, un fruit, un verre de vin, un sandwich, une pomme, une bouteille d'eau, un thé, une salade, un dessert, un sorbet, une salade de fruits, un café.

- Faire lire l'encadré « Pour indiquer des quantités précises » (Retenez). Puis faire déduire alors que, quand on ne connaît pas la quantité, on va utiliser d'autres articles.
- Faire lister ces articles (*du, de la, de l', des*). Puis finir la conceptualisation avec le tableau des Outils linguistiques.
- Vous pouvez enrichir le vocabulaire avec la fiche « **Tableau des poids, tailles et mesures** ».

Mes docs

À la fin des conceptualisations, faire relire le document et répondre aux questions éventuelles.

ENTRAÎNEZ-VOUS

Activités de systématisation

Point à systématiser	Dans le manuel	Dans le cahier d'activités
Les articles partitifs	Entraînez-vous p. 86 n° 4	p. 53 n° 14 ; p. 55 n° 16
Les quantités		p. 53 n° 13 ; p. 54 n° 15

→ Pour les corrigés des activités « Entraînez-vous » du manuel, voir p. 77 de ce guide et pour les corrigés des activités du cahier, voir p. 114 du cahier.

Proposition d'activité supplémentaire

Retrouvez la conjugaison du verbe *boire*.

M	N	U	B	O	I	V	E	N	T
A	J	B	U	V	E	Z	V	X	P
O	I	R	V	E	N	T	I	T	S
H	K	B	O	S	E	N	T	O	I
J	U	I	N	E	S	P	V	I	R
B	O	I	S	E	N	T	B	U	V
J	Y	Z	P	R	B	O	I	S	O
G	B	O	I	T	L	H	R	E	N
A	V	O	I	T	B	U	V	O	I

PASSEZ À L'ACTION p. 81

Tâches cibles

Témoignez !
Tâche 1

• Avant le cours, photocopier la page Internet (Lisez p. 80) et la coller en haut d'une grande feuille A3.
• Préparer des bandes de papier correspondant à une contribution (vous pouvez photocopier le document ci-dessous au nombre de vos apprenants).

Exemple de bande :

• Faire lire la consigne et faire préparer une contribution à chaque apprenant.
• Leur donner une bande et leur demander d'y mettre leur prénom / pseudo accompagné d'une petite illustration pour représenter leur avatar puis d'y rédiger leur contribution.
NB : Si vous avez un TNI et que vos apprenants peuvent travailler sur leur propre ordinateur ou dans le centre multimédia de votre institution, créer une page et faire contribuer les apprenants directement sur la page.
• On peut aussi demander aux apprenants de faire ce travail en autonomie chez eux puis qu'ils vous envoient leur texte. Afin que vous puissiez ensuite faire la mise en page de tous les textes.
• Une fois que toutes les contributions sont rassemblées sur le même document, demander aux apprenants de lire toutes les contributions et de les commenter en grand groupe.

Tu viens dîner à la maison ?
Tâche 2

• Faire lire le titre donné à la tâche et demander aux apprenants quelle situation cela évoque pour eux.
• Constituer alors des petits groupes de trois apprenants et demander quel apprenant de chaque groupe pourrait inviter (de manière fictive ou réelle !) les deux autres membres du groupe.
• Demander alors aux hôtes de parler avec leurs futurs invités pour s'informer de leurs goûts / allergies alimentaires afin de préparer leur menu. Pendant la conversation, ils doivent prendre des notes sur les goûts de leurs futurs invités.
• À la fin des discussions, chaque hôte doit proposer un menu à ses invités. Ces derniers doivent dire si cela leur convient ou pas et faire éventuellement des propositions. Chaque groupe présentera alors son menu au reste des apprenants et on votera pour le menu le plus appétissant.
Suggestion pour une tâche authentique : Décider de faire un vrai repas avec tous les apprenants de la classe. Réunir toutes les suggestions de menus et discuter pour élaborer un menu final qui convient à toute la classe. Faire ensuite la liste des courses.

REPÈRES CULTURELS p. 88

REPÈRES PROFESSIONNELS p. 89

Développement des compétences culturelles et interculturelles

Il est possible d'aborder plus précisément la thématique **des repas et des habitudes alimentaires** à cette étape de la démarche. Pour cela, nous vous invitons à exploiter les Repères culturels et la dernière partie des Repères professionnels : « Les repas d'affaires » (si vous ne l'avez pas déjà fait). Voir leur exploitation p. 78-79 de ce guide.

p. 82-83

D Rendez-vous avec le webmestre

Tâches cibles de la séquence	Tâche support de la séquence	Objectifs fonctionnels de la séquence	Objectifs linguistiques de la séquence
↘ Interagir pour obtenir toutes les précisions à propos d'un événement en interrogeant des responsables de cet événement ↘ Donner des précisions et des explications sur un événement que l'on va organiser ↘ Interagir avec un collègue à propos d'un site Internet pour le recommander ou le déconseiller	↘ Identifier la page Internet qui convient à la suite d'un entretien entre un webmestre et une responsable marketing	↘ Demander des explications / précisions ↘ Donner des appréciations positives	**Grammaire** ↘ Le complément du nom ↘ Les adjectifs démonstratifs **Lexique** ↘ Internet

ÉCOUTEZ
RÉAGISSEZ
p. 82
Mes audios 34

Tâche support

• Projeter / Montrer le titre de la séquence, les photos des pages Internet (Réagissez) et la photo du webmestre (p. 83) pour faire deviner le contexte / la situation aux apprenants.

Réponses attendues : Sur la photo p. 83, il y a un webmestre devant son ordinateur. Il crée des pages pour les sites Internet. Là, il crée des pages pour une agence de voyage. Il travaille peut-être pour cette agence qui s'appelle voyage.com.

• Faire observer les deux pages Internet (Réagissez) et leur demander d'identifier ce que c'est.

Réponse attendue : Ce sont des publicités pour des voyages. La deuxième propose une promotion.

• Faire écouter le dialogue (Écoutez) et interagir avec les apprenants de la manière suivante pour vérifier les hypothèses.

Questions de l'enseignant	Réponses attendues des apprenants
Alors, est-ce que vos hypothèses sont bonnes ?	Oui. C'est bien un webmestre. Il doit faire une page pour une agence pour faire la publicité des voyages.
Avec qui discute-t-il ?	Avec la directrice / la responsable de la publicité / la responsable marketing…
De quoi parlent-ils ?	Des détails de la page. Elle pose des questions. Il fait des propositions.

• Faire ensuite réécouter le dialogue puis demander aux apprenants de se mettre en binôme pour sélectionner la bonne page Internet (Réagissez).

RÉPONSE ATTENDUE : la page de gauche.

Vérification de la bonne réalisation de la tâche

Projeter la page Internet de gauche (Réagissez) et, en grand groupe, demander aux apprenants de justifier leur réponse à partir de ce qui a été dit dans la conversation entre le webmestre et le responsable marketing.

NB : Des mots du lexique d'Internet ressortiront lors de cet échange. Les noter au tableau puis faire une synthèse avec l'encadré « Internet » (Retenez p. 83).

RETENEZ
p. 83
OUTILS LINGUISTIQUES
p. 85

Développement des compétences fonctionnelles et linguistiques

Pour obtenir des explications / des précisions → Retenez

• Faire écouter à nouveau le dialogue et faire relever à la moitié du groupe comment la responsable marketing demande des précisions et à l'autre moitié du groupe les questions que pose le webmestre pour savoir ce que souhaite la responsable marketing.

Réponses attendues : Demande de précisions de la responsable marketing : « Qu'est-ce que vous proposez ? » – « Expliquez-moi comment vous voyez ce message. » – « Je voudrais des précisions. Est-ce que vous allez mettre des informations avec ces photos ? » / Questions du webmestre pour connaître les souhaits de la responsable marketing : « Quelles rubriques est-ce que vous voulez ? » – « Où est-ce que vous voulez ces rubriques ? »

• À partir des réponses attendues, faire trouver les manières de demander des précisions ou des explications.

Réponses attendues : Questions précises : « Qu'est-ce que… » ; « Est-ce que… » / « Expliquez-moi comment, pourquoi, où, etc. » ; « Je voudrais des précisions ».

• Faire lire l'encadré « Pour obtenir des explications / des précisions » (Retenez).

Les adjectifs démonstratifs → Outils linguistiques n° 7

• Souligner ou entourer tous les adjectifs démonstratifs dans les énoncés obtenus précédemment (énoncés pour obtenir des explications, des précisions) et demander aux apprenants pourquoi on n'utilise pas *un / une / des* à la place de ces mots entourés / soulignés.

• Continuer la conceptualisation en vous aidant du tableau proposé dans les Outils linguistiques.

Pour donner des appréciations positives → Retenez

• Demander aux apprenants comment le webmestre et la responsable marketing expriment leur accord ou leur satisfaction.

Réponses attendues : « c'est une bonne idée » « c'est super ! », « c'est parfait ! ».

• Faire lire l'encadré « Pour donner des appréciations positives » (Retenez) et faire observer la structure récurrente *c'est* + adjectif ou *c'est* + article + adjectif + nom.

• Faire trouver d'autres adjectifs possibles. Ex. : *excellent*, *génial*, etc.

• Pour finir sur ce point, on peut faire travailler l'intonation dans ces exclamations.

Le complément de nom → Outils linguistiques n° 6

• Faire observer les énoncés donnés en exemple dans le tableau des Outils linguistiques puis faire expliquer la règle.

• Faire trouver d'autres exemples pour vérifier la compréhension de ce point de grammaire.

À la fin des conceptualisations, faire dramatiser le dialogue (Écoutez) pour entraîner les apprenants à trouver le bon rythme, la bonne intonation et la bonne prononciation des mots et expressions. Répondre aux questions éventuelles.

ENTRAÎNEZ-VOUS

Activités de systématisation

Point à systématiser	Dans le manuel	Dans le cahier d'activités
Le complément du nom	Entraînez-vous p. 86 n° 5	p. 56 n° 19
Les adjectifs démonstratifs	Entraînez-vous p. 86 n° 6	

→ Pour les corrigés des activités « Entraînez-vous » du manuel, voir p. 77 de ce guide et pour les corrigés des activités du cahier, voir p. 114 du cahier.

PASSEZ À L'ACTION
p. 83

Tâches cibles

Un événement important.
Tâche 1

• Constituer des sous-groupes de quatre apprenants et leur demander de lire la consigne. Puis leur demander de choisir un événement qu'ils vont organiser.
• Dans chaque sous-groupe, demander aux apprenants de constituer des binômes. Un binôme imagine l'organisation de l'événement et l'autre binôme prépare des questions sur cette organisation.
• Après une dizaine de minutes. Demander aux deux binômes de se réunir. Les uns posent des questions et les autres répondent. À la fin de la discussion, les apprenants nomment un représentant de leur groupe pour présenter le projet à l'ensemble de la classe.
• La classe vote pour l'événement le mieux organisé.

Un site bien pensé.
Tâche 2

• Demander à vos apprenants de préparer cette tâche en autonomie. De retour en classe, ils parlent du site qu'ils ont sélectionné et ils le présentent au groupe. Les autres apprenants posent des questions.
• *Variante 1 :* Si vous avez un centre multimédia à disposition, demander aux apprenants de naviguer sur Internet pour trouver la page d'un site commercial. Leur demander ensuite de présenter la page sélectionnée aux autres apprenants en indiquant les points positifs ou négatifs de la page. Les autres apprenants peuvent donner leur appréciation ou demander des précisions.

• *Variante 2 :* Constituer des sous-groupes de 3 ou 4 apprenants et leur demander de regarder et de noter les points positifs et négatifs du site de votre institution.
NB : Si votre institution n'a pas de site Internet, demander aux apprenants de faire des propositions pour le concevoir. Chaque groupe présente sa proposition aux autres apprenants. Noter toutes les bonnes idées et les donner à la direction de l'institution.

p. 86

ENTRAÎNEZ-VOUS
Corrigés des activités

1. Sondage

1. Allez-vous souvent à l'étranger ? – **2.** Préférez-vous prendre le train ou l'avion ? – **3.** Êtes-vous satisfait(e) du service dans les gares et les aéroports ? – **4.** Contactez-vous parfois des agences de voyage pour organiser vos circuits ? – **5.** Lisez-vous les forums de voyageurs sur Internet ? – **6.** Quel voyage souhaitez-vous faire ?

2. SMS à envoyer

1. Je me prépare (se préparer) – **2.** Nous appelons (appeler) – **3.** Qui dirige (diriger) – **4.** Tu t'habilles (s'habiller) – **5.** Vous présentez (présenter) – **6.** On se promène (se promener)

3. Planning chargé

Lundi : Nathalie va envoyer / Tu vas réserver – Mardi : Nous allons préparer / Les commerciaux vont aller – Mercredi : Je vais rédiger / M. Blois va lire les rapports – Jeudi : Nous allons rencontrer / Ils (Nathalie et M. Bois) vont assister – Vendredi : Tu vas téléphoner / Je vais partir

4. Sandwiches à la carte !

Un sandwich avec du pain / du beurre / du fromage / du thon / du jambon / de la moutarde / de la mayonnaise / de la viande / de l'huile d'olive / de la charcuterie / des feuilles de salade / des tranches de tomate / des olives / des rondelles de concombre.

5. Ne pas oublier !

1. Les dossiers des clients – **2.** La clé du bureau – **3.** L'adresse de l'hôtel – **4.** Le nom de nos partenaires – **5.** Le numéro de téléphone d'Alice – **6.** Le code de la salle de réunion

6. Je navigue !

1. Ce site... – **2.** Ces pages... – **3.** Ces liens... – **4.** Cette adresse... – **5.** Cet onglet... – **6.** Ces produits...

p. 87

TESTEZ-VOUS

Si vous choisissez de faire faire les Testez-vous en classe, voici des propositions de modalités de travail pour les tâches proposées (corrigés p. 175 du manuel).

1. Internet pratique

• Faire prendre connaissance du document. Demandez ce que c'est et où on peut trouver ce document puis faire lire les consignes.
• Faire ensuite répondre aux questions individuellement.

Mes audios 37

2. Mon repas au bureau

• Faire observer les photos. Puis procéder à deux écoutes : une première écoute sans pause et une deuxième écoute séquencée avec une pause après chaque monologue pour que les apprenants puissent vérifier leurs réponses.

Mes audios 38

3. Un agenda chargé

• Faire écouter le dialogue et interagir avec les apprenants de la manière suivante pour introduire la tâche. Demander aux apprenants de quoi il s'agit, qui sont les personnes, comment elles s'appellent, de quoi elles parlent.
• Faire lire les consignes et les items et procéder à une deuxième écoute. Faire faire l'activité individuellement.

Modalités de correction :
Première possibilité : correction en groupe
• Vous pouvez choisir de passer à la correction après chaque tâche ou procéder à celle-ci une fois que toutes les tâches ont été effectuées.
• Demander aux apprenants de donner les réponses. Les faire justifier et valider par le groupe et les noter sur le document si vous avez la possibilité de le projeter et de l'annoter.
• Des réécoutes partielles sont possibles si nécessaire pour les activités de compréhension orale.
Deuxième possibilité :
• Demander aux apprenants de s'auto-corriger en comparant leurs réponses à celles données p. 175 du manuel.

Mon portfolio

› Une fois les activités du Testez-vous corrigées en autonomie ou en groupe, demander aux apprenants de remplir le **portfolio de l'unité 5**.

p. 88

Repères culturels

Les **repas** et les **habitudes alimentaires** des Français

↘ L'activité 1 peut être proposée en autonomie. Chaque apprenant prépare son exposé et le présente à la classe. Si vous avez le matériel, demander aux apprenants d'apporter des photos à projeter pour illustrer leur exposé.

↘ Les activités 2 à 5 peuvent se faire après la tâche 2 de la page 81 (Séquence C).

POINT INFO

Une invitation chez des Français

Les Français ne mélangent pas beaucoup vie privée et vie professionnelle, c'est pourquoi les invitations chez les Français sont peu fréquentes dans le cadre des relations de travail. Les Français déjeunent généralement entre 12 h et 13 h et dînent entre 19 h 30 et 20 h 30 (un peu plus tard à Paris). Comme leur travail est souvent éloigné du domicile, ils déjeunent fréquemment sur leur lieu de travail (cantine, restaurant d'entreprise) ou à proximité, avec des titres restaurants. Lorsqu'on est invité chez des Français, il est conseillé de « ne pas venir les mains vides » ; en revanche un petit cadeau ne s'impose pas avec des amis proches. Il est recommandé d'arriver avec un quart d'heure de retard. L'hôte français commence par proposer un apéritif dans le salon avant de passer à table. C'est la maîtresse de maison qui invite à passer à table, désigne les places (généralement, on place un homme à côté d'une femme). L'invité(e) que l'on veut honorer est placé(e) à droite de la maîtresse de maison si c'est un homme ou à droite du maître de maison si c'est une femme.
Selon l'importance du dîner, il peut y avoir un, deux ou trois verres (le grand verre pour l'eau, le moyen pour le vin rouge et un moins large pour le vin blanc) et plusieurs couverts (un couvert pour le poisson et un couvert de table). La serviette est placée sur les genoux et les deux poignets sont posés au bord de la table. Quand les plats circulent, les femmes se servent d'abord. Il faut attendre que tout le monde soit servi et que la maîtresse de maison commence pour commencer à manger. Les Français accompagnent toujours le repas de pain. Le fromage est servi à la fin du repas avec ou après la salade et avant le dessert. Il est d'usage de ne se servir qu'une fois de fromage. En général, c'est le maître de maison qui sert le vin. Un dîner chez des Français est un moment très convivial et on peut rester longtemps à table. On bavarde et on échange des idées. On peut parler de tout à condition de ne pas heurter les sensibilités des autres invités. Après le dîner, l'hôte peut vous proposer un café, une infusion ou encore un digestif. C'est l'occasion de prolonger la soirée. En effet, en France, il n'est pas dans les usages de quitter les hôtes sitôt le repas terminé.

POINT INFO

Les repas d'affaires

Les déjeuners ou dîners d'affaires restent des pratiques courantes dans les entreprises françaises. De nombreux restaurants offrent des formules pour attirer cette clientèle qui représente un pourcentage important de leur chiffre d'affaires. Le menu peut être commandé à l'avance ou choisi à la carte par les convives. La carte des vins est toujours présentée à l'hôte français : c'est lui qui choisit le vin et le goûte avant de faire servir les invités. Dans certains grands restaurants, il existe des cartes sans les prix destinés aux femmes et aux invités. C'est celui qui invite qui entre le premier dans le restaurant et précède les invités. Le règlement de la note se fait discrètement.
Les hommes et femmes d'affaires s'accordent pour dire que le repas d'affaires est une convivialité rentable, qui permet de rencontrer des clients dans un climat plus détendu. Actuellement, les déjeuners et les petits déjeuners d'affaires semblent prendre le pas sur les dîners.

p. 89

Repères professionnels

Les **horaires** en France

↘ Activité n° 1 : En grand groupe, discuter avec les apprenants en se basant sur les questions posées. Cela permet des échanges interculturels des façons de faire sur les horaires dans différents pays (si les apprenants sont de pays différents).

↘ Activités n° 2 et 3 : Faire lire la fiche puis faire répondre aux items du cas pratique. Après la mise en commun, demander aux apprenants de réagir par rapport aux horaires de travail en France.

RÉPONSES ATTENDUES :

3.

Étude de cas	OUI	NON
1. M Chartier travaille avec des horaires flexibles, il peut arriver à 10 h au travail.	+	
2. Mme Burnos peut travailler à temps partiel 20 h par semaine.	+	
3. M Gretois peut travailler à temps plein 35 h par semaine.	+	
4. Mme Meunier peut travailler à mi-temps 10 h par semaine.		+
5. M Narcos peut arriver avec un quart d'heure de retard chez son nouveau client français.		+

Justification

1. Comme il a des horaires flexibles, l'employé peut choisir l'heure d'arrivée et l'heure de départ. Par exemple entre 8 h et 10 h et entre 16 h et 19 h.
2. On parle de « temps partiel » donc c'est moins de 35 h.
3. En France, le temps plein correspond à 35 h.
4. Le mi-temps correspond exactement à 17 h 30 et non à 10 h.
5. « Pour un une visite, vous devez arriver à l'heure. »

Faites le bon choix !

p. 90-91

Entrée dans l'unité

• Écrire le titre de l'unité au tableau et demander où on peut faire un bon choix.
Réponses attendues : Au restaurant, dans un magasin, dans une agence immobilière pour trouver un logement, sur Internet pour le choix d'un transport, d'un hôtel, d'un produit, d'un cours, d'un vêtement, etc.

p. 92-93

A Vous avez choisi ?

Tâche cible de la séquence	Tâche support de la séquence	Objectifs fonctionnels de la séquence	Objectifs linguistiques de la séquence
↘ Commander un repas au restaurant et discuter du choix des plats	↘ Repérer dans un menu un choix de plats à partir d'échanges entre des clients et un serveur	↘ Prendre et passer une commande ↘ Interroger sur / décrire un plat ↘ Demander une explication ↘ Demander l'addition	**Grammaire** ↘ Les pronoms COD *le / la / les* ↘ Les pronoms interrogatifs : *que* et *quoi*

Entrée dans la séquence

• Poser des questions aux apprenants sur leurs sorties au restaurant : Allez-vous souvent au restaurant ? Dans quel type de restaurant allez-vous ? Avec qui allez-vous au restaurant ? Faites-vous des repas professionnels au restaurant ? Avez-vous l'habitude de réserver votre table ?
• On peut aussi demander aux apprenants s'ils connaissent des noms de spécialités culinaires françaises et les noter au fur à mesure au tableau en les classant en quatre colonnes distinctes selon qu'il s'agit d'une entrée, d'un plat, de fromage ou de dessert. Demander à quoi correspondent ces colonnes pour introduire les étapes d'un repas français.
• Montrer / Projeter la photo de la page d'entrée 90-91 et la faire décrire : le lieu et le type possible de restaurant (un café / un restaurant / une brasserie), les personnes (un serveur / un garçon, des clients), les objets (des verres, une carte, un menu, une tablette).
• Demander ce que font les personnes.
Réponses attendues : Une femme et un homme lisent une carte / un menu ; le serveur écrit / prend la commande ; deux femmes ont un verre / elles parlent / elles boivent.

ÉCOUTEZ RÉAGISSEZ
p. 92
Mes audios 39

Tâche support

• Montrer / Projeter le menu de la p. 92 et interagir avec les apprenants pour faire identifier le document (forme du document, nom du menu, différentes parties du menu). On peut aussi faire un montage et montrer les trois cartes (p. 92 et p. 93).
• (Re)parler / Faire remarquer les différentes parties qui composent un repas français (faire remarquer les prix liés au nombre de plats pour le menu Plaisir).
• Demander de quel type de restaurant il peut s'agir selon les plats de la carte plus ou moins sophistiqués et le prix (brasserie, bistrot, restaurant) pour introduire le vocabulaire.
• Demander à quoi sert un menu.
Réponse attendue : On choisit des plats / On fait un choix.
• Faire éventuellement comparer avec une carte de restaurant du pays des apprenants.

> POINT INFO
> Le **fromage** n'est pas toujours proposé dans les restaurants. Le café est toujours proposé mais n'est pas toujours inscrit sur la carte.

• Faire écouter la première partie du dialogue sans la transcription et interagir avec les apprenants de la manière suivante. Procéder à une nouvelle écoute si nécessaire.

Questions de l'enseignant	Réponses attendues des apprenants
Où se passe la scène ?	Dans un restaurant.
Qui sont les personnes ?	Un homme / Un client et un serveur.
Quand se passe la scène ?	Quand le client arrive au restaurant.
Est-ce que le client a une réservation ?	Oui (pour deux personnes / deux couverts, au nom de la société Magix).

• Puis faire écouter intégralement les deux autres parties du dialogue sans les transcriptions. Interagir avec les apprenants en posant les questions suivantes. Procéder à plusieurs écoutes si nécessaire.

Questions de l'enseignant	Réponses attendues des apprenants
Combien de personnes parlent ?	Trois : une femme / une cliente, un homme / un client, un homme / le serveur.
Il y a combien de parties dans le dialogue ?	Deux.
À quel moment se situent-elles ? Que font les personnes ?	– 1re situation : avant le repas, les clients commandent leur repas, choisissent leurs plats. – 2e situation : à la fin du repas, les clients commandent leur dessert et les cafés et demandent l'addition.

• Expliquer la tâche et faire réécouter le dialogue intégralement. Faire réaliser la tâche individuellement sans les transcriptions.

Vérification de la bonne réalisation de la tâche

• Demander aux apprenants de comparer leurs réponses en binômes.
• Faire valider les réponses en grand groupe. Demander aux apprenants de justifier leurs réponses en indiquant les énoncés du dialogue qui correspondent.

RÉPONSES ATTENDUES :

Deux menus trio
La cliente : Chèvre chaud, entrecôte du boucher et ratatouille, mousse au chocolat
Le client : Chèvre chaud, saumon grillé et riz à l'espagnol, mousse au chocolat

POINT INFO

Explications pour le Menu plaisir
– Une salade « César » au poulet mariné : du nom d'un restaurateur italien, cette salade à base de salade verte, d'œuf, de parmesan et de croûtons de pain est couramment servie au Mexique et aux États-Unis. Elle peut aussi contenir de l'avocat, des lardons, du poulet (mariné dans de l'huile et du citron) ou encore des crevettes.
– Un chèvre chaud : c'est un petit fromage de chèvre passé au four, souvent servi sur une tranche de pain et sur des feuilles de salade verte.
– Une salade de tomates et mozzarella : c'est un plat italien très courant en France, composé de tomates crues et de fromage italien coupés en tranches.
– Une terrine de sardines : c'est une préparation culinaire ayant subi ou non une cuisson et présentée dans un récipient en terre cuite (une terrine). Les sardines sont de petits poissons de mer.
– Une soupe de poissons : c'est un plat de bord de mer ; c'est une soupe faite à base de différents poissons.
– Une entrecôte du boucher : c'est un morceau de viande de bœuf, on précise « boucher » pour indiquer la bonne qualité de la viande.
– Un gratin de pâtes : ce sont des pâtes cuites au four dans une sauce béchamel à base de lait ; le plat est recouvert de gruyère râpé (fromage à base de lait de vache) et passé au four.
– Une tarte aux pommes : c'est un dessert fait d'une pâte recouverte de pommes et cuit au four (les tartes peuvent être à base d'autres fruits : fraises, abricots…).
– Un sorbet : c'est une glace à l'eau faite à partir de fruits (exemple : fraise).
– Une mousse au chocolat : c'est un dessert à base d'œufs et de chocolat qu'on propose souvent dans les cafés et restaurants.

RETENEZ
p. 93
OUTILS LINGUISTIQUES
p. 100

Développement des compétences fonctionnelles et linguistiques

Pour prendre la commande ; Pour passer commande → Retenez

- Constituer deux groupes et faire réécouter à nouveau les 2e et 3e parties du dialogue sans les transcriptions.
- Donner les consignes suivantes : Groupe 1 : « Relevez tout ce que dit le serveur pour prendre les commandes. » ; Groupe 2 : « Relevez ce que disent les clients pour passer commande. ».
- Mettre les réponses en commun : écrire au tableau les propositions des apprenants dans une grille à deux entrées « Pour prendre la commande » et « Pour passer commande ».
- Récapituler et enrichir en faisant lire les encadrés correspondants du Retenez.

Les pronoms compléments d'objet direct (COD) *LE / LA / LES* → Outils linguistiques n° 1

- Faire réécouter la 1re partie du dialogue et demander quelle dernière question pose le client et comment le serveur répond : « Vous avez la carte, s'il vous plaît ? » → « Oui, je l'apporte tout de suite. » Écrire un autre exemple : « Le saumon grillé pour moi » → Vous le voulez avec quelle garniture ? ».
- À partir de ces énoncés, aborder les pronoms COD et conceptualiser en vous aidant du tableau (Outils linguistiques n° 1).

Pour demander une explication ; Pour indiquer la composition d'un plat → Retenez

- Constituer deux groupes et faire réécouter à nouveau la 2e partie du dialogue.
- Donner les consignes suivantes : Groupe 1 : « Relevez tout ce que disent les clients pour demander une explication. » ; « Groupe 2 : « Relevez ce que dit le serveur pour indiquer la composition des plats. ».
- Mettre les réponses en commun : écrire au tableau les propositions des apprenants dans une grille à deux entrées « Pour demander une explication » et « Pour indiquer la composition d'un plat ».
- Récapituler et faire lire les encadrés du Retenez.

Les pronoms interrogatifs *QU'EST-CE QUE...? / QUE... ? / QUOI... ?* → Outils linguistiques n° 2

- À partir de l'encadré « Pour demander une explication », aborder les pronoms interrogatifs.
- Conceptualiser ensuite la forme interrogative en vous aidant du tableau proposé (Outils linguistiques n° 2).

Pour indiquer un ingrédient → Mémo p. 58 du cahier d'activités

- À partir des énoncés de l'encadré « Pour indiquer la composition d'un plat » (Retenez), faire observer la construction grammaticale et faire conceptualiser.

Pour demander l'addition → Retenez

- Demander aux apprenants comment le client du dialogue demande de payer et faire lire l'encadré correspondant.

À la fin de toutes les conceptualisations, répondre aux éventuelles questions. Faire dramatiser le dialogue pour entraîner les apprenants au rythme, à l'intonation et à la bonne prononciation des mots.

ENTRAÎNEZ-VOUS

Activités de systématisation

Point à systématiser	Dans le manuel	Dans le cahier d'activités
Les pronoms compléments d'objet direct (COD) *le / la / les*	Entraînez-vous p. 102 n° 1	p. 58 n° 4 ; p. 59 n° 5 et 6
Les pronoms interrogatifs *Qu'est-ce que… ? / Que… ? / Quoi… ?*		p. 59-60 n° 7

→ Pour les corrigés des activités « Entraînez-vous » du manuel, voir p. 91 de ce guide et pour les corrigés des activités du cahier, voir p. 114 du cahier.

PASSEZ À L'ACTION
p. 93

Tâche cible

Nous avons choisi !

- Photocopier les 3 cartes (p. 92 et 93) pour préparer la tâche.
- Montrer / Projeter les cartes et les faire identifier si cela n'a pas été effectué précédemment, (re)parler des différentes parties qui composent un repas français si nécessaire.
- Faire lire les cartes puis donner des explications éventuelles sur les plats proposés avant de faire réaliser la tâche.
- Constituer deux groupes d'apprenants.

– Un groupe de « serveurs » : leur demander de préparer ensemble comment ils prendront la commande et ce qu'ils pourront dire si les clients leur demandent des explications.

– Un groupe de « clients » : ils prépareront ce qu'ils pourront dire et demander aux « serveurs ».
• Organiser la salle de classe afin qu'elle ressemble à plusieurs salles de restaurant (on peut aussi utiliser la carte du Écoutez) avec les noms des restaurants.
• On peut aussi photocopier les cartes et les afficher à l'entrée de la classe.
• Demander à tous les clients de sortir : ils choisiront leur restaurant et discuteront du choix. Ils arriveront par deux ou par trois et seront accueillis par un serveur qui les placera, leur apportera la carte et prendra leur commande.
• À la fin de la réalisation de la tâche, demander ensuite aux clients s'ils sont satisfaits des explications / du service des serveurs et demander aux serveurs quels plats ont eu le plus de succès.

POINT INFO

Les plats du menu du « Bistrot du coin » sont typiques de ce type de restaurant français.
– Une assiette de crudités : c'est un assortiment de légumes crus en salade, composé de carottes, concombre, tomates, betteraves…
– Un pâté de campagne : c'est une préparation à base de viande hachée et épicée. On emploie aussi le mot « terrine ».
– Les moules marinières : ce sont des crustacés préparés dans une sauce à base d'oignons et de vin blanc. Les moules frites sont un plat typique du Nord de la France et de la Belgique.
– Une quiche lorraine : c'est une tarte traditionnelle lorraine (région du Nord-Est de la France) composée d'une pâte avec un mélange d'œufs, de crème fraîche et de lardons. Servie en entrée ou en plat, on la trouve aussi dans les boulangeries, les charcuteries et de nombreux magasins alimentaires.
– Une crème caramel : c'est une crème à base de lait, d'œufs et de sucre, cuite au four et servie froide.

« Les gourmands », Menu gastronomique
– Foie gras de canard : c'est une spécialité culinaire à base de foie frais de canard servie souvent pour les repas de fête.
– Agneau à la provençale : c'est de la viande d'agneau préparée avec de l'ail et du persil.
– Duo de homard et de Saint-Jacques au Sauternes : on parle de duo parce qu'il y a deux sortes de crustacés (homard et coquille Saint-Jacques). Le Sauternes est un vin blanc doux et fruité de la région bordelaise, du Sud-Ouest de la France.
– Les fromages de Maître Olivier : on compte entre 350 et 400 sortes de fromages en France, on dit qu'il existe un fromage différent pour chaque jour de l'année. Les fromages prennent souvent le nom de la région ou de la ville où ils sont produits : le camembert est un fromage à pâte molle, à base de lait de vache originaire du village de Camembert en Normandie, dans l'Ouest de la France. Le fromage de chèvre est à base de lait de chèvre. Il existe une centaine de variétés de fromage de chèvre. Leur forme diffère selon la région de production. Le « Maître affineur » en fromagerie s'occupe des opérations liées à la maturation des fromages.
– Carpaccio d'ananas au citron vert : on emploie le terme italien « carpaccio » pour des préparations de viande, légumes ou fruits, crus et coupés en tranches très fines.

REPÈRES CULTURELS p. 104

Développement des compétences culturelles et interculturelles

Il est possible d'aborder la thématique des **restaurants** à cette étape de la démarche. Pour cela, nous vous invitons à exploiter les Repères culturels. Voir l'exploitation p. 91-92 de ce guide.

Mes vidéos

› Nous vous invitons à visionner la vidéo « **Une table pour deux !** » et à utiliser la fiche p. 182-184 de ce guide pour son exploitation.

p. 94-95

B Et avec ceci ?

Tâches cibles de la séquence	Tâche support de la séquence	Objectifs fonctionnels de la séquence	Objectifs linguistiques de la séquence
↘ Effectuer des achats et échanger avec un vendeur / une vendeuse à propos d'un produit	↘ Sélectionner des produits et noter les informations données à partir d'échanges entre un vendeur / une vendeuse et un / des client(s/es)	↘ Donner des informations sur le produit recherché ↘ Demander des précisions à un client ↘ Demander de l'aide ↘ Demander des précisions sur un produit ↘ Présenter les produits vendus ↘ Faire une proposition ↘ Indiquer ses préférences et comparer des produits ↘ Conclure un achat / une vente	**Grammaire** ↘ Les adjectifs et les pronoms démonstratifs ↘ Les pronoms interrogatifs *lequel / laquelle / lesquel(el)s* ↘ Les comparatifs

ÉCOUTEZ
RÉAGISSEZ
p. 94

Mes audios 40 41-42-43

Tâche support

• Montrer / Projeter les photos du Réagissez et demander ce que c'est et dans quel(le)s endroits / magasins / boutiques on peut trouver / acheter ces objets / ces produits. Aider les apprenants à formuler si nécessaire (introduire le mot « rayon » : partie d'un grand magasin / d'un hypermarché ou supermarché où sont regroupés les mêmes types de produits) et noter le nom des produits au tableau en les classant par catégorie (si vous disposez d'un TNI, noter les noms sous les produits).
• On peut aussi d'abord faire regrouper les produits par genre et demander ensuite où on peut les trouver, les acheter.
Réponses attendues (regroupés par type de produit) :
– 1. des gâteaux (secs), des biscuits ; 3. des chocolats ; 5. une baguette (type courant de pain français) ; 6. des bonbons ; 8. une tarte aux pommes ; 10. un croissant → dans une boulangerie, une pâtisserie, un supermarché ; les chocolats → chez un chocolatier (boutique spécialisée dans les chocolats)
– 2. des escarpins, des chaussures de femme, des chaussures à talon haut ; 7. des chaussures de marche ; (4. un sac à main) → dans un magasin de chaussures, dans un (rayon de) grand magasin…
– 4. un sac à main → dans un magasin de sacs, au rayon « sacs » d'un grand magasin
– 9. une valise à roulettes → dans un magasin de bagages, au rayon « bagages » d'un grand magasin
• Faire écouter intégralement les quatre micro-dialogues et interagir avec les apprenants de la manière suivante pour introduire la tâche. Procéder à une nouvelle écoute si nécessaire.

Questions de l'enseignant	Réponses attendues des apprenants
Il y a combien de situations ?	Quatre.
Où se passent-elles ?	Chez un chocolatier / dans une boutique / magasin de chocolat / chez un pâtissier ; dans un magasin de chaussures ; dans une boulangerie ; dans un magasin de sacs (le rayon « sacs » d'un grand magasin).
Qui parlent dans les magasins ? (introduire le mot « boulangère »)	Une vendeuse / un vendeur et des clients. (deux clientes et une vendeuse dans le dialogue 4)

• Montrer (à nouveau) les photos du Réagissez et demander de faire la tâche sans les transcriptions.
• Procéder à une écoute séquencée. Les apprenants effectuent la tâche individuellement puis comparent leurs réponses en binôme. Procéder à une réécoute si nécessaire pour vérification des réponses.

Mes docs

• Vous pouvez vous reporter à la fiche « **Tableau des poids, tailles et mesures** » pour l'équivalence des tailles.

Vérification de la bonne réalisation de la tâche

• Faire réécouter chaque micro-dialogue et valider les réponses en grand groupe après chacune des quatre situations.

RÉPONSES ATTENDUES :
Chez un chocolatier : un assortiment de chocolats (photo 3)
Dans un magasin de chaussures : des chaussures de marche taille 38 (photo 7)
Dans une boulangerie : deux baguettes, trois croissants / 5 € 20 (photos 5 et 10)
Au rayon « sacs » d'un grand magasin : un sac élégant, il coûte 120 €, c'est un sac de marque, il est en cuir (photo 4)

RETENEZ
p. 95
OUTILS LINGUISTIQUES
p. 100-101

Développement des compétences fonctionnelles et linguistiques

Pour donner des informations sur le produit recherché ;
Pour demander des précisions à un client → Retenez

• Constituer deux groupes et faire réécouter à nouveau les 4 micro-dialogues.
• Donner les consignes suivantes : Groupe 1 : « Relevez tout ce que disent les clients pour donner des informations sur le produit recherché. » ; Groupe 2 : « Relevez ce que disent le vendeur / la vendeuse pour demander des précisions. »
• Mettre les réponses en commun et faire lire les encadrés du Retenez.

Les pronoms interrogatifs *LEQUEL / LAQUELLE / LESQUEL(EL)S* → Outils linguistiques n° 4

• À partir de l'encadré « Pour demander des précisions à un client », aborder les pronoms interrogatifs (Outils linguistiques n° 4).

Pour demander des précisions sur un produit ; Pour présenter les produits vendus ; Pour indiquer ses préférences et comparer des produits → Retenez

• Constituer deux groupes et faire réécouter à nouveau le micro-dialogue « Chez un chocolatier ».

• Donner les consignes suivantes : Groupe 1 : « Relevez tout ce que dit la vendeuse pour présenter et comparer les produits vendus. » ; Groupe 2 : « Relevez ce que dit le client pour demander des précisions sur le produit. »
• Mettre les réponses en commun et faire lire les encadrés correspondants.

Les adjectifs et les pronoms démonstratifs → Outils linguistiques n° 3
• À partir de l'encadré « Pour présenter les produits vendus », aborder les adjectifs et les pronoms démonstratifs en vous aidant du tableau proposé (Outils linguistiques n° 3).

Les comparatifs → Outils linguistiques n° 5
• À partir de l'encadré « Pour indiquer ses préférences et comparer des produits», aborder les comparatifs et conceptualiser en vous aidant du tableau proposé (Outils linguistiques n° 5).

À la fin de toutes les conceptualisations, répondre aux éventuelles questions. Faire réécouter les dialogues avec les transcriptions et les faire dramatiser pour entraîner les apprenants au rythme, à l'intonation et à la bonne prononciation des mots.

ENTRAÎNEZ-VOUS

Activités de systématisation

Point à systématiser	Dans le manuel	Dans le cahier d'activités
Les adjectifs et les pronoms démonstratifs	Entraînez-vous p. 102 n° 2	p. 60-61 n° 10 ; p. 61 n° 11
Les pronoms interrogatifs *lequel / laquelle / lesquel(el)s*	Entraînez-vous p. 102 n° 2	p. 61 n° 11
Les comparatifs	Entraînez-vous p. 102 n° 3	p. 61 n° 12 ; p. 62 n° 13

→ Pour les corrigés des activités « Entraînez-vous » du manuel, voir p. 91 de ce guide et pour les corrigés des activités du cahier, voir p. 115 du cahier.

PASSEZ À L'ACTION
p. 95

Tâches cibles

Au revoir !
Tâche 1
• Lister avec les apprenants les cadeaux que l'on peut offrir à une collègue qui va quitter l'entreprise. On peut aussi montrer les photos du Passez à l'action n° 1 et demander ce que c'est, puis compléter la liste de cadeaux avec les apprenants.
• Expliquer la tâche.
• Constituer ensuite des petits groupes d'apprenants « collègues » (par 2 ou 3 selon la taille du groupe classe) et un groupe de vendeurs. Chaque groupe prépare la tâche qui lui est attribuée : les collègues discutent du choix des cadeaux et les vendeurs préparent des arguments pour présenter les produits.
• On peut placer des objets (montre, sac, parapluie, livre, tablette, téléphone portable, veste…) dans la classe comme dans un magasin. Les clients seront accueillis par les vendeurs.
• À la fin de la réalisation de la tâche, on demandera aux clients ce qu'ils ont finalement acheté et pourquoi.

J'apporte le dessert !
Tâche 2
• Avant le cours, préparer des photos de pâtisseries (comme celles de la page 95) ou mieux, pour une tâche authentique, demander aux apprenants d'apporter en classe leur gâteau préféré ou la photo de leur gâteau préféré.
• Montrer les photos de pâtisseries (ou/et celles du Passez à l'action n° 2) et demander le nom des gâteaux et leur composition.

Mes docs

• Lister d'autres gâteaux donnés par les apprenants, leur demander la composition (voir aussi la fiche « **Les produits alimentaires** »).
• Préparer la classe comme une grande pâtisserie avec les gâteaux (ou les photos). Constituer des groupes de clients et de vendeurs.
• Demander aux apprenants de se lever pour réaliser la tâche. Chaque client(e) interrogera un(e) pâtissier(ère) (et pourra demander à goûter ☺) avant de dire son choix.
• À la fin de la réalisation de la tâche, demander aux clients s'ils sont satisfaits des explications des vendeurs et, aux vendeurs, quelles pâtisseries ont eu le plus de succès.

POINT INFO

Les gâteaux en photo p. 95 sont les suivants :
Un éclair au chocolat : c'est un gâteau fait avec de la pâte à chou fourré d'une crème au chocolat.
Un macaron : c'est un petit gâteau rond à base de pâte d'amande, aromatisé à la fraise, au chocolat, au café, à la vanille…
Le Paris-Brest : c'est un gâteau en forme de couronne (ou roue, inspirée de la course cycliste qui reliait Paris à la ville de Brest en Bretagne) composé d'une pâte à chou fourrée de crème pralinée et garnie d'amandes.
Une charlotte aux fraises : c'est un gâteau de forme ronde de 10 cm de hauteur environ, formé d'un entourage de biscuits à la cuillère (ici de génoise) ou de boudoirs et dont le centre est garni soit de fruits (fraises), soit d'une crème (au chocolat par exemple).

p. 96-97

C Je peux visiter ?

Tâches cibles de la séquence	Tâche support de la séquence	Objectifs fonctionnels de la séquence	Objectifs linguistiques de la séquence
↘ Remplir un formulaire d'annonce immobilière sur un site francophone ↘ Échanger avec un agent immobilier à propos d'un logement meublé pour un séjour en France	↘ Sélectionner l'annonce immobilière qui correspond à la demande d'un client à partir d'informations échangées dans une agence immobilière	↘ Décrire un appartement	**Lexique** ↘ Les mesures : les surfaces, les longueurs et les distances

Entrée dans la séquence

• Interroger les apprenants sur leur logement : appartement ou maison ? Nombre de pièces, de chambres ? Douche ou salle de bains ? etc.
• Demander comment on peut trouver un logement et écrire le lexique utile au tableau : agence immobilière, Internet, petites annonces, etc.

ÉCOUTEZ RÉAGISSEZ
p. 96
Mes audios 44

Tâche support

• Montrer / Projeter les annonces du Réagissez et faire identifier les documents. Faire remarquer le bandeau en bas des annonces si nécessaire.
Réponses attendues : Ce sont des annonces immobilières sur Internet, on propose des locations d'appartement trois pièces.
• Interagir ensuite avec les apprenants pour introduire la tâche. Demander quels renseignements on trouve dans ce type d'annonce (le type d'appartement, les pièces, la surface, l'aménagement, le prix) et comment on peut obtenir des informations supplémentaires (on peut envoyer un mail, téléphoner à l'agence ou à la personne qui a mis l'annonce).
• Montrer / Projeter la photo de la p. 97 et demander quelle relation il y a entre la photo et les petites annonces.
Réponse attendue : Un agent immobilier fait visiter un appartement à un couple.
• Faire écouter le dialogue au téléphone sans la transcription.
• Interagir ensuite avec les apprenants en posant les questions suivantes. Procéder à des réécoutes si nécessaire.

Questions de l'enseignant	Réponses attendues des apprenants
Où se passe cette situation ?	Au téléphone.
Combien de personnes parlent ?	Deux.
Qui parlent ? / Qui sont-elles ?	Un client et l'agent immobilier (une femme).
De quoi parlent-elles ?	D'un appartement à louer.

• Faire réécouter le dialogue et demander aux apprenants de prendre des notes sur le type de logement recherché et sur ce que propose l'agent immobilier.
• Puis faire faire la tâche sans la transcription.

Vérification de la bonne réalisation de la tâche
• Demander aux apprenants de comparer leurs réponses en binômes et leur demander à quelle annonce correspond l'appartement.
• Faire valider les réponses en grand groupe et faire justifier la réponse avec ce qui a été dit dans le dialogue. Élucider le vocabulaire si nécessaire.

RÉPONSE ATTENDUE :
Annonce 1 (« je voudrais deux pièces et un séjour » ; « un trois-pièces donc » ; « je préfère le centre-ville » ; « c'est à 200 mètres [du métro] » ; « 850 € par mois hors charges »)

RETENEZ p. 96

Développement des compétences fonctionnelles et linguistiques

Pour décrire un appartement → Retenez
- Faire relever dans les annonces tout ce qui correspond au type d'appartement, aux pièces, à la surface, à l'aménagement et au prix.
- Faire lire l'encadré du Retenez sur la description d'un appartement et apporter des précisions si nécessaire.
- Vous pouvez enrichir le vocabulaire avec le « **Tableau des poids, tailles et mesures** » pour les surfaces.
- Vous pouvez discuter avec les apprenants de ce qui existe dans leur pays : Est-ce qu'il est facile de trouver un logement ? Comment fait-on ? Quelle est la surface moyenne, le nombre de pièces, le loyer moyen pour un studio d'étudiant, un deux-pièces, un trois-pièces ? Quelles sont les conditions pour louer un appartement dans leur pays ? Qu'est-ce qu'on demande au locataire ?

Mes docs

À la fin de toutes les conceptualisations, répondre aux éventuelles questions. Faire réécouter le dialogue avec la transcription et le faire dramatiser par groupe de deux pour entraîner les apprenants au rythme, à l'intonation et à la bonne prononciation des mots.

ENTRAÎNEZ-VOUS

Activités de systématisation

Point à systématiser	Dans le cahier d'activités
Décrire un appartement	p. 63 n° 14 et 15

→ Pour les corrigés des activités du cahier, voir p. 115 du cahier.

POINT INFO

Un logement en France ne peut être inférieur à 9 m^2 et sa hauteur sous plafond inférieure à 2,20 m (plus d'infos : www.legifrance.gouv.fr).
La lettre T (pour type) et le chiffre indique le nombre de pièces : 1, 2, 3, 4... hors cuisine, salle de bains et WC.
Le prix des logements est très élevé à Paris et dans les grandes villes françaises. Il est de plus en plus difficile de trouver une location et les propriétaires exigent de nombreux documents et garanties qui assurent la solvabilité des futurs locataires. Par sécurité et facilité, de nombreux propriétaires font appel à des agences immobilières pour louer leur logement.
En France, pour louer un appartement, on doit :
– payer une commission d'agence égale à un mois de loyer (quand on loue par une agence immobilière),
– verser une caution : une somme égale à un mois de loyer en garantie,
– payer un loyer d'avance,
– signer un bail : le contrat de location. Dans ce contrat de location, il est toujours précisé la durée du préavis (généralement trois mois, ramené à un mois dans le cas de locations meublées ou de mutation professionnelle). Si ce délai n'est pas respecté, le propriétaire peut obliger le locataire à régler les loyers correspondant à la période de préavis.
– faire un état des lieux : c'est un document qui détaille l'état de l'appartement ou de la maison quand on emménage.
Il est très souvent demandé une caution personnelle lorsque les revenus du locataire ne sont pas suffisants ou jugés trop justes (le locataire doit justifier de revenus équivalents à trois fois le montant du loyer hors charges).
En français, le terme « caution » a deux sens :
– une somme versée en garantie. Cette somme doit être restituée au locataire en fin de contrat de location (le bail) à condition que le logement soit rendu en bon état.
– il s'agit aussi de la personne qui se porte garante et s'engage à payer le loyer en cas de défaillance du locataire (souvent un parent).

PASSEZ À L'ACTION p. 97

Tâches cibles

À louer.
Tâche 1

• Avant le cours, photocopier l'annonce du site Vivastreet.
• Montrer / Projeter l'annonce et faire identifier le document. Demander aux apprenants s'ils ont déjà utilisé des sites d'annonces pour chercher / louer un logement, quels renseignements on doit donner / trouver sur l'annonce.
• Faire réaliser la tâche individuellement puis collecter les annonces et faire un montage pour que tous les apprenants puissent les lire.
• Poser des questions de compréhension. Exemples : « Dans quelle annonce, il y a trois chambres ? Quel logement se trouve à… ? », etc.
• Puis demander à chaque apprenant de choisir une annonce et de justifier son choix.
• Enfin, constituer des binômes, un apprenant intéressé par l'annonce et celui qui loue le logement. L'éventuel locataire pose des questions sur le logement, le loyer, les conditions de location…
NB : Si vos apprenants peuvent travailler sur leur propre ordinateur ou dans le centre multimédia de votre institution, faire faire la tâche directement sur un site d'annonces immobilières.

Cherche appartement à louer.
Tâche 2

• Constituer deux groupes (les « agents immobiliers » et les « clients »). Faire lire les deux annonces aux « agents immobiliers » (il est aussi bien sûr possible de proposer d'autres annonces).
• Faire lire la tâche au groupe de « clients » et demander aux apprenants de préparer les questions qu'ils poseront à l'agent immobilier.
• Après l'étape de préparation, mettre les apprenants en binôme et faire réaliser la tâche (les clients n'auront pas les descriptifs des appartements sous les yeux).
• Demander aux clients quelle location ils ont choisi et pourquoi.

POINT INFO

De très nombreux sites Internet permettent de transposer ces tâches en adéquation avec les objectifs de la séquence et de mettre les apprenants en situation réelle.
Vous pouvez proposer une situation contrainte : vous recherchez un logement en France. Précisez l'endroit, le lieu, le nombre de pièces. Vous pouvez demander de décrire le logement à partir de l'annonce ou des annonces retenues.

p. 98-99

D Votre avis compte

Tâches cibles de la séquence	Tâche support de la séquence	Objectifs fonctionnels de la séquence	Objectifs linguistiques de la séquence
↘ Téléphoner au service après-vente pour exposer un problème relatif à une commande en ligne ↘ Donner un avis sur un forum à propos d'un site de vente en ligne ↘ Raconter ses projets dans un mail à un(e) ami(e) et comment vous avez trouvé votre logement	↘ Analyser des avis positifs et négatifs de clients sur des achats en ligne à partir d'avis d'internautes donnés sur un forum	↘ Rapporter des actions passées	**Grammaire** ↘ Les indicateurs de temps du passé ↘ Le passé composé **Lexique** ↘ Les achats en ligne ↘ Les vêtements et accessoires

Entrée dans la séquence

• Demander aux apprenants où et comment ils effectuent leurs achats, quels achats ils font sur Internet / en ligne.
Réponses attendues : Dans les magasins, les boutiques, sur Internet ; des billets de train, d'avion, des vêtements, des produits alimentaires, des voyages…

LISEZ
RÉAGISSEZ
p. 98

Tâche support

• Projeter / Montrer la page Internet (Lisez) et les photos du Réagissez. Interagir avec les apprenants de la manière suivante pour introduire la tâche.

Questions de l'enseignant	Réponses attendues des apprenants
Qu'avez-vous vu ?	La page d'un site, un forum.
Qu'est-ce qui vous fait penser que c'est un forum ?	Il y a des petits textes avec les prénoms / pseudos des personnes et leur avatar, des notes.
Quel est le sujet du forum ?	Des avis sur Lazando.
Qui donne son avis ?	Ce sont des avis de consommateurs.
Combien de personnes participent au forum ? / Il y a combien de posts / contributions ?	Cinq (consommateurs).
À quoi correspondent les étoiles ?	Aux notes.
Elles sont plutôt bonnes ou mauvaises ?	Il y a beaucoup de commentaires avec beaucoup d'étoiles ; les notes sont bonnes.
Ce pourrait être pour quel site alors ? *(en s'appuyant sur les photos)*	Un site d'achats en ligne de vêtements et d'accessoires.

• Faire ensuite lire les contributions et réaliser la tâche.

Vérification de la bonne réalisation de la tâche

• Demander aux apprenants de se mettre par petits groupes et de comparer leurs réponses. Leur demander quels sont les avis les plus nombreux, positifs ou négatifs, et s'ils achèteraient sur ce site / s'ils recommanderaient ce site.

RÉPONSES ATTENDUES :

1. Isabelle : une veste (photo 5) – Plouf : un sac et une ceinture (photo 6) – Myrtille : une jupe (photo 1) – Bene : deux robes et un pantalon (photo 3) – Dournon : des bottes en cuir et des chaussures de sport (photos 2 et 4)

2. Avis des internautes

Avis positifs : Ils ont proposé de faire un échange ou un remboursement. – Ils ont été très réactifs. – Ils ont beaucoup de modèles de vêtements et de chaussures de marque. – Vous êtes sûr de trouver la bonne taille ou pointure, et la bonne couleur. – Des vêtements originaux et pas chers. – Elle est satisfaite et recommande le site. – La livraison est arrivée dans les délais et les articles sont de bonne qualité.

Avis négatifs : N'a pas reçu la commande. – Le service après-vente n'a pas répondu au mail de réclamation. – N'a pas reçu la bonne taille.

RETENEZ
p. 99
OUTILS LINGUISTIQUES
p. 101

Développement des compétences fonctionnelles et linguistiques

■ **Le passé composé** → Outils linguistiques n° 6

Les achats (en ligne) → Retenez

- Faire relire les contributions (Lisez) et demander aux apprenants de souligner tous les événements passés.
- À partir des énoncés, faire observer et conceptualiser la formation du passé composé en vous aidant du tableau proposé (Outils linguistiques n° 6).
- Demander aux apprenants de relever tout le vocabulaire pour parler de commandes et d'achats en ligne puis faire lire l'encadré correspondant pour enrichir le vocabulaire.

■ **Les indicateurs de temps du passé** → Retenez

- Demander aux apprenants de relever les expressions qui indiquent un fait réalisé dans le passé.
- Faire lire l'encadré correspondant.

■ **Les vêtements et accessoires** → Retenez

- Demander aux apprenants quels vêtements, accessoires de mode ils achètent ou que l'on peut acheter.
- Puis faire lire l'encadré correspondant pour enrichir le vocabulaire.

À la fin de toutes les conceptualisations, faire relire les avis et répondre aux éventuelles questions. À cette étape, on peut travailler le son [e] et [ɛ].

ENTRAÎNEZ-VOUS

Activités de systématisation

Point à systématiser	Dans le manuel	Dans le cahier d'activités
Les indicateurs de temps		p. 64 n° 16
Le passé composé	Entraînez-vous p. 102 n° 4	p. 64 n° 17 ; p. 65 n° 18
Le son [e] et [ɛ]	Prononcez p. 101 n° 1 et 2	p. 65 n° 20

CORRIGÉ DES ACTIVITÉS 1 ET 2 (Prononcez p. 101) :
1 B. er, ée, ez, é
2 J'ai mangé. – J'ai préparé. – Je visite. – J'ai travaillé. – J'écoute. – Je parle. – J'ai regardé.

→ Pour les corrigés des activités « Entraînez-vous » du manuel, voir p. 91 de ce guide et pour les corrigés des activités du cahier, voir p. 115 du cahier.

PASSEZ À L'ACTION
p. 99

Tâches cibles

Une réclamation.
Tâche 1
a) Interagir avec les apprenants pour introduire la tâche. Leur demander s'ils ont déjà eu des problèmes avec des achats sur Internet, avec quel produit et quel type de problème. Lister les produits et les problèmes rencontrés.
• Demander aux apprenants comment ils ont réagi, ce qu'ils ont fait.
• Constituer des binômes et faire réaliser la tâche.
• Puis poser des questions aux clients : quelle est la commande ? Quel est le problème rencontré ? Sont-ils satisfaits de la solution proposée ?
b) Avant le cours, préparer des bandes de papier correspondant à un avis sur le site en ligne.
• Faire lire la consigne et faire réfléchir chaque apprenant à un avis à mettre sur le site.
• Leur donner une bande et leur demander d'y mettre leur prénom / pseudo accompagné d'une petite illustration pour représenter leur avatar puis d'y rédiger leur contribution.
NB : Si vos apprenants peuvent travailler sur leur propre ordinateur ou dans le centre multimédia de votre institution, créer une page et faire contribuer les apprenants directement sur la page.
On peut aussi demander aux apprenants de faire ce travail en autonomie chez eux et qu'ils vous envoient leur texte afin que vous puissiez ensuite faire la mise en page de tous les textes.
• Une fois que tous les avis sont rassemblés sur le même document, demander aux apprenants de les lire et de les commenter en grand groupe. Puis les faire classer : avis positifs et avis négatifs.

J'ai trouvé !
Tâche 2
• Faire faire l'activité individuellement. Chaque apprenant enverra son courriel à un autre apprenant.
NB : Si vos apprenants peuvent travailler sur leur propre ordinateur ou dans le centre multimédia de votre institution, leur demander d'envoyer un courriel à un autre apprenant. On peut aussi demander aux apprenants de faire ce travail en autonomie chez eux et qu'ils vous envoient leur texte afin que vous puissiez ensuite faire la mise en page de tous les textes.
• Une fois que tous les courriels sont rassemblés sur le même document, demander aux apprenants de les lire et de les commenter en grand groupe. Poser des questions de compréhension : quels sont les projets ? Pourquoi il / elle a cherché un logement ? Comment il / elle a trouvé son logement ?…

REPÈRES PROFESSIONNELS
p. 105

Développement des compétences culturelles et interculturelles

Il est possible d'aborder la thématique de **l'habillement** avec les Repères professionnels. Voir leur exploitation p. 92 de ce guide.

p. 102

ENTRAÎNEZ-VOUS

Corrigés des activités

1. Relations professionnelles

1. l' – **2.** les – **3.** l' – **4.** la – **5.** les – **6.** les – **7.** le – **8.** le – **9.** la – **10.** l'

2. Il faut choisir !

1. Lesquelles ; celles-ci / celles-là – **2.** Laquelle ; celle-ci / celle-là – **3.** Lesquels ; ceux-ci / ceux-là – **4.** Lequel ; celui-ci / celui-là

3. Étude comparative

Exemple : Le Panty H200 est plus grand que le Soniac M96 / le Soniac M96 est aussi grand que le Vimax 420G / moins lourd que le Soniac M96 / aussi lourd que le Vimax 420G / a moins de mémoire que le Soniac M96 / a autant de mémoire que le Vimax 420G / plus cher que le Soniac M96…

4. Retour de mission

je suis allé – tu es parti – je suis arrivé – j'ai rencontré – j'ai visité – tu as rencontré – j'ai dîné – nous avons eu – tu as pu – j'ai vu – j'ai pris – j'ai déjeuné – nous avons discuté – nous avons pris

p. 103

TESTEZ-VOUS

Si vous choisissez de faire faire les Testez-vous en classe, voici des propositions de modalités de travail pour les tâches proposées (corrigés p. 176 du manuel).

1. Bonresto.com

• Faire prendre connaissance du document et demander où on peut trouver ce type de document. Puis faire lire les consignes et les items. Faire ensuite répondre individuellement. Une seule réponse possible pour chaque item.

2. Question de choix

Mes audios 47 48-49-50

• Laisser les apprenants prendre connaissance des items avant de procéder à une première écoute intégrale.
• Procéder à une deuxième écoute séquencée avec une pause entre chaque dialogue pour laisser aux apprenants le temps de vérifier leurs réponses.

Modalités de correction :
Première possibilité : correction en groupe
• Vous pouvez choisir de passer à la correction après chaque tâche ou procéder à celle-ci une fois que toutes les tâches ont été effectuées.
• Demander aux apprenants de donner les réponses. Les faire justifier et valider par le groupe. Une correction après chaque micro-dialogue est possible pour l'activité de compréhension orale.
Deuxième possibilité :
• Demander aux apprenants de s'auto-corriger en comparant leurs réponses à celles données p. 176 du manuel.

Mon portfolio

› Une fois les activités du Testez-vous corrigées en autonomie ou en groupe, demander aux apprenants de remplir le **portfolio de l'unité 6**.

p. 104

Repères culturels

Les Français **à table**

↘ En grand groupe, discuter avec les apprenants en se basant sur les questions posées dans le manuel. Cela permet des échanges interculturels sur les habitudes culinaires (si les apprenants sont de pays différents).

↘ Faire lire l'extrait du guide touristique ; attirer l'attention des apprenants sur l'addition et le pourboire en France.

↘ Puis demander aux apprenants de réagir en vous aidant des questions posées.

POINT INFO

Le pourboire n'est pas obligatoire en France. On peut laisser un pourboire au serveur ou à la serveuse, au chauffeur de taxi, au coiffeur ou à la coiffeuse, à l'ouvreur ou à l'ouvreuse qui vous place dans un théâtre ou une salle de spectacle. Outre le pourboire, les Français ont l'habitude d'offrir une somme d'argent à certaines personnes pour le Nouvel an : à la concierge ou à la gardienne de l'immeuble où ils habitent, au facteur, aux éboueurs et aux pompiers qui viennent présenter leurs vœux en proposant un calendrier. Cette tradition est appelée les « étrennes ».

p. 105

Repères professionnels

À chaque **métier** son **style**

Mes docs

↘ **1. et 2.** Demander à chaque apprenant de préparer à la maison une courte présentation sur la façon de s'habiller au travail (dans leur pays ou ailleurs selon le public) en se basant sur les questions posées. Ils pourront s'aider de la fiche « **Les vêtements de travail** » pour le lexique.

- Chaque apprenant fera une présentation orale. Si le groupe est important, les présentations se feront en petits groupes.
- Puis discuter avec les apprenants en se basant sur les présentations pour permettre des échanges interculturels si les apprenants sont de pays différents.

Variante :

- En grand groupe, discuter avec les apprenants en se basant sur les questions posées. Cela permet des échanges interculturels sur les habitudes vestimentaires dans les entreprises.
- Faire lire le texte et demander aux apprenants de réagir.
- Demander aux apprenants de rédiger une courte présentation sur les habitudes vestimentaires au travail. Puis collecter les productions pour que tous les apprenants puissent prendre connaissance des différentes habitudes vestimentaires.

↘ **3.** Constituer des binômes et faire lire les témoignages. Faire réaliser la tâche et faire justifier le choix avec des extraits des énoncés descriptifs qui correspondent à la personne.

- On peut proposer aux apprenants de rédiger un article / faire un reportage sur les manières de s'habiller dans leur entreprise à la manière de la tâche 2, avec des illustrations.
- Collecter les productions sous forme de revue pour que tous les apprenants puissent prendre connaissance des différentes habitudes vestimentaires des autres. Puis faire réagir les apprenants.

RÉPONSES ATTENDUES :

François Beeusaert : photo 6 – Laure Menand : photo 2 – Marion Lefèvre : photo 4 – Marc Nouvel : photo 1

POINT INFO

En France, **les codes vestimentaires dans l'entreprise** perdurent. Chaque secteur a ses propres diktats qui peuvent faire partie de l'image de marque de l'entreprise. Pour trouver un emploi, mieux vaut éviter d'ignorer ces règles implicites.

Selon les spécialistes, trois grandes familles se distinguent.

Les métiers qui jouent la carte du sérieux : la finance, l'assurance ou encore le conseil et l'audit. Le vêtement témoigne de la rigueur et de la neutralité.

La deuxième famille privilégie le confort et rassemble les cadres qui ne sont pas en contact avec la clientèle. Leurs tenues sont plus décontractées. On y trouve les informaticiens, les responsables administratifs de PME ou ceux de la grande distribution ou encore ceux qui travaillent dans des start-up ou le commerce en ligne.

Dernière grande famille, les métiers qui fonctionnent sur la mode et la séduction. Ils regroupent tous les créatifs qu'ils soient publicitaires, stylistes ou directeurs artistiques, graphistes... Leur créativité doit transparaître dans le choix de leurs vêtements. Le mélange des genres est fortement conseillé.

Le « Friday wear » (principe selon lequel on vient travailler dans une tenue plus décontractée le vendredi) apparue aux États-Unis dans la Silicon Valley est institué dans certaines entreprises françaises.

p. 106-107

Scénario professionnel

› Pour l'exploitation du **Scénario professionnel**, nous vous invitons à lire les conseils dans l'introduction de ce guide p. 9-10.

Présentez une entreprise !

p. 108-109

Entrée dans l'unité

• Noter au tableau le nom des 10 premières entreprises françaises (voir p. 39 du manuel : l'ordre n'est pas important) et demander aux apprenants à quoi cela correspond.
• Leur demander de rappeler les secteurs d'activité de ces entreprises.
• Interagir ensuite avec eux pour savoir quelles sont les informations importantes à connaître (à part le secteur d'activité) pour présenter une entreprise.
• Noter les réponses des apprenants et en profiter pour éventuellement introduire des mots qui serviront dans l'unité.
• Présenter les objectifs pragmatiques de l'unité (*Pour être capable*… p. 109).
Variante (selon le public et le pays) : On peut aussi demander s'ils connaissent des magasins comme Yves Rocher ou L'Occitane dont le maillage international est important et ce qu'on peut y acheter pour introduire le vocabulaire basique de l'hygiène.

REPÈRES CULTURELS p. 122

Développement des compétences culturelles et interculturelles

Il est possible d'aborder le thème de l'**entreprise en France** (Repères culturels) à cette étape ou après l'exploitation de la séquence A. Elle peut également se faire avant ou après les Passez à l'action. Voir l'exploitation p. 103 de ce guide.

p. 110-111

A Quelle est votre activité ?

Tâches cibles de la séquence	Tâche support de la séquence	Objectifs fonctionnels de la séquence	Objectifs linguistiques de la séquence
↘ S'approprier des informations-clés concernant une entreprise et présenter cette entreprise à l'occasion d'un entretien avec un(e) journaliste ↘ Identifier des informations-clés concernant une entreprise et rédiger un texte pour la présenter dans la brochure d'un salon	↘ Compléter la carte d'identité d'une entreprise à partir d'informations données par son directeur général	↘ Indiquer la catégorie d'une entreprise ↘ Présenter l'historique d'une entreprise ↘ Situer géographiquement une entreprise ↘ Parler de l'activité ↘ Donner des chiffres clés	**Grammaire** ↘ La conjugaison des verbes : *produire, construire, vendre* **Lexique** ↘ Les commerces et les commerçants ↘ L'hygiène ↘ Les points cardinaux

ÉCOUTEZ RÉAGISSEZ p. 110

Mes audios 51

Tâche support

• Projeter / Montrer la carte d'identité de l'entreprise (Réagissez) et interagir avec les apprenants de la manière suivante pour introduire la tâche.

Questions de l'enseignant	Réponses attendues des apprenants
Qu'est-ce que c'est ?	Une fiche.
À quoi elle sert ?	À informer sur une entreprise.
Elle est pour qui ?	Pour toutes les personnes qui cherchent des renseignements sur l'entreprise : des partenaires, des fournisseurs, des actionnaires, des salariés, des candidats à un emploi… *(accepter toutes les réponses pertinentes)*
Qui donne les renseignements sur l'entreprise ?	L'entrepreneur / L'entreprise / Des institutions ou des sociétés spécialisées dans les données sur les entreprises, dans des revues spécialisées. *(accepter toutes les réponses pertinentes)*

• Vérifier la bonne compréhension des éléments de la fiche et donner la consigne suivante : « Vous allez écouter une interview et relever les informations qui vont vous permettre de compléter cette fiche/carte d'identité. »
• Procéder à une écoute intégrale du document puis laisser un peu de temps aux apprenants pour qu'ils remplissent individuellement la fiche. Procéder ensuite à une deuxième écoute intégrale.

Vérification de la bonne réalisation de la tâche
• Demander aux apprenants de se mettre en binômes pour comparer et éventuellement compléter leur fiche.
• Avant la mise en commun en grand groupe, interagir avec les apprenants pour vérifier la bonne compréhension de la situation.

Questions de l'enseignant	Réponses attendues des apprenants
Qui parle ?	Un journaliste et le directeur d'une entreprise / d'une société.
Où sont-ils ?	À la radio.
Pourquoi ?	C'est une émission sur les petites et moyennes entreprises. Le directeur est l'invité de l'émission.
De quoi ils parlent ?	De l'entreprise. Le journaliste pose des questions sur l'entreprise et le directeur donne des informations pour la présenter.

• Si vous avez un TNI, projeter la fiche (dans le cas contraire, la reproduire au tableau) et demander à un ou plusieurs apprenants de venir la remplir au tableau.
• Faire valider les réponses par les autres apprenants. Faire des réécoutes ciblées si certaines informations posent problème.
• Faire justifier les réponses et noter les énoncés importants au tableau.

RÉPONSES ATTENDUES :
Nom de l'entreprise : La Provençale – Directeur général : Jean-Marc Tissot – Date de création : 1963 – Siège social : Nice – Lieu d'implantation de l'usine : Sud-Est de la France, en Provence – Activité de l'entreprise : Production et vente de produits d'hygiène – Nombre d'employés : 243 – Chiffre d'affaires annuel : 47 millions d'euros

POINT INFO
La **fiche d'identité** de l'entreprise, comme l'extrait du KBIS (document officiel détaillant la fiche d'identité de l'entreprise, communiqué par le Registre du Commerce et des Sociétés), est proposée par des institutions ou des sociétés de données sur Internet, par exemple. On y trouve des renseignements administratifs comme le siège social, des données financières comme le chiffre d'affaires ou le résultat net de l'entreprise et des informations économiques.

Développement des compétences fonctionnelles et linguistiques

RETENEZ p. 110-111
OUTILS LINGUISTIQUES p. 119

■ **Pour présenter l'historique d'une entreprise** → Retenez

• Faire réécouter la question et la réponse sur l'historique de l'entreprise (Écoutez) et demander aux apprenants de relever les phrases exactes qui indiquent deux événements importants pour l'entreprise.

• Faire lire l'encadré correspondant.

NB : À ce stade de l'apprentissage, il n'est pas utile de travailler la forme passive. Les formules sont données pour être mémorisées et réinvesties telles quelles.

■ **Pour parler de l'activité** → Retenez
La conjugaison des verbes : *PRODUIRE*, *CONSTRUIRE*, *VENDRE* → Outils linguistiques n° 6
L'hygiène ; Les commerces ; Les commerçants → Retenez

• Faire réécouter les questions et réponses portant sur l'activité de l'entreprise et ses clients (Écoutez).

• Demander aux apprenants de faire la liste, d'une part, des produits commercialisés par l'entreprise et, d'autre part, la liste des clients.

• Mettre en commun et noter les réponses au tableau. Vérifier la compréhension de chaque mot (si vous disposez d'un TNI, vous pouvez préparer un fichier d'images pour faciliter cela).

• Enrichir le vocabulaire avec l'encadré « L'hygiène » et faire une conceptualisation lexicale des commerces et des commerçants (insister sur la différence entre le masculin et le féminin).

• Faire également lire l'encadré « Pour parler de l'activité » et travailler la conjugaison des verbes *produire*, *construire* et *vendre* (les autres verbes ne devant pas poser de problème puisque ce sont des verbes en *–ER*).

Pour donner des chiffres-clés → Retenez

• Revenir sur la carte d'identité (Réagissez) et demander aux apprenants quels chiffres-clés manquent.

Réponses attendues : Le nombre de produits (450), le nombre de clients (plus de 6 000).

• Faire lire l'encadré « Pour donner des chiffres-clés » ; en profiter pour revoir les nombres et enrichir avec les centaines, les milliers et les millions.

Pour situer géographiquement une entreprise → Retenez

Les points cardinaux → Retenez

• Reprendre les informations données dans la carte d'identité pour le siège social et le lieu d'implantation de l'usine (Réagissez). On peut faire réécouter la partie de l'interview à ce sujet (Écoutez).

Ma carte de France

• Faire situer l'usine et le siège social sur la **carte de France** p.192 ou celle du DVD-rom.

• Faire ensuite lire l'encadré correspondant et le lexique des points cardinaux puis demander aux apprenants de donner différents exemples pour vérifier la bonne compréhension des structures possibles.

Il est recommandé d'intégrer les deux activités de prononciation proposées p. 119 (Prononcez) à cette étape de la démarche. Faire ensuite dramatiser l'interview pour travailler la prononciation, l'intonation et la fluidité.

ENTRAÎNEZ-VOUS

Activités de systématisation

Point à systématiser	Dans le manuel	Dans le cahier d'activités
La conjugaison des verbes : *produire*, *construire* et *vendre*	Entraînez-vous p. 120 n° 4 *(à faire après la séquence C)*	p. 69 n° 5
Les verbes pour décrire une entreprise		p. 68 n° 1
Le lexique des points cardinaux		p. 68 n° 2
Le lexique des commerces et des commerçants		p. 68 n° 3
La présentation d'une entreprise		p. 68 n° 4
Les sons [y], [u] et [s]	Prononcez p. 119 n° 1 et 2	

CORRIGÉ DES ACTIVITÉS p. 119 (PRONONCEZ) :

1. [y] : a – e – f – h ; [u] : b – c – d – g

2. Nous commercialisons des savons. Nos clients sont essentiellement des commerçants, des pharmaciens et des salons de beauté. Ces commerces sont des clients intéressants.

→ Pour les corrigés des activités « Entraînez-vous » du manuel, voir p. 102 de ce guide et pour les corrigés des activités du cahier, voir p. 115 du cahier.

PASSEZ À L'ACTION p. 111

Tâches cibles

Je vous présente Boisjoli.

Tâche 1

• Constituer deux groupes d'apprenants (un groupe constituera les journalistes) et expliquer la tâche à réaliser.

• Demander aux journalistes de se réunir et de préparer leurs questions. Ils peuvent éventuellement préparer leurs bloc-notes pour noter les réponses.

• Demander aux personnes travaillant chez Boisjoli de prendre connaissance des informations-clés données dans la carte d'identité et d'en imaginer d'autres pour préciser celles données.

• Faire réaliser les entretiens en binômes ou par groupes. On peut imaginer plusieurs journalistes et deux responsables d'entreprise pour un même entretien.

• À l'issue des entretiens, demander aux journalistes de rédiger une petite présentation de l'entreprise (ce travail pourra être fait en autonomie et les productions lues au cours suivant).
Variante : Préparer des fiches d'identité vierges. Remplir les informations pour plusieurs entreprises (réelles ou imaginées). Cela permettra d'avoir des interviews très différentes et des articles variés. Les interviews peuvent être enregistrées.

Un salon.
Tâche 2
• Photocopier la fiche vierge (Réagissez) en plusieurs exemplaires.
• Constituer différents groupes de trois apprenants et leur donner une fiche vierge.
• Demander à chaque groupe de choisir une entreprise ou d'imaginer une entreprise et de remplir la fiche d'identité de celle-ci (veiller si possible à ce que les secteurs proposés soient différents).
• Expliquer ensuite le contexte ainsi que l'objectif de la tâche et demander à chacun de rédiger le texte de présentation en se basant sur les informations données dans la fiche d'identité. Chaque groupe devra saisir son texte et choisir une image ou une photo pour l'accompagner.
• Mettre ensuite en page sur un même document toutes les présentations réalisées (texte + photo) puis photocopier la brochure complète, si vous en avez la possibilité, afin que chaque apprenant en ait un exemplaire.
• Faire interagir ensuite sur le produit fini (la brochure). Faire commenter : Quelle est l'entreprise la plus intéressante ? la plus importante ? la plus originale. Quelle est la présentation la plus claire ? la plus jolie ? la plus attractive ?
Variante : La tâche peut se faire individuellement à la maison. Les productions seront ensuite regroupées pour constituer la brochure qui sera distribuée à tous les apprenants. Ceux qui ont présenté leur entreprise répondent ensuite aux questions des autres apprenants.

Mes vidéos

› Nous vous invitons à visionner la vidéo « **Kiabi : une entreprise française** » et à utiliser la fiche p. 185-187 de ce guide pour son exploitation.

p. 112-113

B Qui fait quoi ?

Tâche cible de la séquence	Tâche support de la séquence	Objectifs fonctionnels de la séquence	Objectifs linguistiques de la séquence
↘ Présenter l'organigramme d'un service ou d'une entreprise	↘ Prendre en note des informations sur l'organisation d'une entreprise lors de la présentation d'une équipe de direction par le directeur général pour pouvoir compléter des chevalets et un organigramme	↘ Décrire l'organisation d'une entreprise ↘ Décrire des qualités personnelles et professionnelles	**Grammaire** ↘ Le présentatif *c'est* ↘ L'adverbe *très* **Lexique** ↘ Les qualités professionnelles et personnelles

ÉCOUTEZ
RÉAGISSEZ
p. 112
Mes audios 52

Tâches supports

Tâche 1
• Projeter / Montrer la photo de la page 113 et interagir avec les apprenants de la manière suivante pour introduire la tâche.

Questions de l'enseignant	Réponses attendues des apprenants
Pourquoi les personnes sont là / sont ensemble ?	C'est une réunion.
Comment on fait pour identifier les gens à une réunion, une conférence ?	Avec des badges ou des chevalets.
Quelles informations on peut trouver sur les badges ou les chevalets ?	Les nom et prénom, la nationalité, le nom de la société, du pays d'origine, la fonction de la personne.

• Faire écouter la présentation (Écoutez) et vérifier la bonne compréhension de la situation.

Questions de l'enseignant	Réponses attendues des apprenants
Qui parle ?	Un homme / Un directeur général.
À qui ?	À des partenaires importants.
Qu'est-ce qu'il fait ?	Il présente ses collaborateurs.

• Montrer les chevalets (Réagissez) et donner la consigne puis faire réécouter intégralement le document.

Vérification de la bonne réalisation de la tâche

• Avant de procéder à la mise en commun, demander aux apprenants de comparer leurs réponses en binômes.
• Si vous disposez d'un TNI, projeter les chevalets et demander à plusieurs apprenants de venir mettre les lettres correspondant aux fonctions sous chaque nom. Si vous n'en avez pas, faire juste associer les lettres et les numéros au tableau.
• Faire valider les réponses par les autres apprenants et vérifier la bonne compréhension des différentes fonctions.

RÉPONSES ATTENDUES :
1 a – 2 c – 3 d – 4 f – 5 e – 6 b

Tâche 2

• Projeter / Montrer l'organigramme de la page 112 (Réagissez, 2) et le faire identifier puis demander aux apprenants à quoi cela sert (on peut également se servir de la photo des pages 108-109).
• Donner la consigne et donner quelques minutes aux apprenants pour qu'ils complètent l'organigramme.
• Procéder à une nouvelle écoute pour que les apprenants puissent vérifier leurs réponses.

Vérification de la bonne réalisation de la tâche

• Avant de procéder à la mise en commun, demander aux apprenants de comparer leurs réponses en binômes.
• Si vous disposez d'un TNI, préparer des étiquettes avec les noms des personnes pour que les apprenants n'aient plus qu'à les positionner et demander à des apprenants de venir compléter les fonctions.
• Faire valider les réponses par les autres apprenants.

RÉPONSES ATTENDUES :
De haut en bas et de gauche à droite : Loïc Marchandeau, directeur général – Françoise Pinet, assistante de direction – Yves Demange, directeur de la production – Responsable de la qualité – Responsable des achats – Pierre Gomez, directeur des ressources humaines – Paul Makeba, directeur administratif et financier – un comptable – Myriam Beauchais, directrice commerciale – Responsable marketing

RETENEZ p. 113
OUTILS LINGUISTIQUES p. 118

Développement des compétences fonctionnelles et linguistiques

Pour décrire l'organisation d'une entreprise → Retenez

• Faire lire l'encadré correspondant.
• Demander à un ou deux apprenants de réexpliquer l'organigramme de la société Socatel en utilisant les formules proposées dans l'encadré.

Pour décrire des qualités personnelles et professionnelles → Retenez

Le présentatif *C'est* → Outils linguistiques n° 1

L'adverbe *Très* → Outils linguistiques n° 2

• Faire à nouveau écouter la présentation (Écoutez) et demander aux apprenants de noter les informations données sur chaque personne. Il est possible d'attribuer une personne par apprenant ou une personne par binôme d'apprenants.
• Faire ensuite une mise en commun et noter toutes les informations au tableau. Puis conceptualiser le présentatif *c'est*, les adjectifs pour décrire des qualités personnelles et professionnelles, l'adverbe *très* en s'aidant de l'encadré proposé dans la rubrique Retenez et des Outils linguistiques n° 1 et 2.
• Il est possible d'élargir le champ lexical des adjectifs pour décrire la personnalité en demandant aux apprenants de trouver des contraires. Exemple : *inefficace, impatient, inorganisé...*

À la fin des conceptualisations, faire dramatiser la présentation pour travailler la prononciation et la fluidité.

ENTRAÎNEZ-VOUS

Activités de systématisation

Point à systématiser	Dans le cahier d'activités
Le présentatif *c'est*	p. 70 n° 6 et 8
L'adverbe *très*	p. 70 n° 6
Présenter un organigramme	p. 71 n° 7

→ Pour les corrigés des activités du cahier, voir p. 115 du cahier.

PASSEZ À L'ACTION p. 113

Tâches cibles

À la direction commerciale.

Tâche 1

• Constituer des groupes de trois ou quatre apprenants.

• Demander à une personne de chaque groupe de prendre connaissance de l'organigramme du service commercial de l'entreprise Simax puis donner la consigne à l'ensemble des apprenants. Chaque personne de l'entreprise Simax va présenter le service commercial aux deux ou trois autres apprenants du groupe qui vont poser des questions.

• À la fin de la présentation, les deux ou trois apprenants doivent se regrouper et comparer les informations qu'ils ont relevées.

• En grand groupe, poser des questions aux personnes qui ont pris des notes et demander aux personnes qui travaillent chez Simax de valider ou d'invalider les informations données.

L'organigramme de mon entreprise.

Tâche 2

• Pour cette deuxième tâche, il est possible de garder les mêmes modalités que pour la précédente mais, cette fois-ci, les apprenants auront à présenter leur propre entreprise ou une entreprise qu'ils connaissent ou qu'ils imaginent. Les présentations pourront être enregistrées et réécoutées pour être commentées.

p. 114-115

C Secret de fabrication

Tâches cibles de la séquence	Tâche support de la séquence	Objectifs fonctionnels de la séquence	Objectifs linguistiques de la séquence
↘ Expliquer un procédé de fabrication lors d'une visite d'usine ↘ Rédiger une fiche technique concernant le processus de fabrication d'un produit	↘ Identifier les dessins sélectionnés pour la réalisation d'une affiche illustrant le processus de fabrication d'un produit	↘ Indiquer la composition d'un produit ↘ Indiquer une durée ↘ Décrire un processus ↘ Indiquer une chronologie d'actions	**Grammaire** ↘ La forme active et la forme passive (sensibilisation) ↘ Le pronom personnel indéfini *on* ↘ La conjugaison des verbes : *mettre, tenir* et ses dérivés (*obtenir, contenir*, etc.)

LISEZ RÉAGISSEZ p. 114

Tâche support

• Montrer / Projeter la photo du savon de Marseille ou montrer un savon de Marseille si vous en avez la possibilité. Interroger les apprenants pour savoir s'ils connaissent ce savon spécifique.

• Montrer / Projeter l'affiche avec les dessins sur le processus de fabrication du savon (Réagissez) et demander aux apprenants à quoi correspondent ces dessins.

• Donner ensuite la consigne puis faire lire le document. Faire réaliser la tâche individuellement. Projeter / Reproduire la petite grille des étapes au tableau.

Vérification de la bonne réalisation de la tâche

• Demander à un apprenant de venir compléter la grille et faire valider par l'ensemble du groupe. Faire trouver les phrases correspondantes pour justifier la réponse.

NB : Si vous disposez d'un TBI, il est possible de réaliser des objets indépendants à partir des images de manière à ce que les apprenants puissent réellement mettre les dessins dans l'ordre pour réaliser l'affiche.

RÉPONSES ATTENDUES :
1 f – 2 a – 3 e – 4 b – 5 g – 6 d – 7 c

RETENEZ p. 114-115
OUTILS LINGUISTIQUES p. 118-119

Développement des compétences fonctionnelles et linguistiques

■ **Pour indiquer la composition d'un produit** → Retenez

La conjugaison des verbes : *CONTENIR* → Outils linguistiques n° 6

- Faire lire l'encadré (Retenez) et valider la compréhension des différents énoncés. Il est possible de rappeler l'utilisation des articles partitifs.
- En profiter pour voir la conjugaison des dérivés du verbe *tenir* (Outils linguistiques n° 6).

■ **Pour décrire un processus** → Retenez

Le pronom personnel indéfini *ON* → Outils linguistiques n° 3

La forme active et la forme passive → Outils linguistiques n° 5

La conjugaison des verbes : *METTRE* → Outils linguistiques n° 6

- Faire lire l'encadré (Retenez) et valider la bonne compréhension des différents verbes puis faire remarquer l'utilisation de *on*. S'aider des Outils linguistiques n° 3 pour conceptualiser l'utilisation de ce pronom et des Outils linguistiques n° 6 pour aborder la conjugaison du verbe *mettre*.
- Faire lire les exemples données dans le tableau des Outils linguistiques n° 5 puis conceptualiser la forme active et la forme passive. Demander aux apprenants de transformer quelques énoncés du texte pour vérifier la bonne compréhension de la règle de grammaire.

NB : À ce stade de l'apprentissage, il s'agit juste de faire une première approche de la forme passive au présent.

■ **Pour indiquer une durée** → Retenez

- Faire lire l'encadré (Retenez). Valider la compréhension des énoncés et faire trouver d'autres formulations possibles (*durant / quelques*) sans entrer dans le détail.

■ **Pour indiquer une chronologie d'actions** → Retenez

- Demander aux apprenants de relever dans le texte (Lisez) tous les mots utilisés pour indiquer la chronologie des actions puis faire lire l'encadré correspondant (Retenez).

À la fin des conceptualisations, faire relire le texte sur le savon de Marseille. Répondre aux questions d'incompréhension si nécessaire.

ENTRAÎNEZ-VOUS

Activités de systématisation

Point à systématiser	Dans le manuel	Dans le cahier d'activités
Le pronom personnel indéfini *on*	Entraînez-vous p. 120 n° 2	p. 73 n° 12
La forme passive	Entraînez-vous p. 120 n° 3	p. 72-73 n° 10
La conjugaison des verbes : *tenir*, *mettre*, *produire*, *vendre*	Entraînez-vous p. 120 n° 4	p. 74 n° 14
Le lexique de la fabrication		p. 72 n° 9 ; p. 74 n° 13
La chronologie		p. 73 n° 11

→ Pour les corrigés des activités « Entraînez-vous » du manuel, voir p. 102 de ce guide et pour les corrigés des activités du cahier, voir p. 115-116 du cahier.

PASSEZ À L'ACTION p. 115

Tâches cibles

C'est dans la boîte !
Tâche 1

• Faire lire la consigne puis vérifier sa bonne compréhension. Faire ensuite observer les dessins et demander aux apprenants de préparer la présentation en binôme.
NB : Si vous disposez d'un TBI, mettre chaque image sur une page différente. Demander à l'apprenant ou aux apprenants qui fera / feront la présentation de procéder comme s'ils étaient réellement dans l'usine en s'aidant des images et en utilisant des gestes pour expliquer le processus.

Secret de fabrication.
Tâche 2

• Constituer des petits groupes et demander aux apprenants de rechercher un produit dont ils connaissent le procédé de fabrication. Leur donner la consigne. S'ils en ont la possibilité, leur demander de réaliser une fiche avec une mise en page attractive et des images ou dessins.
• Les fiches seront ensuite affichées dans la classe, lues par tous et commentées.
Variante : Si vous disposez du matériel nécessaire et si vos apprenants en ont les compétences, leur proposer de réaliser une présentation sur Power point du processus de fabrication du produit de leur choix. Ils pourront y intégrer des images ou des photos pour l'illustrer. Chaque groupe présentera son document devant le groupe au complet puis toutes les présentations seront commentées par tous.

Mes vidéos

› Nous vous invitons à visionner la vidéo « **Les secrets de fabrication du chocolat Rocher** » et à utiliser la fiche p. 188-189 de ce guide pour son exploitation.

p. 116-117

D C'est écrit !

Tâche cible de la séquence	Tâche support de la séquence	Objectifs fonctionnels de la séquence	Objectifs linguistiques de la séquence
↘ Rédiger un règlement destiné aux visiteurs d'un lieu public	↘ Renseigner des collègues après avoir pris connaissance du règlement intérieur de l'entreprise	↘ Exprimer l'obligation ↘ Exprimer l'interdiction ↘ Indiquer une exception ou un cas particulier	**Grammaire** ↘ Les pronoms relatifs *qui* et *que* **Lexique** ↘ Les personnes de l'entreprise ↘ Les expressions impersonnelles

LISEZ RÉAGISSEZ p. 116

Tâche support

• Écrire au tableau « Règlement intérieur » puis interagir avec les apprenants pour introduire la tâche.

Questions de l'enseignant	Réponses attendues des apprenants
Qu'est-ce que c'est un règlement intérieur ?	C'est un document qui indique des règles.
Il est fait par qui et pour qui ?	Par les responsables / la direction pour les employés.
À quoi ça sert ?	C'est pour la bonne organisation de l'entreprise.
En général, qu'est-ce qu'il y a dans le règlement ?	Des obligations, des informations, des interdictions. *(accepter toutes les réponses pertinentes)*
Et ça porte sur quoi ?	La sécurité, l'utilisation du matériel, les horaires… *(accepter toutes les réponses pertinentes)*

• Faire ouvrir les livres p. 116 et faire lire les questions des collègues (Réagissez). Demander aux apprenants comment ils peuvent répondre aux questions.
Réponse attendue : En lisant le règlement.
• Faire réaliser la tâche individuellement.

Vérification de la bonne réalisation de la tâche
• Constituer deux groupes. Un groupe représentera les collègues et l'autre groupe sera chargé de répondre aux questions.

• À chaque fois qu'une réponse est donnée, faire valider celle-ci par l'ensemble du groupe et la faire justifier. En profiter pour souligner / surligner les énoncés correspondant dans le document.

> RÉPONSES ATTENDUES :
> 1. Non. Il est interdit d'emporter à l'extérieur de l'entreprise des objets qui appartiennent à l'entreprise. – 2. En cas d'absence, le salarié doit informer son supérieur hiérarchique. Un certificat médical est obligatoire en cas de maladie. – 3. Oui. Sauf autorisation exceptionnelle, les boissons alcoolisées sont interdites dans les locaux de l'entreprise. – 4. Non. Il est interdit de modifier les horaires de travail sans accord de la direction. – 5. Non. Il est interdit au personnel de prendre ses repas dans les bureaux. – 6. Oui. Les visites médicales sont obligatoires.

RETENEZ
p. 117
OUTILS LINGUISTIQUES
p. 118

Développement des compétences fonctionnelles et linguistiques

Pour exprimer l'interdiction dans un règlement → Retenez

• Partir des justifications apportées pour les questions 1, 3, 4, 5 (Réagissez) pour aborder ce point. Faire lire également l'encadré correspondant.

• Faire comprendre en particulier la manière d'utiliser correctement les différentes formules. Exemple : *il est interdit de* + infinitif ; *le / la / les… (être) interdit(e)(s).*

Pour exprimer l'obligation dans un règlement → Retenez

• Partir des justifications apportées pour les questions 2 et 6 (Réagissez) pour aborder ce point. Faire trouver d'autres points du règlement où il est question d'obligation et faire également lire l'encadré correspondant.

Pour indiquer une exception ou un cas particulier dans un règlement → Retenez

• Faire lire l'encadré et valider la compréhension des expressions *sauf* et *en cas de*.

Les personnes de l'entreprise → Retenez

• Demander aux apprenants de repérer dans le règlement tous les termes utilisés pour nommer des personnes de l'entreprise.

• Vérifier la bonne compréhension de chaque terme.

Les pronoms relatifs *QUI / QUE* → Outils linguistiques n° 4

• S'aider du tableau de conceptualisation des Outils linguistiques n° 4 pour aborder les pronoms relatifs.

A la fin des conceptualisations, faire relire le règlement et apporter des explications supplémentaires si les apprenants le demandent.

ENTRAÎNEZ-VOUS

Activités de systématisation

Point à systématiser	Dans le manuel	Dans le cahier d'activités
Les pronoms relatifs *qui / que*	Entraînez-vous p. 120 n° 1	p. 76 n° 17
L'expression de l'interdiction		p. 75 n° 15
L'expression de l'interdiction et de l'obligation		p. 75 n° 16

→ Pour les corrigés des activités « Entraînez-vous » du manuel, voir p. 102 de ce guide et pour les corrigés des activités du cahier, voir p. 116 du cahier.

PASSEZ À L'ACTION
p. 117

Tâche cible

Il est interdit de...

• Faire lire la consigne et constituer plusieurs groupes d'apprenants. Attribuer à chacun d'eux un lieu public différent.
• Faire rédiger les règlements et les afficher sur les murs de la classe.
NB : Si vous disposez du matériel nécessaire, faire mettre en page et illustrer les règlements.

• Chaque apprenant prendra connaissance de tous les règlements puis ceux-ci seront commentés (Quel est le plus strict ? le plus laxiste ? Quelles sont les règles incongrues ? etc.).

p. 120

ENTRAÎNEZ-VOUS
Corrigés des activités

1. Une entreprise qui marche

1. Nous fabriquons des boîtes et de la vaisselle jetable **que** nous commercialisons en Europe. – 2. Nous avons un marché **qui** touche plusieurs secteurs d'activité. – 3. Nous avons une gamme de 800 produits **que** vous pouvez trouver dans notre catalogue. – 4. Nous avons plus de 5 000 clients **qui** sont très satisfaits de nos produits. – 5. Notre usine est implantée dans une zone industrielle **que** vous trouverez facilement.

2. C'est qui « on » ?

ON = les gens : 3 – 5 ; ON = une personne : 1 – 4 ; ON = nous : 2

3. Comment fait-on ?

1. Les oranges sont pressées. – 2. Le jus d'orange concentré est mélangé avec du sucre et de l'eau. – 3. Les bouteilles sont nettoyées dans des machines spéciales. – 4. Le jus d'orange est mis en bouteilles. – 5. Les bouteilles sont mises dans des cartons. – 6. Les cartons sont livrés chez les distributeurs. – 7. Les bouteilles de jus d'orange sont vendues.

4. Ma petite entreprise

Je produis – je vends – ne contiennent pas – j'ai mis – Mes bagues obtiennent / ont obtenu – j'ai vendu – qui vendent

p. 121

TESTEZ-VOUS

Si vous choisissez de faire faire les Testez-vous en classe, voici des propositions de modalités de travail pour les tâches proposées (corrigés p. 176 du manuel).

1. Histoire d'un succès

• Lire la consigne et en vérifier la bonne compréhension.
• Laisser du temps aux apprenants pour qu'ils réalisent la tâche demandée.

Mes audios 55

2. Des entrepreneurs racontent

• Faire lire la consigne et en vérifier la bonne compréhension.
• Faire une écoute séquencée (arrêt après chaque témoignage) puis laisser aux apprenants le temps de répondre.
• Procéder ensuite à une nouvelle écoute intégrale pour que les apprenants puissent vérifier leurs réponses.

Modalités de correction :
– **Première possibilité :** correction en groupe
• Projeter les questionnaires si vous en avez la possibilité.
• Demander aux apprenants de donner les réponses puis les noter (ou les cocher au TNI). Leur demander de justifier chacune d'elle avec l'énoncé correspondant dans le texte (activité 1) ou dans les monologues (activité 2).
• Des réécoutes partielles sont possibles si nécessaire.

– **Deuxième possibilité :**
• Demander aux apprenants de s'auto-corriger en comparant leurs réponses à celles données p. 176 du manuel.
• Leur demander ensuite ce qu'ils ont réussi et ce sur quoi ils se sont trompés. On peut procéder à des réécoutes partielles si nécessaire sur les items qui ont posé des difficultés.

Mon portfolio

〉Une fois les activités du Testez-vous corrigées en autonomie ou en groupe, demander aux apprenants de remplir le **portfolio de l'unité 7**.

p. 122

Repères culturels

L'entreprise en France

L'objectif est de faire prendre connaissance des critères de classement des entreprises françaises et des mots-clés pour mieux appréhender les documents d'entreprises et les informations les concernant. L'objectif est également d'induire une réflexion interculturelle comparative sur les entreprises.

↘ Demander aux apprenants de parler de leur entreprise afin d'introduire / de rappeler quelques mots-clés à partir d'exemples ou revenir sur la présentation des entreprises faite par les apprenants (Passez à l'action p. 111). Demander par exemple quel est le nom de l'entreprise (dénomination ou raison sociale pour une société), l'adresse principale (le siège social), s'il s'agit d'une grande entreprise ou d'une petite (TPE, PME), le nombre de salariés (l'effectif). En profiter pour introduire les sigles courants (C.A., TPE, PME) avec la fiche « **Sigles et abréviations** » du DVD-ROM.

Mes docs

↘ Faire réaliser le quiz après lecture du texte. S'assurer de la bonne compréhension du document et élucider le lexique à la demande des apprenants. Faire justifier les réponses.

RÉPONSES ATTENDUES :
1. Le chiffre d'affaires, c'est le nombre d'employés. Faux → C'est le montant total des ventes. – 2. Les entreprises moyennes peuvent avoir 300 employés. Faux → Non, 249 au maximum. – 3. Il y a beaucoup de petites entreprises en France. Vrai → La plupart des entreprises sont des petites entreprises. – 4. Le siège social est l'organisation de l'entreprise. Faux → C'est l'adresse principale. – 5. Un ouvrier est un salarié. Vrai – 6. Un grand groupe peut avoir des filiales. Vrai – 7. On parle d'agence aérienne. Faux → On dit une compagnie aérienne. – 8. Un cadre exerce une profession libérale. Faux → Un cadre est un salarié.

↘ Puis faire interagir les apprenants en vous aidant des questions posées dans l'encadré en bas de page.

POINT INFO

« L'entreprise » est un terme générique. Il existe plusieurs mots pour désigner une entreprise.
La « société » est un terme juridique. Il existe plusieurs formes juridiques de sociétés françaises dont les plus courantes sont :
– les **SARL** (Société à Responsabilité Limitée souvent de type familial) qui sont les plus nombreuses ;
– les **SA** (Société Anonyme) qui correspondent généralement à une société de grande taille.
Une entreprise peut regrouper plusieurs établissements implantés dans des lieux différents (exemple : l'entreprise Renault) : l'usine est une unité de production et la succursale est une unité commerciale.
Les **professions libérales** regroupent des personnes qui exercent de façon indépendante des prestations intellectuelles (consultants, avocats…), de santé (médecins) ou des prestations techniques (architecte).
Un **artisan** (un électricien, un plombier, une couturière…) effectue un travail manuel et son entreprise artisanale ne compte pas plus de dix salariés. Il travaille « à son compte » c'est-à-dire qu'il est son propre patron.
Le **secteur public** regroupe les entreprises qui sont possédées et gérées ou contrôlées par l'État. En France, on les trouve dans les secteurs-clés de l'économie dont l'énergie et les transports. La France compte 5 millions de fonctionnaires (un employé de l'État) soit un emploi sur cinq.

p. 123

Repères professionnels

La culture d'entreprise : rites et codes sociaux

L'objectif est de familiariser les apprenants avec les rites et codes sociaux des entreprises françaises pour réussir des échanges interculturels ou une intégration professionnelle et éviter tout malentendu ou maladresse qui pourrait nuire aux bonnes relations.

↘ Projeter / Montrer le document aux apprenants et faire faire des hypothèses sur la photo (→ des femmes, des collègues prennent un café dans un hall, sur un lieu de travail : elles font une pause-café).

↘ Demander aux apprenants s'ils font des pauses-café, à quel moment, à quelle fréquence, avec qui et de quoi ils parlent.

↘ Faire identifier le texte (→ c'est un article sur les rites et codes sociaux dans les entreprises françaises ; c'est une interview de Christian Tieffry, directeur d'une agence d'assurance par un journaliste de la revue *Intermonde*).

↘ Puis faire prendre connaissance des consignes. Faire lire le texte et élucider les termes inconnus à la demande des apprenants.

↘ Faire ensuite interagir les apprenants à l'aide des questions posées.

Variante :
- Il est possible de faire faire l'interview en binôme. Chaque apprenant interviewant tour à tour l'autre. Chaque journaliste rédige ensuite son article (avec une image ou photo qui illustre un rite).
- Rassembler tous les articles sous forme d'une revue afin que les apprenants prennent connaissance de toutes les interviews.
- Faire ensuite interagir les apprenants sur les rites et codes sociaux des uns et des autres dans les entreprises : quels sont les plus courants / communs, ceux qui étonnent...

POINT INFO

Par « culture d'entreprise », on entend les rites et codes sociaux communs aux gens qui travaillent dans la même entreprise. Chaque entreprise développe sa propre « culture »: cela va de la tenue vestimentaire au langage « maison » en passant par les horaires, les salutations, l'utilisation ou non du vouvoiement et du prénom, les habitudes dans le travail comme les réunions, les pauses-café, les déjeuners, les pots et les fêtes. Chaque entreprise a son style particulier, ses rites et ses codes.

La culture d'entreprise est supposée être un facteur expliquant l'efficacité ou parfois l'inefficacité d'une entreprise. Depuis l'apparition de ce concept dans les années 1970, les chefs d'entreprise essaient d'utiliser les rites, c'est-à-dire des pratiques régulières et reconnues par tous, pour renforcer la cohésion de leur personnel. Quand une entreprise se développe hors des frontières de son pays de résidence, comme dans le cas des multinationales, on reconnaît que leur culture a été en partie formée par les cultures nationales et d'entreprise qui se superposent et qui peuvent surprendre dans un autre contexte culturel.

Dans les entreprises françaises, une trop grande familiarité avec sa hiérarchie est interprétée comme un manque d'éducation. De même qu'il ne faut jamais inviter un supérieur hiérarchique chez soi, avant d'avoir été invité chez lui (ce qui est rare). Autre rite : il est d'usage de participer à des cadeaux entre collègues pour les événements de la vie : naissance, mariage, départ en retraite.

Trouvez un emploi !

p. 124-125

Entrée dans l'unité

• Projeter / Montrer la photo des pages 124-125 (sans le titre de l'unité), la faire décrire et faire faire des hypothèses (Que fait la personne ? Pourquoi regarde-t-elle l'heure ? Qu'est-ce qu'elle attend ? Quel type de rendez-vous elle peut avoir ?). Attirer l'attention sur la tenue vestimentaire de la personne.
Réponses attendues : Elle regarde l'heure, elle a un rendez-vous professionnel, elle a un rendez-vous pour un entretien, elle est bien habillée et elle a une sacoche sur ses genoux, elle s'impatiente, elle est inquiète…
• Puis projeter / montrer ou écrire le titre de l'unité pour vérifier les hypothèses et demander à quel moment de la recherche d'emploi on peut placer cette photo.
Réponse attendue : Elle a répondu à une annonce, elle a envoyé son CV / sa candidature, elle a un rendez-vous pour un entretien.

p. 126-127

A Société recrute...

Tâches cibles de la séquence	Tâche support de la séquence	Objectifs fonctionnels de la séquence	Objectifs linguistiques de la séquence
↘ Rédiger une offre d'emploi sur Internet pour un poste dans une filiale française ↘ Expliquer pourquoi un emploi nous correspond	↘ Analyser des offres d'emploi pour remplir des fiches de synthèse	↘ Décrire un poste (secteur de l'entreprise, lieu de travail, responsabilités, activités, qualités personnelles et compétences, formation et expérience)	**Grammaire** ↘ La nominalisation ↘ Les verbes *connaître* et *savoir* **Lexique** ↘ Les offres d'emploi

Entrée dans la séquence

• Poser les questions suivantes aux apprenants sur leur activité professionnelle : Travaillez-vous ? Est-il facile de trouver du travail dans votre pays ? Quels sont les différents moyens qui existent pour trouver un emploi ? Comment avez-vous trouvé votre poste actuel ?
• Grâce à cet échange, vous pourrez introduire quelques mots-clés du vocabulaire de l'unité : emploi, travail, poste, petites annonces, offre d'emploi, CV, lettre de motivation, entretien, recrutement, recruter, etc. Les noter au tableau.

LISEZ
RÉAGISSEZ
p. 126

Tâche support

• Projeter / Montrer la fiche de synthèse de poste (Réagissez) et poser les questions suivantes pour faire identifier le document et introduire la tâche.

Questions de l'enseignant	Réponses attendues des apprenants
Qu'est-ce que c'est ?	Une fiche à remplir pour une annonce.
Où peut-on trouver ce type de fiche ?	Dans une agence de recrutement, d'intérim, sur un site pour l'emploi…
Quels renseignements on demande dans la fiche ?	Des informations sur l'entreprise, le profil du candidat et le contact.
Où peut-on trouver ces informations ?	Dans les offres d'emploi, les petites annonces, sur Internet…

• Projeter / Montrer les offres d'emploi (Lisez) sans laisser le temps aux apprenants de les lire complètement afin de faire identifier les annonces et interagir ensuite avec eux de la manière suivante.
• Aider les apprenants à formuler ce qu'ils veulent dire si nécessaire. Montrer de nouveau les annonces, si nécessaire.

Questions de l'enseignant	Réponses attendues des apprenants
Vous avez vu combien de documents ?	Trois.
Qu'est-ce que c'est ?	Des offres d'emploi / des petites annonces pour trouver un emploi / travail.
D'où viennent ces annonces ? Pourquoi ? / Justifiez votre réponse.	Ce sont des offres d'emploi sur Internet, il y a des boutons « Postuler à l'offre », « Contacter l'entreprise », « Ajouter à ma sélection »...
Qu'est-ce qu'on peut avoir comme informations dans les offres d'emploi ?	Le nom du poste, de l'entreprise, son adresse, son activité, les activités / les fonctions / le travail à faire / les tâches, des informations sur le candidat (sa formation, ses qualités, son expérience), la façon de contacter l'entreprise, d'envoyer sa candidature...

- Constituer des binômes. Chaque binôme lira une seule annonce.
- Faire prendre connaissance de la tâche et faire compléter la fiche de synthèse, soit en binôme soit individuellement (dans ce cas les apprenants comparent leurs réponses).

Variante : Constituer des groupes de trois apprenants. Chaque apprenant lira une annonce différente. Faire prendre connaissance de la tâche et faire compléter la fiche de synthèse, individuellement. Les apprenants du petit groupe échangeront ensuite les informations recueillies et pourront vérifier les réponses.

- Faire lire ensuite l'ensemble des annonces à tous les apprenants.

Vérification de la bonne réalisation de la tâche

- Procéder à la correction en grand groupe. En profiter pour élucider le lexique qui pose problème et faire lire l'encadré « Les offres d'emploi » (Retenez) pour enrichir le vocabulaire.

NB : Si vous disposez d'un TNI, demander à des apprenants de venir à tour de rôle compléter les trois fiches de synthèse puis faire valider par les autres.

RÉPONSES ATTENDUES :

	Annonce n° 1	Annonce n° 2	Annonce n° 3
Activité de l'entreprise	Domaine de l'énergie	Monument historique et parc	Vente de produits haut de gamme (arts de la table)
Le poste	Assistant(e) de direction bilingue	Chargé(e) d'accueil et de prestations touristiques	Responsable commercial export
Les activités	Réception, suivi, envois des courriers, organiser les agendas et les déplacements du directeur général, rédiger les comptes rendus, traiter les appels téléphoniques	Accueil des visiteurs, visites guidées, ventes de produits souvenirs, gestion de caisse et stock	Développer le chiffre d'affaires, négocier les contrats, animer une équipe de commerciaux
La situation géographique	Filiale en Belgique	Région du calvados	Limoges
Le salaire, les avantages	–	Fixe 1 844 € mensuels bruts + prime	Salaire évolutif (fixe + prime) + frais + téléphone portable
Le profil du candidat La formation	Bac + 2, anglais, maîtrise des outils informatiques	Anglais courant + 3e langue	Formation commerciale supérieure, anglais + 3e langue
L'expérience professionnelle	3 ans minimum	–	Expérimentée dans la vente, maîtrise des techniques de vente
Les qualités demandées	Autonomie, capacité d'organisation, sens de la communication	Dynamisme, bon relationnel, excellente présentation	Esprit d'équipe, disponible pour des voyages à l'étranger
Le contact	Étincelles, 12 bd du Québec, 45000 Orléans Courriel : ndenis@cge.com	Postuler via le site	Boverre RH, Michel Frias, 59 avenue Foucaud, 87000 Limoges Courriel : mfrias@boverre.fr

RETENEZ p. 127
OUTILS LINGUISTIQUES p. 134-135

Développement des compétences fonctionnelles et linguistiques

Pour préciser le secteur de l'entreprise ; Pour indiquer le poste proposé ; Pour indiquer le lieu de travail → Retenez

• Récapituler les réponses de la fiche de synthèse, entrée « Activité de l'entreprise » et faire lire les encadrés correspondants du Retenez. Attirer l'attention sur l'emploi des prépositions pour préciser le secteur de l'entreprise (*dans le / la / l'* + secteur d'activité) et conceptualiser pour indiquer le lieu de travail à partir des énoncés.

Pour décrire les activités ; Pour préciser des responsabilités → Retenez
La nominalisation → Outils linguistiques n° 1

• À partir des réponses de l'entrée « Les activités » de la fiche de synthèse, aborder succinctement la nominalisation en vous aidant du tableau (Outils linguistiques n° 1).
• Faire lire l'encadré du Retenez « Pour décrire les activités ».
• Faire retrouver les noms pour les annonces 1 et 3 et les verbes pour l'annonce 2.
• Puis faire lire l'encadré « Pour préciser des responsabilités ».

Pour décrire la formation et l'expérience ; Pour indiquer le niveau des langues parlées → Retenez

• Récapituler les réponses de la fiche de synthèse, entrée « Le profil du candidat ».
• Faire lire les encadrés correspondants du Retenez.

Pour décrire les qualités et les compétences → Retenez
Les verbes *CONNAÎTRE* et *SAVOIR* → Outils linguistiques n° 8 ; Mémo du cahier d'activités p. 79

• Récapituler les réponses de la fiche de synthèse, entrée « Les qualités demandées ». Attirer l'attention sur l'emploi des verbes *être* et *avoir*.
• Aborder la distinction entre les verbes *savoir* et *connaître* à partir de l'encadré « Pour décrire les qualités et les compétences » et du Mémo p. 79 du cahier d'activités.
• Faire lire les Outils linguistiques n° 8 et faire mémoriser la conjugaison des deux verbes (p. 180 et 182 du manuel).

À la fin de toutes les conceptualisations, faire relire les offres d'emploi et répondre aux éventuelles questions.

ENTRAÎNEZ-VOUS

Activités de systématisation

Point à systématiser	Dans le manuel	Dans le cahier d'activités
La nominalisation	Entraînez-vous p. 136 n° 1	p. 77 n° 2
Les verbes *connaître* et *savoir*	Entraînez-vous p. 136 n° 5	p. 79 n° 4

→ Pour les corrigés des activités « Entraînez-vous » du manuel, voir p. 117 de ce guide et pour les corrigés des activités du cahier, voir p. 116 du cahier.

POINT INFO

Faire part de **ses prétentions**, c'est-à-dire du salaire souhaité, est toujours très délicat lors du premier contact car soit on risque de demander un salaire trop élevé (et la candidature peut être rejetée), soit un salaire trop bas et le risque est d'être sous-payé. Il est conseillé soit de ne pas faire mention du salaire souhaité dans un premier contact (lettre ou courriel), soit d'informer du salaire actuel (ce qui sous entend que vous ne voulez pas toucher moins) ou encore de se renseigner sur la fourchette de salaire pour le poste proposé en fonction de la taille et de l'activité de l'entreprise. Les grandes entreprises ont une grille de salaire de référence.
Le **salaire fixe** (on dit aussi « un fixe ») est le salaire que l'on touche hors avantages financiers telles que les primes ou les bonus qui peuvent être variables.
Le **contrat de travail à durée indéterminée (CDI)** est le contrat normal de travail. Le recours à un **contrat à durée déterminée (CDD)** est limité par le Code du travail afin de protéger les droits des salariés : remplacement d'un salarié absent, accroissement temporaire d'activité ou encore retour à l'emploi d'un senior. Pour plus d'informations, vous pouvez consulter le site suivant :
http://travail-emploi.gouv.fr/informations-pratiques,89/fiches-pratiques,91/contrats,109/les-principales-caracteristiques,976.html

REPÈRES CULTURELS p. 138

Développement des compétences culturelles et interculturelles

Il est possible d'aborder la première partie des Repères culturels « **Les salaires en France** » à cette étape de la démarche ou en fin de séquence. Voir son exploitation p. 118 de ce guide.

PASSEZ À L'ACTION p. 127

Tâches cibles

Nous recrutons !

Tâche 1

• Faire faire un remue-méninges et lister avec les apprenants le plus de postes possibles dans une entreprise. Les noter au tableau.
• Constituer des groupes de trois apprenants et leur demander de produire l'annonce demandée en groupe.
• Collecter les annonces et les rassembler sur une même page Internet puis les distribuer pour que les apprenants puissent connaître l'ensemble des offres.
Variante : Numéroter les annonces et les afficher sur un mur de la classe.
• Chaque apprenant consultera les annonces. Il devra choisir celle qui lui convient et expliquera brièvement la raison de son choix.
NB : Si vos apprenants peuvent travailler sur leur propre ordinateur ou dans le centre multimédia de votre institution, leur faire créer une annonce en ligne et faire contribuer les apprenants directement sur la page.
• On peut aussi demander aux apprenants de faire ce travail en autonomie chez eux et de vous envoyer leur annonce afin que vous puissiez ensuite faire la mise en page de toutes les annonces.
De nombreux sites proposent des offres d'emplois et donnent des renseignements et des conseils : www.keljob.com ; www.monster.fr ; www.pole-emploi.fr ; www.apec.fr.

Ce poste est pour vous !

Tâche 2

• Demander à chaque apprenant de choisir l'annonce qui les intéresse le plus (page 126).
• Constituer trois groupes en rassemblant les apprenants qui ont choisi la même annonce.
• Chaque groupe liste les raisons pour lesquelles les apprenants pensent que le poste est fait pour eux.
• Un rapporteur par groupe fait part des raisons devant la classe. Faire réagir les apprenants des autres groupes ; leur demander ce qu'ils pensent des raisons données, si elles sont bonnes ou mauvaises.

p. 128-129

B 30 secondes pour lire un CV !

Tâches cibles de la séquence	Tâche support de la séquence	Objectifs fonctionnels de la séquence	Objectifs linguistiques de la séquence
↘ Rédiger un CV à destination d'une entreprise française ↘ Échanger avec un(e) ami(e) à propos de son profil et l'aider à rédiger un CV pour postuler dans une entreprise française	↘ Analyser un CV en repérant les règles à suivre à partir de conseils donnés sur un forum	↘ Décrire son expérience professionnelle / ses stages ↘ Indiquer le niveau des langues parlées ; les séjours à l'étranger et la durée ↘ Indiquer sa formation ↘ Donner des indications sur ses centres d'intérêt	**Grammaire** ↘ Les indicateurs de temps : *en / depuis / pendant* **Lexique** ↘ Les différentes rubriques d'un CV

LISEZ RÉAGISSEZ p. 128

Tâche support

• Projeter / Montrer le forum (Réagissez) sans laisser le temps aux apprenants de lire complètement le document afin qu'ils en aient une vision globale.
• Faire identifier le forum et poser les questions suivantes en pour introduire la tâche.

Questions de l'enseignant	Réponses attendues des apprenants
Qu'est-ce que c'est ?	Un forum.
Quel est le thème du forum ? / Sur quoi porte le forum ?	Un forum sur « Comment rédiger un CV ».

Il y a combien d'internautes ?	Il y a trois commentaires / trois réponses.
Les internautes répondent à qui ? / Qui pose une question ? Quelle est la question posée ?	Carine pose une question / demande des conseils pour rédiger un CV.

• Projeter / Montrer quelques secondes le CV sans laisser le temps aux apprenants de le lire complètement afin qu'ils en aient une vision globale.

Questions de l'enseignant	Réponses attendues des apprenants
Qu'est-ce que c'est ?	Un CV, un article de presse sur le CV.
Pourquoi dites-vous qu'il s'agit d'un article ?	C'est un article (avec un CV modèle), il y a le titre de la page / de la rubrique (« Clés pour l'entreprise ») et un sous-titre à l'article, c'est dans le journal *Transmonde* du mois d'avril.
Quel est le but de l'article ?	Expliquer / Montrer comment rédiger un CV ; on donne un modèle / un exemple de CV.
Pourquoi on donne un CV dans l'article ?	Pour donner un exemple, un modèle *(si la réponse n'a pas été donnée précédemment).*

• Faire établir le lien entre l'article et le forum : Quelle relation faites-vous entre les deux documents ?
Réponses attendues : Il y a un CV modèle et des conseils d'internautes pour rédiger un CV, les conseils doivent correspondre au modèle de CV.
• Projeter / Montrer de nouveau le CV et interagir ensuite avec les apprenants de la manière suivante.

Questions de l'enseignant	Réponses attendues des apprenants
C'est le CV de qui ?	Véronica Realdi.
Pour quel poste ?	Responsable commerciale.
Le CV a combien de parties ?	7.
Quelles sont-elles ?	Les cordonnées, le nom du poste, les compétences, l'expérience professionnelle, les langues étrangères et l'informatique, la formation et les centres d'intérêt.

• S'assurer que la signification de chaque rubrique du CV (du latin *curriculum vitae*) est bien comprise.
• Faire lire la tâche et s'assurer de la bonne compréhension des commentaires.
• Faire réaliser la tâche par groupe de deux ou trois apprenants.

Mes docs

NB : Si vos apprenants peuvent travailler sur leur propre ordinateur ou dans le centre multimédia de votre institution, vous pouvez leur demander de faire ce travail à partir du **CV modèle** du DVD-rom.

Vérification de la bonne réalisation de la tâche
• Mettre en commun en faisant justifier les réponses.
• Faire lire l'encadré « Les différentes rubriques d'un CV » (Retenez).
NB : si vous disposez d'un TNI, demander à un apprenant de venir souligner / surligner les phrases du forum correspondant aux mauvais conseils (on peut aussi faire souligner les parties du CV correspondant aux bons conseils) donnés par les internautes en faisant justifier puis faire valider par les autres.

RÉPONSES ATTENDUES :
Mauvais conseils : signe ton CV – indique bien ton expérience la plus ancienne – décris tes compétences avec de grandes phrases – tu ne dois pas donner le nom des entreprises où tu as travaillé – tu ne dois pas indiquer tes résultats avec des chiffres – mets le titre « curriculum vitae » – donne ta situation familiale mais n'indique pas ton âge et ton année de naissance

POINT INFO
Comment rédiger un CV « à la française » ?
Un CV doit tenir si possible sur une page, deux pages maximum. Il doit être dactylographié, clair, précis et attirer l'attention du recruteur par sa présentation.
L'accroche : un recruteur passe en moyenne 15 à 30 secondes à lire un CV, l'accroche permet de visualiser le profil du candidat et ses atouts et prouve que le candidat a un projet professionnel précis.

La photo : elle n'est pas obligatoire mais elle doit être de bonne qualité si elle est présente (pas de scan de photocopie).
La formation : un jeune diplômé doit plutôt placer cette rubrique en début de CV.
L'expérience professionnelle : elle sera placée en début de CV pour une personne qui a de l'expérience.

État civil **PHOTO** de bonne qualité si demandée
– Inscrire le nom en lettres majuscules – Ne pas préciser « nom », « prénom » – Ne pas préciser « nom de jeune fille » – Préciser l'âge ou la date de naissance (si vous avez moins de 40 ans) – Indiquer précisément l'adresse – Indiquez votre (vos) numéro(s) de téléphone / votre adresse électronique
ACCROCHE
Indiquer la mention du métier visé, voire du secteur / les grandes compétences / les années d'expérience / les points forts ou le projet professionnel
Formation
– Utiliser un ordre anti-chronologique (du plus récent au plus ancien) – Inscrire le diplôme le plus important ou le niveau des études les plus récentes – Mentionner les diplômes essentiels – Commenter les études supérieures : thèses, spécialisations... – Mentionner le nom de l'école ou de l'université, éviter les sigles
Stages (pour les jeunes diplômés)
– Parler uniquement des stages ayant un intérêt pour le recruteur – Commenter les stages effectués si c'est un début dans la vie professionnelle – Mettre l'accent sur les connaissances acquises, l'enrichissement personnel, les fonctions et les résultats obtenus – Indiquer l'entreprise, la durée et le lieu
Expérience professionnelle
– Utiliser l'ordre anti-chronologique – Indiquer le nom de l'entreprise, l'emploi, les dates ou la durée – Commenter les fonctions en termes d'activités, de responsabilités, de résultats, d'initiatives, d'adaptation, de chiffres, de progrès...
Langues étrangères
– Préciser le niveau : langue maternelle / pratique professionnelle / bonnes notions / connaissances scolaires / accepte une remise à niveau / séjours linguistiques...
Activités extraprofessionnelles
– Être précis et concret – Ne noter que celles qui révèlent la personnalité. Elles sont de trois ordres : le sport si la pratique est régulière (indiquer le niveau de performance) / les hobbies (l'employeur a peut-être les mêmes !) / les associations et vos responsabilités

De très nombreux sites donnent accès à des banques de données de CV d'après certains critères à sélectionner. Ils sont exploitables en classe afin de donner divers exemples de CV, les formulations types ainsi que le type de CV possible en fonction du profil du poste visé. http://etudiant.aujourdhui.fr/etudiant/info/exemple-de-cv.html ; http://www.keljob.com/conseils-emploi/chercher-un-emploi/conseils-cv.html ; http://www.cadremploi.fr/editorial/conseils/conseils-candidature/cv.html ; http://cv.modele-cv-lettre.com/modele-cv.php

RETENEZ p. 129

Développement des compétences fonctionnelles et linguistiques

■ **Pour décrire son expérience professionnelle / ses stages** → Retenez

- Faire relever comment Véronica Realdi (Lisez) indique ses activités et attirer l'attention des apprenants sur l'emploi du vocabulaire de l'action.
- Faire lire l'encadré correspondant du Retenez et apporter des explications si nécessaire.

■ **Pour indiquer sa formation ; Pour indiquer le niveau des langues parlées ; Pour donner des indications sur ses centres d'intérêt** → Retenez

- Enrichir le vocabulaire en faisant lire les encadrés du Retenez et apporter des précisions et/ou des explications si nécessaire.

■ **Pour indiquer les séjours à l'étranger et la durée** → Retenez
Les indicateurs de temps : *EN / DEPUIS / PENDANT* → Mémo cahier d'activités n° 5 p. 80

- Demander aux apprenants comment on indique une durée dans le CV (« de... à » / « depuis ») puis faire lire l'encadré « Pour indiquer les séjours à l'étranger et la durée » du Retenez.
- Faire remarquer l'utilisation des indicateurs de temps en vous aidant du Mémo du cahier d'activités et conceptualiser ce point de grammaire.

Faire relire le CV et répondre aux éventuelles questions.

ENTRAÎNEZ-VOUS

Activités de systématisation

Point à systématiser	Dans le cahier d'activités
Les indicateurs de temps : *en / depuis / pendant*	p. 79-80 n° 5

→ Pour les corrigés de l'activité du cahier, voir p. 116 du cahier.

PASSEZ À L'ACTION p. 129

Tâches cibles

Un CV bien rédigé.
Tâche 1

• Avant le cours, vous procurer des offres d'emploi correspondant si possible aux profils de vos apprenants ou si vos apprenants peuvent travailler sur leur propre ordinateur ou dans le centre multimédia de votre institution, leur demander de faire une recherche d'offres d'emploi sur des sites francophones et d'apporter des annonces correspondant à leur profil si possible.
• Afin d'enrichir le champ lexical, faire analyser préalablement les offres d'emploi correspondant aux différents profils en complétant une fiche de synthèse (Réagissez, p. 126).
• Faire produire les CV individuellement.
• Collecter les CV avec l'offre d'emploi correspondant à chaque CV.
• Constituer des sous-groupes de trois apprenants et répartir l'ensemble des CV par sous-groupe. Les apprenants prendront la place d'un(e) DRH, les analyseront ; ils diront s'ils retiennent ou non la candidature et justifieront leurs choix.

Conseils d'ami.
Tâche 2

• Avant le cours, demander aux apprenants de choisir / se renseigner sur une entreprise française et les différents postes qui pourraient leur correspondre au sein de cette société.
• En grand groupe, lister les questions qu'on peut poser pour aider à rédiger un CV.
• Constituer des binômes et faire réaliser la tâche.
• On peut aussi collecter les CV et appliquer les mêmes modalités que pour la tâche 1.
• Puis faire réagir les apprenants en leur demandant de comparer un CV français avec un CV destiné à une entreprise de leur pays. Demandez- leur quels conseils de rédaction de CV ils donneraient à un(e) candidat(e) qui postulerait à un emploi dans une entreprise de leur pays.

REPÈRES PROFESSIONNELS p. 139

Développement des compétences culturelles et interculturelles

Il est possible d'aborder **la lettre de motivation** à cette étape de la démarche. Pour cela, nous vous invitons à exploiter les Repères professionnels. Voir l'exploitation p. 118-119 de ce guide.

p. 130-131

C Votre profil nous intéresse !

Tâches cibles de la séquence	Tâche support de la séquence	Objectifs fonctionnels de la séquence	Objectifs linguistiques de la séquence
↘ Passer un entretien d'embauche et expliquer à un recruteur son parcours professionnel ↘ Informer par mail un ami francophone de votre recherche de travail en France avec des précisions sur vos raisons, le poste recherché et votre parcours professionnel	↘ Repérer dans un entretien d'embauche les bonnes raisons que donne un candidat pour quitter un emploi / changer d'emploi	↘ Exprimer une durée ↘ Situer une action passée ↘ Décrire une situation insatisfaisante	**Grammaire** ↘ Le passé récent ↘ Les indicateurs de temps : *il y a / en / depuis / pendant* (suite) ↘ L'imparfait ↘ La forme négative : *ne… pas / ne… plus / ne… jamais* ↘ Le pronom relatif *où* **Lexique** ↘ Le secteur technique

Entrée dans la séquence

• Projeter / Montrer la photo de la p. 131 et le titre de la séquence et faire faire des hypothèses sur la situation, les personnes.
Réponses attendues : Une femme / responsable / DRH, elle tient un document / un CV, elle écoute un homme / un candidat à un emploi, elle fait passer un entretien d'embauche.

ÉCOUTEZ
RÉAGISSEZ
p. 130
Mes audios 56

Tâche support

- Projeter / Montrer le document du Réagissez et le faire lire.
- Demander le lien entre la photo et les 8 bonnes raisons pour changer de poste afin d'introduire la tâche.

Réponses attendues : La femme demande à l'homme pourquoi il postule / pose sa candidature / change de travail et le candidat donne des raisons.

- Faire écouter le dialogue entre la DRH et M. Levasseur et interagir avec les apprenants en posant les questions suivantes. Procéder à plusieurs écoutes si nécessaire.

Questions de l'enseignant	Réponses attendues des apprenants
Qui parle ?	Deux personnes. Une DRH (une personne qui recrute) et M. Levasseur.
De quoi parlent-ils ?	De l'expérience professionnelle de M. Levasseur / d'un candidat à un emploi.
Pourquoi ?	Parce que le CV de M. Levasseur est retenu / M. Levasseur a un entretien d'embauche / il veut travailler dans cette entreprise / il veut quitter son poste actuel / il veut changer de travail.
Est-ce qu'il a un travail ? Quel est son travail ? *(selon les réponses données précédemment)*	Oui, il est responsable d'un atelier de maintenance dans une petite entreprise.

- Faire (re)lire le document du Réagissez sans la transcription.
- Faire réécouter le dialogue intégralement.
- Faire réaliser la tâche puis demander aux apprenants de comparer leurs réponses en binôme.

Vérification de la bonne réalisation de la tâche

- Mettre en commun en demandant aux apprenants de justifier leurs réponses avec ce qui a été dit par M. Levasseur.
- Puis faire relire la liste des bonnes raisons et interagir avec les apprenants en leur demandant quelles sont les raisons qu'il ne faut pas donner (même si elles sont vraies) et pourquoi (1 et 7 : elles peuvent prouver un caractère difficile, la difficulté de travailler en équipe…). En revanche, la raison 5 est une bonne raison qu'on peut donner dans un entretien d'embauche.
- Leur demander s'ils connaissent d'autres raisons pour quitter un emploi (→ vous n'avez plus de temps libre pour vous, vous faites toujours les mêmes tâches, vous habitez trop loin, vous avez déménagé, vous n'êtes pas d'accord avec votre patron, vous manquez de défis nouveaux, vous n'avez pas de perspective de promotion, on ne reconnaît pas vos compétences…). Demander quelles sont celles qu'on peut donner dans un entretien et celles qu'on ne peut pas donner.

RÉPONSES ATTENDUES :
Raison 3 (« je ne peux plus évoluer dans cette entreprise ») – Raison 4 (« je n'ai pas beaucoup d'avantages ») – Raison 6 (« où je peux progresser et connaître d'autres technologies et d'autres matériels ») – Raison 8 (« je ne pars jamais en mission à l'étranger »).

RETENEZ
p. 130-131
OUTILS LINGUISTIQUES
p. 134-135

Développement des compétences fonctionnelles et linguistiques

Le passé récent → Outils linguistiques n° 2

- Faire une réécoute séquencée du début du dialogue (les deux premières répliques) et demander comment la DRH indique qu'elle a lu le CV.
- Faire observer la construction du passé récent à l'aide des Outils linguistiques n° 2.

Les indicateurs de temps (suite) : *IL Y A / EN / DEPUIS / PENDANT* → Outils linguistiques n° 3

Pour situer une action passée ; Pour exprimer une durée → Retenez

- Puis demander aux apprenants comment M. Levasseur parle de ses expériences à Madrid et à Hambourg et leur demander d'écrire les informations dans la grille suivante. (Recopier la grille au tableau avec les entrées suivantes.) Faire réécouter si nécessaire.

	Quand ?	Durée du séjour / du poste
Expérience à Madrid	En 2009	Pendant 3 mois
Expérience à Hambourg	Il y a quatre ans	6 mois

• À partir des réponses apportées dans la grille, aborder les indicateurs de temps. Faire lire les encadrés « Pour exprimer une durée » et « Pour situer une action passée » du Retenez.

• Faire observer le tableau des Outils linguistiques n° 3.

L'imparfait → Outils linguistiques n° 4

Pour décrire des activités habituelles passées ; Le secteur technique → Retenez

• Constituer deux groupes d'apprenants.

• Faire une deuxième écoute séquencée (de « Bon… » à « en mission à l'étranger ») et donner les consignes suivantes.

– Groupe 1 : « Écoutez et relevez exactement ce que dit M. Levasseur sur ses fonctions à Hambourg. » Attention : à ce stade, les apprenants ne sauront évidemment pas écrire les verbes à l'imparfait. Ce qui est important, c'est qu'ils aient saisi la prononciation du verbe. Écrire les réponses au tableau et les mettre en parallèle sur deux colonnes (avant / maintenant) avec l'orthographe exacte de l'imparfait au fur et à mesure des réponses des apprenants.

Réponses attendues : « J'étais stagiaire » – « Je travaillais avec un ingénieur » – « Nous allions dans les ateliers » – « Je rencontrais des techniciens qui m'expliquaient leur travail » – « C'était intéressant ».

– Groupe 2 : « Écoutez et écrivez ce que dit M. Levasseur sur son travail actuel. »

Réponses attendues : « Je suis responsable d'un atelier de maintenance » – « Je suis à ce poste depuis quatre ans » – « Je ne peux plus évoluer » – « Je n'ai pas beaucoup d'avantages » – « Je ne pars jamais en mission ».

• Guider les apprenants pour qu'ils découvrent l'imparfait (avant = imparfait / maintenant = présent). Faire conceptualiser en vous aidant du tableau (Outils linguistiques n° 4).

• Enrichir le vocabulaire en faisant lire l'encadré « Le secteur technique » du Retenez.

La forme négative : *NE… PAS / NE… PLUS / NE… JAMAIS* → Outils linguistiques n° 5

Pour décrire une situation insatisfaisante → Retenez

• À partir des énoncés relevés par le groupe 2 (ce que dit M. Levasseur sur son travail actuel), aborder la forme négative et faire conceptualiser en vous aidant du tableau (Outils linguistiques n° 5).

Le pronom relatif *où* → Outils linguistiques n° 6

• Aborder le pronom relatif et faire conceptualiser en vous aidant du tableau (Outils linguistiques n° 6).

À la fin de toutes les conceptualisations, répondre aux éventuelles questions. À cette étape de la démarche, on peut proposer les activités n° 1 et 2 p. 135 (Prononcez). Pour faire travailler la phonie-graphie, faire réécouter le dialogue intégralement avec la transcription et le faire dramatiser.

ENTRAÎNEZ-VOUS

Activités de systématisation

Point à systématiser	Dans le manuel	Dans le cahier d'activités
Le passé récent		p. 81 n° 7
Les indicateurs de temps : *il y a / en / depuis / pendant* (suite)	Entraînez-vous p. 136 n° 2	p. 81 n° 8
L'imparfait	Entraînez-vous p. 136 n° 3	p. 81 n° 9
La forme négative : *ne… pas / ne… plus / ne… jamais*		p. 82 n° 10
Le pronom relatif *où*		p. 83 n° 11
[o] et [ɔ]	Prononcez p. 135 n° 1 et 2	p. 85 n° 15 et 16

CORRIGÉ ACTIVITÉS 1 ET 2 p. 135 (PRONONCEZ) :

1. [o] : évoluer ; progresser ; domaine ; commercial – [ɔ] : offre ; formation ; poste ; Barcelone ; euros

2. a. Je réalisais des études. – b. J'organise des ventes. – c. Je travaillais avec un ingénieur. – d. Je voyageais beaucoup. – e. Je développe des produits. – f. J'accueille les visiteurs. – g. Je rédigeais les comptes-rendus.

→ Pour les corrigés des activités « Entraînez-vous » du manuel, voir p. 117 de ce guide et pour les corrigés des activités du cahier, voir p. 116 du cahier.

PASSEZ À L'ACTION p. 131

Tâches cibles

Mon parcours professionnel.
Tâche 1
• On peut demander aux apprenants de se munir de leur CV avec l'offre d'emploi correspondante (voir Tâche cible 1 de la séquence B).
• Constituer des binômes et faire réaliser la tâche. L'apprenant-recruteur lit le CV et pose des questions à l'apprenant-candidat. Puis intervertir les tâches.
• Pour finir, interagir avec les apprenants et poser des questions aux recruteurs. Leur demander s'ils retiennent la candidature et pourquoi.

Recherche d'emploi.
Tâche 2
• Faire faire l'activité individuellement. Chaque apprenant enverra son courriel à un autre apprenant.
NB : Si vos apprenants peuvent travailler sur leur propre ordinateur ou dans le centre multimédia de votre institution, leur demander d'envoyer un courriel à un autre apprenant et de vous mettre en copie. On peut aussi demander aux apprenants de faire ce travail en autonomie chez eux et de vous envoyer leur courriel afin que vous puissiez ensuite faire une mise en page de toutes les productions.
• Une fois que tous les courriels sont rassemblés, demander aux apprenants de les lire et de les commenter en grand groupe. Faire réagir les apprenants. Poser des questions sur les raisons de changement de travail, le poste recherché et le parcours professionnel. Demander si les raisons invoquées sont de bonnes raisons pour changer de poste.

Mes vidéos

〉Nous vous invitions à visionner la vidéo « **Se présenter à un entretien** » et à utiliser la fiche p. 190 de ce guide pour son exploitation.

p. 132-133

D Quelles sont les conditions ?

Tâches cibles de la séquence	Tâche support de la séquence	Objectifs fonctionnels de la séquence	Objectifs linguistiques de la séquence
↘ Décrire son emploi actuel en indiquant les avantages matériels et financiers ↘ Passer un entretien d'embauche et échanger avec un recruteur sur le poste et les conditions de travail ↘ Décrire dans un courriel à un(e) ami(e) un poste obtenu et ses avantages	↘ Compléter un extrait de lettre d'engagement à partir de notes prises lors d'un entretien d'embauche	↘ Interroger sur les conditions de travail ↘ Parler des avantages financiers d'un poste ↘ Indiquer des avantages matériels ↘ Parler des droits	**Grammaire** ↘ Les mots interrogatifs composés

Entrée dans la séquence

• Demander aux apprenants tout ce qui fait qu'un poste est intéressant selon eux (la fonction, les déplacements, le salaire, les congés, les avantages en nature, etc.). Cette petite discussion permettra d'introduire des mots-clés utiles pour cette séquence (les écrire au tableau).

ÉCOUTEZ RÉAGISSEZ p. 132

Mes audios 57

Tâche support

• Projeter / Montrer l'extrait de la lettre d'engagement (Réagissez) et demander ce que c'est. Demander quelles informations manquent.
• Projeter / Montrer la photo de la page 133 et faire faire le lien avec le document du Réagissez.
Réponse attendue : un homme qui explique quelque chose à un femme à partir de schémas / de dessins (le poste, l'organisation des services…).
• Puis faire écouter le dialogue et interagir avec les apprenants de la manière suivante pour introduire la tâche.

Questions de l'enseignant	Réponses attendues des apprenants
Qui parle ?	Le DRH / recruteur et une candidate.
De quoi parlent-ils ?	Ils parlent du poste, des conditions de travail, du salaire, des avantages… / La femme pose des questions sur l'entreprise, sur les outils de travail et les conditions de travail (le salaire, les avantages…).

Qu'est-ce qu'on doit faire quand on est d'accord sur le poste et avant d'être embauché / recruté ?	Signer un contrat de travail / une lettre d'engagement.

- Demander aux apprenants de prendre des notes sur les conditions de travail pour compléter la lettre d'engagement.
- Faire réécouter le dialogue séquencé pour laisser aux apprenants le temps de prendre des notes sans la transcription. Le nombre d'écoutes dépendra du niveau des apprenants.

Vérification de la bonne réalisation de la tâche

- Demander aux apprenants de comparer leurs réponses en binôme puis mettre en commun. Leur demander de justifier leurs réponses avec des énoncés du dialogue.

RÉPONSES ATTENDUES :

Salaire : (« le salaire brut est de ») 37 000 € brut par an, plus les primes
Congés : 5 semaines de congés payés (« vous avez droit aux cinq semaines légales »)
Les avantages : ordinateur, téléphone portable, voiture de fonction (« vous allez avoir un ordinateur et un téléphone portable » ; « vous disposez d'une voiture de fonction »)

Mes docs

Vous pouvez consulter la fiche « **Congés et calendrier des jours fériés en France** » du DVD-rom.

POINT INFO

Le contrat de travail peut revêtir la forme d'une lettre d'engagement. Il doit mentionner le poste, le lieu de travail, le salaire et les avantages, le temps de travail et les congés payés.
Le contrat existe dès l'instant où une personne (le salarié) s'engage à travailler, moyennant rémunération, pour le compte et sous la direction d'une autre personne (l'employeur). Le plus souvent, le contrat de travail doit être écrit. Son exécution entraîne un certain nombre d'obligations, tant pour le salarié que pour l'employeur.
La durée légale du travail en France est fixée à 35 heures ou (1 607 heures par an). Applicable à la plupart des entreprises et des salariés, la durée légale du travail n'est ni un minimum (les salariés peuvent travailler à temps partiel), ni un maximum : c'est une durée de référence, celle à partir de laquelle les heures supplémentaires et le chômage partiel sont calculés. Dans certains secteurs – telles l'hôtellerie et la restauration – s'applique une durée dite d'équivalence : une durée de travail supérieure (par exemple 39 heures) est considérée comme équivalente à la durée légale (35 heures).
Des dispositions légales concernent **les congés payés**. Le salarié français a droit à cinq semaines de congés payés, le nombre de journées étant lié au nombre de mois de travail. La loi prévoit un congé minimal de 2,5 jours ouvrables (= jour travaillé) par mois de travail effectué pendant la période de référence (du 1er juin au 30 mai). Le congé principal (12 jours ouvrables au moins, 24 jours au plus) doit être pris entre le 1er mai et le 31 octobre. La cinquième semaine ne doit pas être accolée au congé principal. La fixation des dates de départ en congé est une prérogative de l'employeur.
Il y a onze jours fériés par an en France. Le seul jour férié, obligatoirement chômé et payé, est le 1er mai. Mais les accords d'entreprise prévoient généralement que les autres jours fériés soient aussi chômés et payés. Lorsqu'un jour férié tombe un jeudi ou un mardi, souvent les salariés « font le pont » c'est-à-dire qu'ils ne travaillent pas le vendredi ou le lundi en posant un jour de congé.
Pour plus d'informations, des fiches pratiques sont proposées sur le site www.travail.gouv.fr (Temps de travail).

RETENEZ p. 132-133
OUTILS LINGUISTIQUES p. 135

Développement des compétences fonctionnelles et linguistiques

Les mots interrogatifs composés → Outils linguistiques n° 7

Pour interroger sur les conditions de travail → Retenez

- Faire réécouter une nouvelle fois le dialogue avec la consigne suivante : « Notez toutes les questions posées par la candidate / par Julie Delpierre ».
- Mettre en commun les réponses.

Réponses attendues : « **Dans quels** pays sont vos principaux clients ? » – « **Avec qui** je vais travailler ? » – « **De quels** outils de travail je vais disposer ? » – « Et pour les déplacements ? » – « **Sur quel** salaire je peux compter ? » – « Je vais avoir **combien de** jours de congés payés dans l'année ? »

- À partir des énoncés, aborder les mots interrogatifs composés (Outils linguistiques n° 7).

Pour parler des avantages financiers d'un poste ; Pour indiquer des avantages matériels ; Pour parler des droits → Retenez

- Faire lire tous les encadrés correspondants du Retenez pour enrichir le vocabulaire.

À la fin de toutes les conceptualisations, répondre aux éventuelles questions. Enfin, pour faire travailler la phonie-graphie, faire réécouter le dialogue intégralement avec la transcription.

ENTRAÎNEZ-VOUS

Activités de systématisation

Point à systématiser	Dans le manuel	Dans le cahier d'activités
Les mots interrogatifs composés	Entraînez-vous p. 136 n° 4	p. 83 n° 12

→ Pour les corrigés des activités « Entraînez-vous » du manuel, voir p. 117 de ce guide et pour les corrigés des activités du cahier, voir p. 116 du cahier.

REPÈRES CULTURELS p. 138

Développement des compétences culturelles et interculturelles

Il est possible d'aborder la deuxième partie des Repères culturels, « **Les avantages** », à cette étape de la démarche. Voir l'exploitation p. 118 de ce guide.

PASSEZ À L'ACTION p. 133

Tâches cibles

J'ai des avantages !
Tâche 1

• Interroger les apprenants sur les avantages financiers et matériels de leur emploi actuel. Mais attention : si cela paraît gênant car trop indiscret, on pourra changer la consigne et demander les avantages financiers et matériels d'un poste particulier dans le pays des apprenants.
• Lister ces avantages.
• Demander à chaque apprenant de préparer une fiche de poste (leur poste ou d'un poste qu'ils connaissent bien). On peut proposer la fiche suivante :

Nom du poste : ....
Présentation du service (mission principale, effectif) : ....
Missions et activités du poste : ....
Les contraintes / difficultés du poste : ....
Le salaire : ....
Les avantages : ....

• Constituer des binômes et demander aux apprenants d'effectuer la tâche. Chaque apprenant prendra en notes le profil du poste de l'autre et les avantages.
• Collecter les fiches de poste et les distribuer. Demander aux apprenants de lire toutes les fiches puis faire interagir les apprenants en leur demandant quel poste les intéresserait et leur faire justifier leur choix.

J'ai des questions !
Tâche 2

• Constituer deux groupes d'apprenants et donner les consignes suivantes.
– Groupe 1 : « Vous êtes DRH. Imaginez les avantages financiers et matériels qui correspondent à chacun des postes proposés. » On peut aussi constituer des sous-groupes, un par annonce.
– Groupe 2 : « Vous avez posé votre candidature à une des annonces de la page 126. Imaginez toutes les questions que vous pouvez poser au DRH sur les avantages matériels et financiers du poste. » On peut aussi constituer des sous-groupes, un par annonce.
• Demander à chaque DRH de se mettre avec un candidat pour réaliser la tâche ; les questions et réponses porteront sur l'entreprise, le poste (les informations principales sont données dans les annonces) et les avantages.
• Demander aux apprenants de dire ce qu'ils pensent de leur entretien (les candidats et les DRH).

J'ai trouvé un emploi !
Tâche 3

• Demander à chaque apprenant de faire sa fiche du poste avant d'écrire le courriel.
• Faire réaliser la tâche. Chaque apprenant enverra son courriel à un autre apprenant.
• Rassembler les courriels et les distribuer. Demander aux apprenants de lire tous les mails et de les commenter en grand groupe (quel poste les intéresse, pourquoi...).
NB : Si vos apprenants peuvent travailler sur leur propre ordinateur ou dans le centre multimédia de votre institution,

leur demander d'envoyer un courriel à un autre apprenant et de vous mettre en copie. On peut aussi demander aux apprenants de faire ce travail en autonomie chez eux et de vous envoyer leur courriel afin que vous puissiez ensuite faire une mise en page de tous les courriels.

• Une fois que tous les courriels sont rassemblés, demander aux apprenants de les lire et de les commenter en grand groupe. Faire réagir les apprenants. Poser des questions sur le poste et les avantages. Demander quel(s) poste(s) ils auraient aimé / accepté et pourquoi.

p. 136

ENTRAÎNEZ-VOUS

Corrigés des activités

1. À chacun sa mission

1. la formation – **2.** la réalisation – **3.** l'organisation – **4.** l'animation – **5.** la commercialisation – **6.** la création – **7.** l'information – **8.** la rédaction

2. Histoires de sociétés

1. La société Burodom existe **depuis** 1987. – **2.** La société Neuville a racheté l'entreprise Microfor **il y a** quinze ans. – **3.** Paul Pinson a dirigé la société Baflex **pendant** vingt ans (de 1985 à 2005). – **4.** La société Mobilia produit des meubles **depuis** cinquante ans. – **5.** Alice Vallon a quitté la société Delbard **en** 2003. – **6.** La société Castel a déménagé **il y a** trois ans.

3. Reconversion professionnelle

je travaillais – j'allais – j'animais – je partais – j'étais – je préparais – je faisais – je commençais – je finissais – je retournais – j'avais – le travail était – je rencontrais – j'étais trop fatigué – je ne prenais pas

4. Conversations de bureau

1. Pour quelles entreprises préparez-vous ce contrat ? – **2. Sur quel** ordinateur travailles-tu ? – **3. Avec quels** consultants avez-vous fait cette formation ? – **4.** Tu as fait cette note **pour quel** service ? – **5. Dans quel** tiroir as-tu rangé les CV ? – **6. Avec quelle** photocopieuse avez-vous fait ce document ?

5. Compétences

1. connaissent – **2.** savent – **3.** connaissent – **4.** connaissent – **5.** savent – **6.** savent

p. 137

TESTEZ-VOUS

Si vous choisissez de faire faire les Testez-vous en classe, voici des propositions de modalités de travail pour les tâches proposées (corrigés p. 176 du manuel).

1. Une offre d'emploi

• Faire réaliser la tâche individuellement. Élucider les termes qui posent problème.

Mes audios 60

2. À la direction des ressources humaines

• Faire prendre connaissance des items et s'assurer de la bonne compréhension des consignes.

• Procéder à une écoute globale puis à une réécoute séquencée pour que les apprenants aient le temps de répondre et / ou de vérifier leurs réponses.

Modalités de correction :

Première possibilité : correction en groupe

• Vous pouvez choisir de passer à la correction après chaque tâche ou procéder à celle-ci une fois que toutes les tâches ont été effectuées.

• Demander aux apprenants de donner les réponses. Les faire justifier et valider par le groupe. Une correction après chaque micro-dialogue est possible pour l'activité de compréhension orale.

Deuxième possibilité :

• Demander aux apprenants de s'auto-corriger en comparant leurs réponses à celles données p. 176 du manuel.

Mon portfolio

› Une fois les activités du Testez-vous corrigées en autonomie ou en groupe, demander aux apprenants de remplir le **portfolio de l'unité 8**.

p. 138

Repères culturels

Les **salaires** en France

L'objectif est de faire prendre connaissance des spécificités françaises relatives aux conditions de travail (salaires moyens et avantages) afin de familiariser les apprenants avec des aspects pratiques de l'entreprise française.

↘ Faire lire le texte et remplir la grille de salaires. Élucider le vocabulaire et répondre aux questions si nécessaire.

↘ Vous pouvez mettre une grille au tableau et noter les salaires par pays ou si vous disposez d'un TNI, noter ou faire remplir la grille des salaires avec une colonne par pays si les apprenants sont de pays différents.

↘ Après la mise en commun en grand groupe, discuter avec les apprenants en se basant sur la grille de salaires. Cela permet des échanges interculturels sur les différences de salaires entre les différents pays. Demander s'il existe aussi un salaire minimum dans leur pays, s'il y a des déductions et lesquelles…

POINT INFO

Les salaires en France

Tous les mois, le salarié français reçoit un bulletin de salaire (bulletin de paie) avec sa paye où sont indiqués le salaire brut, le montant des charges salariales et le salaire net. Le salaire brut correspond au montant du salaire stipulé dans le contrat de travail avant déductions des prélèvements obligatoires (environ 22 %) : cotisations aux caisses de retraite, d'assurance maladie, de chômage, taxes.

Révisé en général au moins une fois par an au 1er juillet, le SMIC (salaire minimum interprofessionnel de croissance) est un salaire minimum horaire en dessous duquel aucun salarié ne peut être rémunéré sous peine de sanctions.

Les personnes qui ne justifient pas de revenus salariés peuvent toucher le RSA (revenu de solidarité active). Cette prestation est destinée à assurer à des personnes sans ressources ou disposant de faibles ressources, un niveau minimum de revenu variable selon la composition de leur foyer.

Pour une actualisation des données, vous pouvez consulter les sites suivants : www.insee.fr ; www.caf.fr ; http://vos-droits.service-public.fr.

Les avantages

↘ S'assurer de la bonne compréhension des termes et faire réaliser la tâche.

↘ Après la mise en commun, demander aux apprenants de réagir par rapport aux avantages en vous appuyant sur les questions posées. Cela permet des échanges interculturels sur les avantages qui existent dans les entreprises des différents pays (si les apprenants sont de pays différents).

POINT INFO

Outre son salaire, le salarié français peut bénéficier d'**avantages** annexes financiers ou en nature (voiture de fonction, téléphone portable, ordinateur, logement).

Les prestations qui visent à simplifier ou à améliorer la vie quotidienne comme les crèches d'entreprise ou les conciergeries (qui proposent aux salariés de faire une partie des corvées quotidiennes à leur place : envoyer les vêtements au pressing, s'occuper de réservations, trouver un plombier en urgence, obtenir un visa, attendre une livraison…) sont très appréciées mais loin d'être généralisées. Les avantages proposés aux salariés peuvent être un élément essentiel dans le choix d'un nouvel emploi.

p. 139

Repères professionnels

La lettre de **motivation**

L'objectif est de faire prendre connaissance des spécificités françaises relatives à la rédaction des lettres de candidature afin de familiariser les apprenants avec des aspects pratiques de la culture d'entreprise française.

↘ Faire relire les annonces 1 et 2 p. 126 et faire remarquer qu'une lettre de motivation est demandée. Demander aux apprenants ce qu'il faut faire dans leur pays pour poser sa candidature à un emploi, si la lettre de candidature est demandée, ce qu'elle doit contenir.

↘ Projeter / Montrer la lettre de motivation et procéder à l'identification du document : Qu'est-ce que c'est ? Comment le savez-vous ? À quoi ça sert ?

↘ Faire repérer le cadre énonciatif : Qui écrit ? À qui ? Quand ? D'où ? Pour dire quoi ?

↘ Puis faire réaliser les tâches 1 et 2 en binôme.

↘ Mettre en commun et faire justifier les réponses en faisant relever dans chaque paragraphe les expressions qui correspondent aux recommandations données.

↘ Demander aux apprenants de lire la tâche 3. Leur demander de relire l'annonce p. 126 et la lettre de motivation puis constituer deux groupes d'apprenants, un groupe de « recruteurs » et un groupe de « candidats » qui prennent la place de Carine Launay.

↘ Les recruteurs feront part de leur décision et la justifieront. Puis ils prépareront les questions de l'entretien d'embauche. Les candidats prépareront leur entretien d'embauche en s'appuyant sur la lettre de motivation. Puis chaque recruteur recevra un candidat.

↘ La tâche 4 se fera individuellement. On pourra reprendre les mêmes modalités de démarche pour une mise en situation que pour le Passez à l'action, Tâche 1, p. 129 (Un CV bien rédigé).

NB : Veiller à ce que les postes choisis soient des postes courants pour faciliter la rédaction de la lettre de motivation. Veiller aussi à la présentation et au respect du plan de la lettre comme dans le modèle donné. On pourra aider les apprenants en donnant les mots manquants à leur demande. L'activité proposée dépendra du niveau et de la demande des apprenants. À ce niveau, il s'agira davantage d'un pastiche que d'une lettre plus personnelle et percutante.

RÉPONSES ATTENDUES :
1 h – 2 e – 3 f – 4 d – 5 a – 6 j – 7 g – 8 i – 9 c – 10 b

POINT INFO

La lettre de motivation

Le recrutement des candidats peut être effectué directement par l'employeur (tel est le cas de l'annonce 3 p. 126) ou par des cabinets de recrutement (annonce 1 p. 126). Le curriculum vitae est accompagné en général d'une lettre de motivation le plus souvent manuscrite sauf envoi par courriel. En effet, la graphologie (l'étude du caractère d'une personne par la forme de son écriture) est une pratique de recrutement spécifique à la France. Si le recours à l'analyse de l'écriture ou les tests psychologiques ne sont pas systématiques, la lettre de motivation reste un élément important pour apprécier un candidat. Le recruteur évalue le candidat sur le soin porté à la présentation de la lettre, le style et l'orthographe. En France, on apprécie un certain formalisme. La lettre de motivation doit résulter d'un travail spécifique après analyse des petites annonces et montrer la motivation et les atouts du candidat pour le poste. Elle doit rester courte mais impeccable, sans faute d'orthographe et avec des formules de politesse.

Dans certains cas, le courriel de motivation qui accompagne le CV n'est plus indispensable. Dans beaucoup de sociétés, les offres d'emploi et les réponses qu'elles génèrent sont traitées par une interface informatique et lorsqu'un recruteur veut consulter un profil, c'est le CV qui s'ouvre en premier, d'où une première règle incontournable : il faut avant tout bien rédiger son CV. En revanche, si le candidat n'a pas de précision quant à l'envoi ou non d'un courriel de motivation, les recruteurs conseillent de joindre un courriel d'accompagnement au CV.

Mais il est des cas où le courriel de motivation est très important, c'est notamment le cas des candidatures spontanées où il doit être argumenté. Tout dépend aussi du poste : un mail percutant est bienvenu pour un profil commercial où le candidat doit savoir se vendre.

On pourra aussi exploiter les sites Internet suivants, dossiers très complets et simples : http://www.pole-emploi.fr/accueil/ ; http://www.letudiant.fr/jobsstages.html ; http://www.cadremploi.fr/editorial/conseils/conseils-candidature/lettre-de-motivation/modele/detail/article/exemple-de-mail-daccompagnement-tous-secteurs.html

Faites des projets !

p. 140-141

Entrée dans l'unité

- Projeter / Montrer la photo des pages 140-141 et faire faire des hypothèses sur le thème de l'unité.
- Monter / Projeter ensuite le titre qui validera probablement les hypothèses des apprenants.
- Demander quel type de projet on peut avoir dans une entreprise.

Réponses attendues : Trouver de nouveaux clients / de nouveaux marchés. – Embaucher de nouveaux collaborateurs. – Imaginer de nouveaux produits. – Déménager / Améliorer l'environnement de travail. – Lancer de nouvelles opérations commerciales. – Créer un site Internet…

- Énoncer les objectifs pragmatiques en les reliant aux réponses données par les apprenants.

p. 142-143

A Question de bien-être

Tâches cibles de la séquence	Tâche support de la séquence	Objectifs fonctionnels de la séquence	Objectifs linguistiques de la séquence
↘ S'entretenir avec son supérieur hiérarchique pour exposer son insatisfaction quand à son environnement de travail ↘ Exposer ses idées d'aménagement de l'environnement de travail à la direction	↘ Prendre des notes lors d'un micro-trottoir dans le but de rédiger un article sur les efforts des entreprises pour le bien-être des salariés	↘ Décrire un environnement de travail ↘ Expliquer les utilisations d'un lieu ↘ Décrire une évolution ↘ Donner une opinion positive / négative	**Grammaire** ↘ Le pronom *y* ↘ *De plus en plus / De moins en moins* ↘ L'adverbe *trop* **Lexique** ↘ Le mobilier et l'environnement de travail ↘ Des adjectifs pour décrire un lieu

ÉCOUTEZ
RÉAGISSEZ
p. 142
Mes audios 61

Tâche support

- Demander aux apprenants comment sont les locaux où ils travaillent : modernes / anciens, agréables, spacieux, s'ils sont équipés de matériel dernier cri, etc.
- Expliquer le but de la tâche : récolter des informations dans le but d'écrire un article sur les efforts des entreprises pour le bien-être des salariés.
- Faire écouter le micro-trottoir plusieurs fois (on peut également séquencer les écoutes si besoin).

Vérification de la bonne réalisation de la tâche

- Demander aux apprenants de se regrouper par trois et de mettre en commun les bonnes idées notées.
- Interagir ensuite en grand groupe pour valider les bonnes réponses (les noter au tableau) et faire commenter ces bonnes idées : Ont-ils la même chose dans leur entreprise ? Rêvent-ils d'avoir la même chose dans leur entreprise ? etc.

NB : Si vous disposez d'un TBI, trouver sur Internet des photos de bureaux qui correspondent à ce qui est décrit dans les témoignages et demander aux apprenants d'associer les photos aux témoignages.

RÉPONSES ATTENDUES :

Les bonnes idées :

– locaux très lumineux avec un décor très moderne ; un sauna et une salle de gym ; une très grande cuisine
– une salle de repos avec des fauteuils, des canapés confortables et des tables basses ; une grande bibliothèque avec des livres et des magazines
– une crèche pour les bébés des salariés, un salon de coiffure, une banque, un distributeur de billets, une agence de voyage, une salle de sport et deux restaurants d'entreprise, une grande salle pour les spectacles
– une petite salle de sport et un espace avec des jeux vidéo ; de nouveaux ordinateurs performants, des chaises ergonomiques, des casques pour les téléphones

RETENEZ p. 143
OUTILS LINGUISTIQUES p. 150
Mes docs

Développement des compétences fonctionnelles et linguistiques

Pour décrire un environnement de travail ; Le mobilier de bureau → Retenez

- Partir des bonnes idées notées au tableau pour faire acquérir le vocabulaire pour décrire un environnement de travail. Conclure en faisant lire l'encadré correspondant et l'encadré sur le lexique du mobilier de bureau. Pour compléter le vocabulaire, vous pouvez proposer à vos apprenants de lire la fiche « **Les fournitures de bureau** » (DVD-ROM / Mes docs).

Pour décrire une évolution ; Pour donner une opinion positive / négative → Retenez

DE PLUS EN PLUS / DE MOINS EN MOINS → Outils linguistiques n° 2

***TROP DE / ASSEZ DE* + nom** → Mémo du cahier d'activités p. 89 n° 2

- Faire réécouter la femme n° 2 et demander si elle est plutôt satisfaite ou non de son environnement de travail.
  Réponse attendue : Elle est insatisfaite.
- Demander de relever tous les énoncés où elle exprime son insatisfaction.
  Réponses attendues : « Quelle invention horrible ! » – « C'est de plus en plus difficile d'y travailler parce qu'il y a trop de bruit » – « Je trouve que ce n'est pas suffisant »
- Demander aux apprenants ce qu'exprime *de plus en plus*.
  Réponse attendue : Une évolution.
- Faire lire l'encadré correspondant puis s'aider des Outils linguistiques n° 2 pour conceptualiser ce point.
- Partir ensuite de « il y a trop de bruit » pour faire découvrir l'adverbe *trop de*. Faire trouver le contraire (*assez de*) et conceptualiser ce point à partir du Mémo p. 89 n° 2 du cahier d'activités.
- Faire ensuite trouver le contraire des phrases relevées. Que dirait la femme si elle était satisfaite ?
  Réponses attendues : « Quelle belle invention ! » – « C'est facile / agréable d'y travailler parce que c'est calme / il n'y a pas de bruit » – « Je trouve que c'est suffisant / bien ».
- Faire lire l'encadré « Donner une opinion positive / négative » pour conclure sur ce point. Apporter des précisions / explications si nécessaire.

Pour expliquer les utilisations d'un lieu → Retenez

Le pronom *Y* → Outils linguistiques n° 1

- Noter au tableau les lieux cités dans chaque témoignage : Témoignage 1 : la cuisine – Témoignage 3 : la forêt – Témoignage 4 : une grande salle – Témoignage 5 : un espace avec des jeux vidéo. Puis faire réécouter les témoignages et demander aux apprenants de relever ce que disent les personnes pour expliquer l'utilité / l'utilisation de ces lieux.
  Réponses attendues : Témoignage 1 : la cuisine : « on peut y cuisiner, réchauffer un plat, faire du café ou du thé » – Témoignage 3 : la forêt : « on peut y faire du jogging ou du vélo entre collègues » – Témoignage 4 : « une grande salle qui peut servir pour les concerts et les fêtes » – Témoignage 5 : « une espace avec des jeux vidéo pour nous détendre ».
- Faire observer les énoncés relevés puis conceptualiser le pronom *y* à l'aide des Outils linguistiques n° 1.
- Rappeler l'utilisation de *pour* et des deux structures possibles (+ nom / + verbe à l'infinitif).
- Faire ensuite lire l'encadré « Pour expliquer les utilisations d'un lieu » et faire remarquer en particulier les expressions *servir pour* et *être utilisé(e)(s) pour*. On peut rappeler l'utilisation du pronom relatif *qui* si nécessaire.

Après toutes les conceptualisations, faire une réécoute du micro-trottoir avec la transcription. Demander aux apprenants d'être attentifs aux liaisons et enchaînements et leur demander de les noter sur leur livre. Vérifier la bonne compréhension de tous les témoignages dans le détail et en profiter pour faire remarquer l'utilisation des mots familiers du travail (Retenez) si cela n'a pas été fait.
Ensuite, on peut faire dramatiser le micro-trottoir. On peut également faire rédiger l'article du journaliste (Réagissez) à cette étape de la démarche.

ENTRAÎNEZ-VOUS

Activités de systématisation

Point à systématiser	Dans le manuel	Dans le cahier d'activités
Le pronom *y*	Entraînez-vous p. 152 n° 1	p. 89 n° 1
Trop / Trop de		p. 89-90 n° 2
De plus en plus / De moins en moins		p. 90 n° 3

→ Pour les corrigés des activités « Entraînez-vous » du manuel, voir p. 129 de ce guide et pour les corrigés des activités du cahier, voir p. 117 du cahier.

PASSEZ À L'ACTION
p. 143

Tâches cibles

Ça ne va plus !
Tâche 1
• Faire lire la consigne et constituer deux groupes (les employés et les supérieurs hiérarchiques).
• Accorder un temps de préparation à chaque groupe. Les salariés vont faire une liste des points négatifs et les employeurs vont réfléchir à des projets de rénovation / amélioration pour l'entreprise.
• À l'issue de cette préparation, constituer des binômes pour la réalisation de la tâche.
• Une fois les entretiens terminés, demander aux employés de faire un compte-rendu de ce qu'ils ont obtenu. Voter pour l'employeur le plus généreux.
Variante :
• Si vous en avez la possibilité, demander aux apprenants de prendre des photos des lieux / des matériels qui les satisfont dans votre école / institution ou / et de ceux qui ne les satisfont pas.
• De retour dans la classe, leur demander de montrer leurs photos et de les commenter en donnant des explications, des opinions positives ou négatives, etc.
• On peut ensuite faire rédiger un texte commun pour décrire l'école / institution ou faire venir un responsable de l'école pour expliquer les situations et exprimer des souhaits.

Super projet !
Tâche 2
• Faire lire la consigne et constituer des groupes de trois apprenants. Donner à chaque groupe une feuille pour que les apprenants dessinent un plan.
• Afficher ensuite les plans sur les murs et demander à chaque groupe de présenter le sien. Après toutes les présentations, faire voter pour le plan le plus séduisant et faire justifier le choix.
Variante : Proposer d'autres lieux publics qu'une agence de publicité (hôpital, école, gare, restaurant branché…).

REPÈRES CULTURELS
p. 154
Mes vidéos

Développement des compétences culturelles et interculturelles

Il est possible d'aborder la thématique du **bien-être au travail** à cette étape de la démarche. Pour cela, nous vous invitons à exploiter la page Repères culturels. Voir son exploitation p. 130 de ce guide.

› Nous vous invitions à visionner la vidéo « **Le bien-être au travail** » et à utiliser la fiche p. 192-194 de ce guide pour son exploitation.

p. 144-145

B Au comité d'entreprise

Tâches cibles de la séquence	Tâche support de la séquence	Objectifs fonctionnels de la séquence	Objectifs linguistiques de la séquence
↘ Faire le point lors d'une réunion à propos d'un projet / d'une mission ↘ Rédiger le compte rendu succint d'une réunion	↘ Prendre en note des informations importantes lors d'une réunion pour compléter un compte rendu	↘ Introduire un sujet dans une réunion ↘ Interroger sur un projet / un dossier ↘ Indiquer une action en cours ↘ Faire le point et indiquer un résultat	**Grammaire** ↘ Le présent continu ↘ La forme négative du passé composé **Lexique** ↘ Les réunions ↘ Les inscriptions

ÉCOUTEZ RÉAGISSEZ
p. 144
Mes audios 62

Tâche support

• Demander aux apprenants de faire la liste des types de réunions possibles (= moment où des personnes se retrouvent pour une raison professionnelle).
• Noter toutes les réponses pertinentes données par les apprenants et faire lire l'encadré « Les réunions » du Retenez.
• Montrer / Projeter le compte-rendu du comité d'entreprise.
• Faire identifier le document et interagir avec les apprenants de la manière suivante.

Questions de l'enseignant	Réponses attendues des apprenants
Qu'est-ce que c'est ?	Un compte rendu de réunion.

De quelle réunion ?	D'une réunion du comité d'entreprise.
Vous savez ce qu'est un « comité d'entreprise » ?	Oui / Non. *(si la réponse est négative, apporter l'explication aux apprenants)*
Quelle est la date de la réunion ?	22 mai.
Combien de personnes ont assisté à cette réunion ?	Trois.
De quoi ils ont parlé à cette réunion ?	De l'organisation des activités de loisirs.

• Faire remarquer aux apprenants que le compte rendu est incomplet et leur donner la consigne.
• Faire écouter une première fois le document dans son intégralité puis laisser un peu de temps aux apprenants pour qu'ils complètent le compte rendu ; procéder à une deuxième écoute intégrale.

POINT INFO

Le comité d'entreprise (CE) est obligatoire dans toutes les sociétés qui emploient au moins 50 salariés. Il est constitué de salariés élus par leurs collègues pour les représenter auprès de la direction de l'entreprise et présidé par le chef d'entreprise. Le nombre de membres dépend du nombre de salariés dans l'entreprise. Le comité d'entreprise a des prérogatives économiques / donne un avis sur la politique économique, financière et sociale et gère les activités sociales et culturelles grâce un budget financé par l'entreprise.

Vérification de la bonne réalisation de la tâche
• Demander aux apprenants de comparer et éventuellement de compléter leurs réponses en binômes.
• Procéder à la mise en commun. Si vous disposer d'un TNI, projeter le compte rendu et faire venir un apprenant au tableau. Il complètera le compte-rendu sous la dictée des autres apprenants.
• Procéder à des écoutes ciblées pour les éventuels points non repérés par les apprenants ou s'ils ne sont pas d'accord entre eux.
• S'assurer de la bonne compréhension du compte rendu. Élucider le vocabulaire si nécessaire. En profiter pour introduire le lexique des inscriptions (Retenez).

RÉPONSES ATTENDUES :

Réunion du comité d'entreprise du 22 mai – Présents : Pierre Veil, Cécile Filarsky, **Martine** Lemaire – Ordre du jour : organisation des activités de loisirs
• Voyages : Septembre : Circuit **dans le sud de l'Espagne** – **Avril** : Week-end en Italie
Inscriptions en cours. **Beaucoup de personnes intéressées.**
• Vacances enfants : Séjour à la mer. **Une semaine. 34 enfants de 7 à 13 ans inscrits.** Inscriptions et collecte des dossiers en cours.
• Loisirs : Pas beaucoup de réponses aux questionnaires sur les activités sportives. **Demande des collègues : subvention plus importante pour les abonnements dans les clubs de sport.** Martine a contacté des clubs mais n'a pas encore reçu d'offre intéressante.
Date et ordre du jour de la prochaine réunion : **22 juin. Fête de Noël.**

Développement des compétences fonctionnelles et linguistiques

RETENEZ p. 145
OUTILS LINGUISTIQUES p. 150

Pour introduire un sujet dans une réunion → Retenez
• Faire lire l'encadré correspondant.
• Vérifier la bonne compréhension des énoncés et faire remarquer la chronologie des expressions.

Pour interroger sur un projet / un dossier → Retenez
• Faire réécouter le dialogue et demander de noter toutes les questions de Pierre. Procéder à une écoute séquencée de manière à laisser le temps aux apprenants de noter.
Réponses attendues : « Qu'est-ce qui est prévu cette année ? » – « Et pour les vacances d'été qu'est-ce qu'on fait ? » – « Tout se passe bien Martine ? » – « On en est où des questionnaires sur les activités sportives ? Les collègues ont répondu ? » – « Vous avez contacté les clubs pour négocier des tarifs ? » – « Vous avez des idées pour cette année ? »
• Demander aux apprenants pourquoi Pierre pose toutes ces questions.
Réponses attendues : Pour vérifier que les projets avancent, qu'il n'y a pas de problème. Pour savoir ce qui a été fait ou reste à faire.

• Valider la bonne compréhension de ces questions et faire lire l'encadré correspondant pour conclure sur ce point.

■ **Pour faire le point et indiquer un résultat** → Retenez

La forme négative du passé composé → Outils linguistiques n° 4

• Faire lire l'encadré « Pour faire le point et indiquer un résultat ».

• Vérifier la bonne compréhension des énoncés puis demander aux apprenants quel est le point commun entre les trois derniers énoncés.

Réponse attendue : Les phrases sont au passé composé.

• Faire comparer les énoncés 2 et 4 pour faire comprendre que *déjà* est le contraire de *pas encore*. Puis faire observer la construction du passé composé négatif. S'aider du tableau proposé dans les Outils linguistiques n° 4.

• Pour vérifier la bonne compréhension des points abordés, donner des exemples avec *déjà* + passé composé et demander aux apprenants de transformer les phrases à la forme négative.

Exemples : « Les salariés ont déjà inscrit les enfants. » ; « Le CE a déjà organisé la fête de Noël. » ; « Martine a déjà reçu les réponses au questionnaire. »

■ **Pour indiquer une action en cours** → Retenez

Le présent continu → Outils linguistiques n° 3

• Revenir au compte rendu et demander de relever les phrases exactes dans le dialogue pour « Inscriptions en cours » et « Inscriptions et collecte des dossiers en cours ».

Réponses attendues : « Les inscriptions sont en cours. » – « Nous sommes en train de faire les inscriptions et Martine est en train de collecter tous les dossiers. »

• Conceptualiser le présent continu à partir de ces énoncés. S'aider des Outils linguistiques n° 3.

Après toutes les conceptualisations, faire une réécoute du document avec la transcription. Demander aux apprenants d'être attentifs aux liaisons et enchaînements, de les noter sur leur livre puis procéder à une dramatisation du dialogue par petits groupes de trois apprenants.

ENTRAÎNEZ-VOUS

Activités de systématisation

Point à systématiser	Dans le manuel	Dans le cahier d'activités
Le lexique des réunions		p. 91 n° 4 et 5
Le présent continu	Entraînez-vous p. 152 n° 2	p. 91 n° 6
La forme négative du passé composé		p. 91-92 n° 7

→ Pour les corrigés des activités « Entraînez-vous » du manuel, voir p. 129 de ce guide et pour les corrigés des activités du cahier, voir p. 117 du cahier.

PASSEZ À L'ACTION

p. 145

Tâches cibles

Événement important.

Tâche 1

• Expliquer le contexte de la tâche aux apprenants (organisation d'une soirée pour la nouvelle année) puis faire un remue-méninges avec l'ensemble du groupe pour faire la liste de tout ce qu'il y a à faire pour organiser cette soirée.

• Constituer ensuite des groupes de trois apprenants et demander à chaque groupe de choisir un chef. Regrouper ensuite tous les chefs pour qu'ils préparent ensemble les questions à poser à la réunion et demander à chaque binôme restant de se répartir les tâches de la liste entre eux deux. Chaque apprenant devra ensuite réfléchir à la/aux tâches qui lui incombe(nt) et réfléchir à des détails concernant celle(s)-ci (réalisée / pas réalisée ? ; problème rencontré ? etc.).

• Demander ensuite au chef de réunir ses collègues et de parler de l'organisation de la soirée. Faire lire les cartes proposées pour bien préciser ce qui est attendu. À l'issue des réunions, faire rédiger les comptes rendus.

• Photocopier les comptes rendus et les distribuer à chaque groupe puis comparer l'avancée du projet dans chaque groupe. Mettre en valeur les bonnes idées. Féliciter les groupes les plus performants sur le projet d'organisation. Commenter également la clarté des comptes rendus.

Retour de mission.
Tâche 2
• Avant le cours, préparer des ordres de mission différents sur des petits papiers. Préparer trois papiers identiques par mission à proposer. Indiquer la ville / le pays et ce que la personne doit y faire.
Variante : Si les apprenants ont une expérience professionnelle, on peut leur laisser la liberté de se mettre d'accord sur un lieu et un objectif de mission.
• Pendant le cours, constituer des groupes de trois apprenants et donner la même mission à chaque membre du trio. Demander aux apprenants de définir qui part en mission et qui reste sur place. Puis donner un temps de préparation avant la réalisation de la réunion. Celui / Celle qui part en mission doit imaginer sa mission (demander de s'inspirer de ce qui est indiqué sur la carte « vous ») pendant que les deux autres préparent les questions qu'ils / elles poseront (demander de lire la carte « vos collaborateurs »).
• Demander ensuite aux uns et aux autres de se réunir. Les collègues prendront des notes puis l'un d'entre eux fera un compte rendu oral de la réunion et de la mission à l'ensemble de la classe.
• À l'issue de tous les comptes rendus, faire commenter le travail du « missionnaire », la bonne réalisation de la mission, la clarté du compte rendu oral, on pourra voter pour « le / la missionnaire » le / la plus efficace, etc.

p. 146-147

C Infos utiles

Tâches cibles de la séquence	Tâche support de la séquence	Objectifs fonctionnels de la séquence	Objectifs linguistiques de la séquence
↘ Rédiger une note simple destinée au personnel concernant des réductions de dépenses dans l'entreprise ↘ Organiser un atelier destiné aux collègues pour favoriser l'esprit d'équipe et les en informer par mail	↘ Répondre aux interrogations des collègues suite à des notes adressées au personnel	↘ Indiquer des événements à venir ↘ Donner des consignes	**Grammaire** ↘ Le futur simple **Lexique** ↘ Les sorties

LISEZ
RÉAGISSEZ
p. 146

Tâche support

• Montrer / Projeter les « bulles » (Réagissez) et faire lire les informations données par différentes personnes. En vérifier la bonne compréhension par les apprenants.
• Faire lire la consigne puis projeter / montrer brièvement les trois documents supports (Lisez). Les faire identifier (un mail, une note affichée, un message sur un téléphone) et expliquer aux apprenants que c'est à partir de ces documents qu'ils vont pouvoir corriger les informations données par leurs collègues.
• Laisser du temps aux apprenants pour qu'ils réalisent la tâche individuellement.

Vérification de la bonne réalisation de la tâche
• Avant de mettre en commun les réponses, interagir avec les apprenants pour vérifier la bonne compréhension globale des documents.

Questions de l'enseignant	Réponses attendues des apprenants
Quel est le lien entre ces trois documents ?	Ils sont émis par le CE. Ils concernent les loisirs / des événements culturels / Ils ne concernent pas directement le travail.
À qui sont-ils destinés ?	À l'ensemble du personnel.
Quel est l'objet de chaque note ?	Le mail concerne une exposition de peinture. La note affichée concerne la vente de tickets de cinéma. Le message sur le téléphone concerne un séjour au ski pour les enfants du personnel.

• Demander à un apprenant de lire la première information et demander à un autre de la corriger. Faire valider la réponse par l'ensemble du groupe en la faisant justifier.
NB : Si vous en avez la possibilité, projeter les documents et demander aux apprenants de venir souligner / surligner les énoncés qui justifient les réponses.
• Procéder de la même manière pour toutes les informations.

RÉPONSES ATTENDUES :

1. Les enfants vont partir au ski en hiver (« les vacances de février », « skier »). – 2. Lundi 18 juin, il y a le vernissage d'une exposition de peinture. – 3. Le 23 mai, il est possible d'acheter des tickets de cinéma. – 4. Ce sont des photographes amateurs. – 5. C'est Juliette qui s'occupe de la vente de tickets de cinéma. – 6. Les tableaux sont dans le hall d'entrée. – 7. En février, c'est un séjour au ski pour les enfants qui est proposé.

RETENEZ p. 147
OUTILS LINGUISTIQUES p. 150

Développement des compétences fonctionnelles et linguistiques

Pour indiquer des événements à venir ; Les sorties → Retenez

Le futur simple → Outils linguistiques n° 5

- Faire relire les documents (Lisez) et demander aux apprenants de relever d'une part toutes les phrases qui indiquent un événement à venir / futur et, d'autre part, d'entourer tous les mots de vocabulaire qui sont liés aux loisirs / sorties.
- Faire la liste au tableau de tous les mots du lexique des sorties et demander aux apprenants de l'enrichir avec des mots qu'ils connaissent. Faire lire l'encadré correspondant.
- Noter toutes les phrases indiquant un événement à venir au tableau puis vérifier la bonne compréhension de chacune d'elle. Faire lire l'encadré correspondant.
- Conceptualiser le futur simple en s'aidant du tableau proposé (Outils linguistiques n° 5).

Pour donner des consignes → Retenez

- Demander aux apprenants comment les instructions/consignes sont données dans les documents (Lisez).
- Faire lire l'encadré correspondant puis noter au tableau les deux formules : *Demander de* + infinitif / *Merci de* + infinitif.

Après toutes les conceptualisations, faire relire à nouveau silencieusement les documents et répondre aux éventuelles questions des apprenants. Il est recommandé d'aborder le premier point de phonétique à ce stade de la démarche (Prononcez n° 1 p. 151).

ENTRAÎNEZ-VOUS

Activités de systématisation

Point à systématiser	Dans le manuel	Dans le cahier d'activités
Le futur simple	Entraînez-vous p. 152 n° 3	p. 92-93 n° 8 et 9
Le son [r]	Prononcez p. 151 n° 1	

CORRIGÉ DE L'ACTIVITÉ 1 DU PRONONCEZ p. 151 :

A. *Phrases entendues :* a. J'arrivais. – b. Nous téléphonerons. – c. Vous donnerez. – d. Je parlerai. – e. Nous regardons. – f. Vous dînerez.

→ Pour les corrigés des activités « Entraînez-vous » du manuel, voir p. 129 de ce guide et pour les corrigés des activités du cahier, voir p. 117 du cahier.

PASSEZ À L'ACTION p. 147

Tâches cibles

Une note importante.

Tâche 1

- Faire lire la consigne et constituer des groupes de trois apprenants pour la réalisation de la tâche. On peut imposer le support (mail, affichage ou message téléphonique) ou demander aux apprenants de choisir celui qu'ils préfèrent.
- Afficher / Envoyer les notes et les faire lire et commenter par l'ensemble du groupe : Laquelle est la plus sévère ? efficace ? réaliste ? etc.

Esprit d'équipe.

Tâche 2

- Faire lire le petit extrait de journal et en vérifier la compréhension.
- Échanger avec les apprenants sur leur connaissance de ce type d'atelier et/ou leur expérience en la matière.

• Constituer des groupes de trois ou quatre apprenants et leur demander de discuter entre eux pour organiser ce type d'atelier : Quoi ? Pour qui ? Quand ? Combien de temps ? Quel programme ?
• Une fois qu'ils ont récolté toutes les informations, leur demander de rédiger le mail.
• Envoyer chaque mail à une autre équipe puis demander à l'équipe destinataire de résumer le mail et de donner leur avis sur l'atelier organisé : Sont-ils intéressés ? Pourquoi ?
• À l'issue des échanges, on peut faire voter pour désigner l'atelier le plus intéressant / innovant / efficace afin de favoriser l'esprit d'équipe.

REPÈRES PROFESSIONNELS p. 155

Développement des compétences culturelles et interculturelles

Il est possible d'aborder la rédaction de la **lettre professionnelle** (Repères professionnels) à cette étape de la démarche. Voir son exploitation p. 130-131 de ce guide.

p. 148-149

D Un programme chargé !

Tâches cibles de la séquence	Tâche support de la séquence	Objectifs fonctionnels de la séquence	Objectifs linguistiques de la séquence
↘ Organiser un programme pour des collaborateurs en visite et les en informer dans un mail ↘ Prendre connaissance de la rubrique « sorties » d'un journal pour organiser son week-end et proposer une sortie à un(e) collègue	↘ Noter un programme sur un planning suite à une réunion	↘ Interroger sur un programme ↘ Faire une suggestion ↘ Accepter une suggestion	**Grammaire** ↘ *Si* + imparfait ↘ Les pronoms COI **Lexique** ↘ Formules pour accepter une suggestion

ÉCOUTEZ RÉAGISSEZ p. 148
Mes audios 63

Tâche support

• Montrer / Projeter l'agenda vide. Donner la consigne suivante : « Vous allez écouter deux personnes parler de l'arrivée de leurs partenaires canadiens. Noter le programme de visite sur l'agenda en respectant les jours et les heures. »

Vérification de la bonne réalisation de la tâche

• Demander aux apprenants de se mettre en binômes pour comparer / compléter leurs notes.
• Projeter / Reproduire la page d'agenda au tableau et demander à un apprenant de venir la compléter sous la dictée des autres apprenants.

RÉPONSES ATTENDUES :

Mercredi	Jeudi	Vendredi
Arrivée	Rencontre avec les fabricants	Travail avec les stylistes
Réunion de travail	Visite de l'usine de Boulogne	Travail avec les stylistes
18 h Cocktail de bienvenue		
20 h 30 Dîner au restaurant	Soirée libre	Spectacle au Moulin Rouge

POINT INFO

Le Moulin Rouge est un cabaret parisien très célèbre pour le French Cancan situé dans le 18e arrondissement, dans le quartier de Pigalle à Paris. Il a été fondé en 1889.

RETENEZ p. 149
OUTILS LINGUISTIQUES p. 151

Développement des compétences fonctionnelles et linguistiques

Pour interroger sur un programme ; Pour faire une suggestion → Retenez

Les pronoms COI → Outils linguistiques n° 6

• Procéder à une autre écoute du document et demander aux apprenants, d'une part, de relever les questions posées pour connaître les éléments du programme et, d'autre part, tous les énoncés où les personnes font des propositions.

Réponses attendues : Questions : « Qu'est-ce qui est prévu ? » – « Le jeudi, quel est leur programme ? » – « Le soir, qu'est-ce qu'on fait ? » / Suggestions : « Je propose de les emmener dîner au restaurant » – « On peut leur laisser une soirée de libre ? » – « Si on allait au Moulin Rouge ? »

- Après la mise en commun, conceptualiser la manière d'interroger sur le programme.
- Faire ensuite observer les différentes manières de faire une suggestion. Faire noter en particulier les formules : *Proposer de* + infinitif et *Si* + imparfait.
- Faire trouver d'autres exemples pour vérifier la bonne compréhension de ces formules.
- Profiter ensuite des deux premiers énoncés pour faire remarquer qu'on ne répète pas « canadiens » dans les phrases et que le mot est remplacé par *les* ou *leur*. Continuer la conceptualisation des pronoms COI en s'aidant du tableau proposé (Outils linguistiques n° 6).

■ **Pour accepter une suggestion** → Retenez

- Demander aux apprenants ce que la directrice pense des différentes suggestions émises par le directeur export.

Réponse attendue : Elle est toujours d'accord.

- Faire réécouter le dialogue et relever toutes les formules utilisées par la directrice pour dire son accord.

Réponses attendues : « C'est parfait ! » – « Vous avez raison ! » – « Très bien ! » – « Pourquoi pas ? » – « Je trouve que c'est une excellente idée ! »

- Après la mise en commun, vérifier la bonne compréhension de toutes ces expressions et les enrichir : « C'est une bonne idée ! » ; « Super ! » ; « D'accord ! »
- On peut également faire trouver aux apprenants différentes expressions pour refuser une suggestion : « (Je trouve que) ce n'est pas une bonne idée ! » ; « Je ne suis pas d'accord ! »

Après toutes les conceptualisations, faire réécouter le dialogue avec la transcription. Faire noter les liaisons et enchaînements aux apprenants puis faire dramatiser le dialogue. Il est possible d'aborder le point de phonétique n° 2 (Prononcez n° 2 p. 151) avant cette dramatisation, le dialogue étant riche en mots contenant une voyelle nasale. On peut les faire repérer avant de faire dramatiser le dialogue.

ENTRAÎNEZ-VOUS

Activités de systématisation

Point à systématiser	Dans le manuel	Dans le cahier d'activités
Les pronoms COI	Entraînez-vous p. 152 n° 4	p. 94-95 n° 11 et 12 p. 96 n° 13
Faire des suggestions		p. 93-94 n° 10
Les voyelles nasales	Prononcez p. 151 n° 2	p. 96 n° 14

CORRIGÉ DE L'ACTIVITÉ 2 (PRONONCEZ p. 151) :

A. [ɑ̃] : a. Franck – c. emploi – d. Rendez-vous – e. Conférence – e. Antier
[ɔ̃] : b. Contrats – c. Salon – e. Conférence – e. Manon

→ Pour les corrigés des activités « Entraînez-vous » du manuel, voir p. 129 de ce guide et pour les corrigés des activités du cahier, voir p. 117 du cahier.

PASSEZ À L'ACTION
p. 149

Tâches cibles

Voyage d'affaires.

Tâche 1

- Faire la liste des lieux à visiter et des activités culturelles possibles dans la ville où vous vous trouvez.
- Échanger également sur des événements culturels dont les apprenants ont connaissance et qui vont se dérouler dans les jours à venir.
- Constituer ensuite des groupes de deux ou trois apprenants puis leur demander de lire la consigne et d'élaborer ensemble un programme de visite précis pour une journée.
- Une fois que le programme est établi, leur demander de rédiger le mail.
- Envoyer / Distribuer les mails et demander aux destinataires de donner leur avis sur le programme proposé. Ils doivent ainsi accepter ou refuser les suggestions faites.

Si on sortait ?
Tâche 2
• Constituer deux groupes d'apprenants.
• Faire lire le texte *Bons plans à Marseille et ses environs* à un groupe.
• Expliquer ensuite la consigne de la tâche à l'ensemble du groupe et demander à ceux qui ont lu le texte d'appeler une personne de l'autre groupe pour lui proposer une sortie. Ces derniers pourront poser de multiples questions pour avoir des détails car ils n'auront pas lu le texte.
• À l'issue des appels téléphoniques, demander aux personnes appelées quelle sortie on leur a proposé et leur demander de donner des détails sur celle-ci (lieu, activité, adresse, heures / dates, tarif, etc.).

p. 152

ENTRAÎNEZ-VOUS

Corrigés des activités

1. Questions indiscrètes

1. nous y allons / nous n'y allons pas – **2.** il y travaille / il n'y travaille pas – **3.** j'y suis / je n'y suis pas – **4.** nous y déjeunons / nous n'y déjeunons pas – **5.** ils y sont / ils n'y sont pas

2. Suite d'actions

1. Je viens de rédiger / Je suis en train de préparer / Je vais envoyer – **2.** Florent et Sylvain viennent de finir / Ils sont en train de préparer / Ils vont chercher – **3.** Le responsable vient de prendre / Il va est en train de rédiger une note / Il va envoyer – **4.** Tu viens de présenter / Tu es en train de répondre / Tu vas vendre – **5.** Nous venons de faire / Nous sommes en train d'élaborer / Nous allons le lancer

3. Prévisions annuelles

ferons – déménagera – aurez – élaboreront – pourra – devront – réfléchirai – serons

4. Travail mal fait !

1. Communiquez-la-moi – **2.** Écrivez-leur – **3.** Répondez-lui – **4.** Téléphonez-leur – **5.** Dites-moi – **6.** Parlez-nous

p. 153

TESTEZ-VOUS

Si vous choisissez de faire faire les Testez-vous en classe, voici des propositions de modalités de travail pour les tâches proposées (corrigés p. 176 du manuel).

Mes audios 67

1. Ça se passe où ?

• Faire lire la consigne et en vérifier la bonne compréhension.
• Procéder à une écoute intégrale du document.
• Laisser du temps aux apprenants pour qu'ils réalisent la tâche demandée.

Mes audios 68

2. Une entreprise où il fait bon vivre

• Faire lire la consigne et en vérifier la bonne compréhension.
• Procéder à une écoute intégrale du document puis laisser aux apprenants le temps de faire ce qui leur est demandé.
• Repasser intégralement le document si nécessaire.

3. Une sortie

• Faire lire la consigne et en vérifier la bonne compréhension.
• Laisser du temps aux apprenants pour qu'ils réalisent la tâche demandée.

Modalités de correction :
Première possibilité : correction en groupe
• Demander aux apprenants de donner les réponses. Les faire valider par le groupe et les noter sur le document si vous avez la possibilité de le projeter et de l'annoter.
• Des réécoutes partielles sont possibles si nécessaires.

Deuxième possibilité :
• Demander aux apprenants de s'auto-corriger en comparant leurs réponses à celles données p. 176 du manuel.

• Leur demander ensuite ce qu'ils ont réussi et ce sur quoi ils se sont trompés. On peut procéder à des réécoutes partielles si nécessaires sur les items qui ont posé des difficultés.

Mon portfolio

› Une fois les activités du Testez-vous corrigées en autonomie ou en groupe, proposer aux apprenants de remplir **le portfolio de l'unité 9**.

p. 154

Repères culturels

Être **heureux** au **travail**

L'objectif est d'induire une réflexion interculturelle pour appréhender comment les Français se sentent dans leur entreprise et donc mieux comprendre leur motivation au travail pour faciliter une intégration ou mieux gérer des relations professionnelles.

↘ **1.** Faire faire le test puis mettre en commun les réponses. Les analyser en faisant « une étude statistique » des réponses de la classe.

↘ **2.** Faire prendre connaissance du sondage fait auprès d'un échantillon de Français puis faire interagir les apprenants avec les questions posées.

POINT INFO

Ce sondage fait apparaître que **les Français ont un rapport affectif avec l'entreprise**. Cet attachement au groupe et à l'entreprise qui les emploie est très « français » selon les experts, contrairement aux Anglo-saxons. Cet aspect explique en partie que, lorsqu'il y a perte d'emploi ou toute autre rupture, les conflits sont plus nombreux en France que dans d'autres pays européens.

p. 155

Repères professionnels

Bien **rédiger** une **lettre professionnelle**

L'objectif est de connaître les normes de présentation d'une lettre commerciale et ses caractéristiques.

↘ Montrer / Projeter le document et interagir avec les apprenants comme suit.

Questions de l'enseignant	Réponses attendues des apprenants
Qu'est-ce que c'est ?	Une lettre.
Quel type de lettre : formelle ou amicale ?	Formelle.
Comment vous le savez ?	La disposition de la lettre. Les parties de la lettre.
Qui écrit cette lettre ?	Mme Annie Bluet, directrice du centre.
Comment s'appelle son centre ?	Capformplus.
À qui elle écrit ?	Au comité d'entreprise de la société Turbolex.

↘ Faire lire la consigne et réaliser le repérage demandé (1).

RÉPONSES ATTENDUES :
1 L – 2 D – 3 H – 4 F – 5 J – 6 C – 7 K – 8 E – 9 I – 10 G – 11 B – 12 a

↘ Demander aux apprenants de réaliser la tâche demandée.

↘ Faire repérer / souligner dans la lettre toutes les informations importantes qui devront être communiquées au personnel.

↘ La note de service peut être rédigée sur un support au choix (affichage, courriel).

POINT INFO

La lettre commerciale française suit des normes de présentation précises (les normes AFNOR). Ce sont des recommandations et non des obligations. Dans la pratique, les entreprises personnalisent la présentation des lettres.

Les mentions spécifiques de la lettre commerciale

L'expéditeur (1)	Nom et adresse de l'expéditeur ou en-tête de l'entreprise. Cette partie comporte des mentions obligatoires : nom ou raison sociale ou dénomination de l'entreprise, adresse ou siège social, forme juridique et montant du capital, numéro d'immatriculation au registre du commerce et des sociétés ; et facultatives : numéro de téléphone, de télécopie, de compte courant postal ou bancaire, courriel, site Internet. Capformeplus est la raison sociale et l'adresse correspond au siège social car il s'agit d'une société. SARL (Société à responsabilité limitée) indique la forme juridique de l'entreprise. RCS Toulouse B 403 197 590 = indique le lieu du tribunal de commerce où l'entreprise est inscrite. B indique qu'il s'agit d'une société commerciale.
Les références (2 et 3)	Elles sont situées à gauche et permettent de classer le courrier. Ce sont les initiales de la personne qui a dactylographié la lettre et de celle qui l'a signée (Annie Bluet).
Le destinataire (4)	Le nom et l'adresse sont situés à droite de la lettre. Ce peut être une personne privée, une entreprise, un responsable anonyme d'une entreprise (dans ce cas, on indique le titre « Monsieur le Directeur ») ou une personne identifiée dans l'entreprise.
Le lieu et la date (5)	Ils sont situés à droite de la lettre. On met une virgule après la ville. Le mois est écrit en toutes lettres et sans majuscule.
L'objet (6)	Il indique ce qui motive la lettre et permet à la lettre d'être adressée très rapidement au service concerné.
Le titre de civilité (7)	Si la lettre est adressée à une personne en particulier, le titre est « Madame, » ou « Monsieur, » sans préciser le nom de la personne. Si le destinataire a un titre, il faut l'indiquer « Monsieur le Directeur, ». Si la lettre est adressée à une entreprise, le titre est « Messieurs, » ou « Madame, Monsieur, ». Il faut toujours mettre une virgule après le titre de civilité.
Le corps de la lettre (8, 9,10 et 11)	Deux présentations sont possibles : – la présentation « à la française » : on laisse une marge au début de chaque paragraphe. – la présentation « à l'américaine » : les paragraphes sont alignés sur la gauche. Le plan de la lettre : – l'introduction (8) : elle fait référence à ce qui motive la lettre / à une lettre reçue ou envoyée / à un entretien téléphonique / à un événement passé. – le développement (9) : une idée par paragraphe. – la conclusion (10) dépend du contenu de la lettre et n'est pas obligatoire. Ce peut être quelques mots reliés à la formule de politesse (« Dans cette attente, je vous prie d'agréer… »). – la formule de politesse (11) : elle reprend le titre de civilité. Celle de la lettre « Capformeplus» est la plus neutre.
La signature (12)	Elle est obligatoire pour qu'un courrier soit valable. On indique la fonction et le nom du signataire seulement dans le cadre professionnel.

UNITÉ 10

Réglez les problèmes !

p. 158-159

A Je voudrais ouvrir un compte

Tâche cible de la séquence	Tâche support de la séquence	Objectifs fonctionnels de la séquence	Objectifs linguistiques de la séquence
↘ Échanger avec un conseiller clientèle pour obtenir des renseignements sur une carte bancaire	↘ Échanger avec un conseiller à propos de l'ouverture d'un compte bancaire et noter les documents à fournir	↘ Comprendre des consignes sur boîte vocale ↘ Comprendre et fournir des renseignements bancaires ↘ Exprimer le désir / le souhait / une demande polie	**Grammaire** ↘ Le conditionnel de politesse (demande polie, souhait) **Lexique** ↘ La banque ↘ Les opérations bancaires

Entrée dans la séquence

• Demander aux apprenants quels moyens de paiement ils utilisent / ils possèdent et pour quels achats / paiements afin d'introduire les mots-clés nécessaires à la séquence : espèces, pièces de monnaie, billets, carte de crédit / bancaire, chèque, compte bancaire, virement, prélèvement, tickets restaurants, payer, régler... Vous pouvez vous aider des questions posées dans la première partie des Repères culturels p. 170.

REPÈRES CULTURELS
p. 170

Développement des compétences culturelles et interculturelles

Il est possible d'aborder le thème « **les Français et les moyens de paiement** » à cette étape de la démarche ou à la fin de la séquence. Pour cela, nous vous invitons à exploiter les Repères culturels. Voir leur exploitation p. 142-143 de ce guide.

ÉCOUTEZ
RÉAGISSEZ
p. 158
Mes audios 69

Tâche support

• Projeter / Montrer la liste des documents à fournir et la photo du Réagissez p. 158.
• Interagir ensuite avec les apprenants pour introduire la tâche. Demander de quel document il s'agit et quel est le lien avec la photo. Faire décrire et faire faire des hypothèses sur la situation.
Réponses attendues : Une liste de documents à fournir pour l'ouverture d'un compte bancaire ; une femme téléphone, elle a un papier à la main et une calculatrice, elle a un problème, elle téléphone pour avoir des renseignements pour l'ouverture d'un compte bancaire, elle ne comprend pas quel document il faut ou il manque peut-être des documents…
• Faire écouter la boîte vocale (1re partie de l'enregistrement) et interagir avec les apprenants de la manière suivante. Procéder à plusieurs écoutes si nécessaire.

Questions de l'enseignant	Réponses attendues des apprenants
Qu'avez-vous entendu ?	Le message d'une boîte vocale / d'un répondeur.
C'est un répondeur personnel ?	Non, c'est le répondeur / la boîte vocale d'une banque.

• Puis faire écouter le dialogue et interagir avec les apprenants de la manière suivante pour vérifier les hypothèses. Procéder à plusieurs écoutes si nécessaire.

Questions de l'enseignant	Réponses attendues des apprenants
Qui téléphone ?	Une femme / Une (nouvelle) cliente.
Qui répond ?	Un télé-conseiller de la banque.
Pourquoi la femme téléphone-t-elle ?	Elle veut des renseignements parce qu'elle veut ouvrir un compte.

• Faire réaliser la tâche individuellement. Les apprenants comparent ensuite leurs réponses en binôme.

Vérification de la bonne réalisation de la tâche

• Mettre en commun et faire justifier les réponses avec ce qui est dit dans le dialogue.
• Faire lire les encadrés « La banque » et « Les opérations bancaires » pour enrichir le vocabulaire.

RÉPONSES ATTENDUES :
Documents à fournir : une pièce d'identité, une facture de téléphone fixe ou une facture d'électricité.

POINT INFO

Une quittance de loyer : document justificatif remis au locataire par le propriétaire d'un logement qui prouve le bon paiement du loyer et des charges locatives.
Un virement bancaire : un transfert de fonds / d'argent d'un compte à un autre.
Un prélèvement automatique : somme due prélevée automatiquement sur le compte du débiteur après une autorisation préalable écrite de ce dernier à sa banque.
Un crédit : Selon le contexte, le sens du mot « crédit » diffère. Un crédit sur un compte bancaire correspond à une rentrée d'argent alors que le débit correspond à une sortie d'argent. C'est aussi une opération qui consiste pour un établissement bancaire (ou de crédit) à mettre des fonds à la disposition d'un de ses clients (obtenir un crédit = un prêt).

RETENEZ p. 159
OUTILS LINGUISTIQUES p. 166

Développement des compétences fonctionnelles et linguistiques

Les consignes des boîtes vocales → Retenez

- Faire réécouter la boîte vocale après avoir donné la consigne suivante : « Notez toutes les instructions données. »

Réponses attendues : « Appuyez sur la touche étoile » – « Tapez 1 » – « Faites le 2 » – « Merci de patienter »

- Puis aborder les consignes des boîtes vocales et récapituler en faisant lire l'encadré correspondant.

Le conditionnel de politesse → Outils linguistiques n° 1

Pour exprimer le désir / le souhait et demander poliment → Retenez

- Faire réécouter le dialogue après avoir donné les consignes suivantes : « Relevez comment la cliente demande des explications. » et « Relevez les deux souhaits de la cliente. »
- Mettre en commun.

Réponses attendues : Consigne 1 : « Pourriez-vous me renseigner ? » – « Un justificatif de domicile ? C'est quoi ? » – « Qu'est-ce que c'est un RIB ? » – « C'est gratuit ? » / Consigne 2 : « Je souhaiterais ouvrir un compte » – « J'aimerais aussi pouvoir consulter mes comptes sur Internet ».

- À partir des réponses apportées à la première consigne, rappeler les façons de demander une explication (« Qu'est-ce que c'est ? » / « C'est quoi ? »).
- À partir des réponses apportées à la deuxième consigne, aborder les manières d'exprimer la demande polie et le souhait puis faire lire l'encadré correspondant dans la rubrique Retenez et aborder le conditionnel de politesse. Faire conceptualiser en vous aidant des Outils linguistiques n° 1.

À la fin de toutes les conceptualisations, répondre aux éventuelles questions. Puis faire réécouter le dialogue avec la transcription pour faire travailler la phonie-graphie. À cette étape, vous pouvez faire travailler l'opposition des sons [p] et [b] (Prononcez n° 1).

ENTRAÎNEZ-VOUS

Activités de systématisation

Point à systématiser	Dans le manuel	Dans le cahier d'activités
Le conditionnel de politesse	Entraînez-vous p. 168 n° 1	p. 97 n° 3 ; p. 98 n° 4
Opposition des sons [p] et [b]	Prononcez p. 167 n° 1	p. 106 n° 23 A

CORRIGÉ (PRONONCEZ p. 167) :
1. a. [b] : a. bu – b. bas – d. bout ; [p] : c. pot – e. pont – f. pie
2. 5 Pas de problème ! – 2 Parlez après le bip ! – 6 Mon employeur a besoin d'un RIB. – 3 Prenez des espèces à la banque. – 7 Faites opposition à la banque. – 1 Il y a des symptômes bizarres. – 4 Mon beau portable est bien en panne.

→ Pour les corrigés des activités « Entraînez-vous » du manuel, voir p. 141-142 de ce guide et pour les corrigés des activités du cahier, voir p. 117-118 du cahier.

PASSEZ À L'ACTION p. 159

Tâche cible

Quelle carte choisir ?

• Interagir avec les apprenants et leur demander s'ils ont une carte bancaire ou s'ils peuvent avoir besoin d'une carte bancaire, pour quoi faire. Lister les raisons.
• Faire identifier le dépliant publicitaire. S'assurer de sa compréhension par les apprenants et faire lire la tâche.
• Partager la classe en deux : les « conseillers clientèle » et les « clients » pour préparer la tâche et donner les consignes suivantes :
– Le groupe des conseillers clientèle : « Préparez les questions que vous allez poser aux clients pour connaître leurs besoins ».
– Le groupe des clients : « Préparez les questions que vous allez poser aux conseillers clientèle pour obtenir des informations ».
• Préparer la classe pour qu'elle ressemble à une banque avec des guichets ou des bureaux.
• Faire réaliser la tâche en binôme. Chaque conseiller accueillera son client et le conduira à son bureau.
• Ensuite, chaque client fera part de sa décision et justifiera son choix.
• Faire une synthèse des résultats et un compte rendu : combien de cartes bancaires ont été vendues, pour quelles raisons des clients n'ont pas pris de carte, quels conseils donner aux vendeurs qui ont manqué la vente... Lister les raisons qui pourraient servir à améliorer l'argumentaire de vente par exemple.

REPÈRES PROFESSIONNELS p. 171

Mes vidéos

Développement des compétences culturelles et interculturelles

Il est possible d'aborder la thématique **des messages téléphoniques professionnels** à cette étape de la démarche. Pour cela, nous vous invitons à exploiter les Repères professionnels. Voir leur exploitation p. 143-144 de ce guide.

› Nous vous invitions à visionner la vidéo « **L'accueil téléphonique** » et à utiliser la fiche p. 195-197 de ce guide pour son exploitation.

p. 160-161

B Vous avez mal où ?

Tâches cibles de la séquence	Tâche support de la séquence	Objectifs fonctionnels de la séquence	Objectifs linguistiques de la séquence
↘ Échanger avec un pharmacien à propos d'un problème de santé ↘ Informer par courriel un(e) collaborateur/trice d'un arrêt maladie	↘ Noter sur une fiche médicale des informations concernant les problèmes de santé d'une patiente en consultation chez un médecin	↘ Décrire des symptômes ou la raison d'une visite chez le médecin	**Grammaire** ↘ Le pronom *en* **Lexique** ↘ Les parties du corps ↘ Le vocabulaire médical ↘ Les spécialistes courants

Entrée dans la séquence

• Demander aux apprenants comment ils vont, ce qu'ils font quand ils ont des problèmes de santé, quand ils ont mal, qui ils vont voir, quel type de problèmes (courants) de santé on peut avoir (poser les questions en restant très attentif(ve) à la culture de chacun afin de ne pas commettre de maladresse choquante ; ces questions devront donc rester très générales) pour introduire le vocabulaire des parties du corps (avoir mal à la gorge, à la tête, au genou...) et les spécialistes courants. Aider les apprenants à formuler.
• Mimer ou demander aux apprenants de mimer l'endroit où ils ont mal. Lister le vocabulaire du corps et des spécialistes au tableau.
• Faire lire les encadrés « Les parties du corps » et « Les spécialistes courants » pour enrichir les expressions.

ÉCOUTEZ RÉAGISSEZ p. 160

Mes audios 70

Tâche support

• Projeter / Montrer la photo du haut de la page 161 et la faire décrire. Puis montrer la fiche médicale (Réagissez) et faire établir le lien pour préparer la tâche.
Réponses attendues : un médecin / un (e) infirmier(ière), elle a un appareil / un stéthoscope et (le bras d')un(e) malade / patient(e). Le médecin prend la tension / ausculte / donne une consultation. C'est une fiche médicale, le médecin / l'infirmier(ière) la remplit.
• Faire écouter le dialogue et interagir avec les apprenants de la manière suivante. Le nombre d'écoutes dépendra du niveau des apprenants.

Questions de l'enseignant	Réponses attendues des apprenants
Où se passe la situation ?	Dans le cabinet d'un médecin.

Combien de personnes parlent ?	Deux.
Qui sont-elles ? / Qui parle ?	Le médecin et une femme.
Pourquoi la femme vient-elle chez le médecin ?	Parce qu'elle est malade. / Parce qu'elle a mal à la gorge et aux oreilles.

• Faire prendre connaissance de la fiche et s'assurer de la bonne compréhension des termes.
• Faire réécouter le dialogue séquencé pour que les apprenants puissent remplir la fiche individuellement. Procéder à une nouvelle écoute pour que les apprenants puissent vérifier leurs réponses. Leur demander de comparer leurs réponses en binôme.
Variante : On peut aussi diviser la classe en trois groupes. Chaque groupe représente un secrétariat médical : un groupe note les symptômes, un autre la maladie et le troisième le traitement.

Vérification de la bonne réalisation de la tâche
• Faire valider les réponses en grand groupe en demandant aux apprenants de les justifier avec ce qui a été dit dans le dialogue.
NB : Si vous disposez d'un TNI, demander à un apprenant de venir compléter la fiche puis faire valider par les autres.

RÉPONSES ATTENDUES :

LES SYMPTÔMES — **LA MALADIE** — **LE TRAITEMENT**

La patiente a mal :		La patiente :		La patiente a :		Le médecin prescrit :	
à la tête.	☐	a de la fièvre.	☐	une otite.	☐	des antibiotiques.	☐
à l'estomac.	☐	est fatiguée.	☒	une grippe.	☐	un anti-inflammatoire.	☒
aux oreilles.	☒	dort mal.	☐	une angine.	☒	des pastilles.	☐
aux yeux.	☐	tousse.	☐	une bronchite.	☐	une pommade.	☐
à la gorge.	☒	vomit.	☐	un rhume.	☐	un sirop.	☒

La patiente a mal aux oreilles et à la gorge (« j'ai très mal à la gorge et aux oreilles »)
La patiente est fatiguée (« je suis très fatiguée »)
La patiente a une angine (« vous avez une angine »)
Le médecin prescrit un anti-inflammatoire et un sirop (« je vais vous donner un anti-inflammatoire » – « je vous prescris aussi un sirop pour la gorge »)

Développement des compétences fonctionnelles et linguistiques

RETENEZ p. 160-161
OUTILS LINGUISTIQUES p. 166

Pour décrire des symptômes ou la raison d'une visite chez le médecin → Retenez

• Faire réécouter (plusieurs fois si nécessaire) la première partie du dialogue après avoir donné la consigne suivante : « Relevez tous les énoncés qui expriment des symptômes ou la raison d'une visite chez le médecin ». Puis mettre en commun.
Réponses attendues : « J'ai très mal à la gorge et aux oreilles » – « Vous avez de la fièvre ? » – « Je suis très fatiguée » – « Vous toussez » – « Ça fait très mal quand j'avale ».
• Faire lire l'encadré correspondant et le vocabulaire médical pour enrichir les expressions.

Le pronom *EN* → Outils linguistiques n° 2

• Faire réécouter la deuxième partie du dialogue après avoir donné la consigne suivante : « Relevez ce que dit le médecin quand il donne la prescription (médicament + dose) ». Puis mettre en commun.
Réponses attendues : « Je vais vous donner un anti-inflammatoire. Ce sont des comprimés, vous en prendrez 6 par jour. » – « Je vous prescris du sirop pour la gorge. Vous en prendrez 3 cuillères à soupe par jour ».
• À partir des réponses apportées, introduire le pronom en en vous aidant des Outils linguistiques n° 2.

Mes docs

À la fin de toutes les conceptualisations, répondre aux éventuelles questions. Puis faire réécouter le dialogue avec la transcription. À cette étape, vous pouvez faire travailler le son [v].
Vous pouvez faire lire la fiche « **Les Français et la santé** » du DVD-rom pour des informations complémentaires.

Activités de systématisation

ENTRAÎNEZ-VOUS

Point à systématiser	Dans le manuel	Dans le cahier d'activités
Le pronom *en*	Entraînez-vous p. 168 n° 2	p. 100 n° 10 et 11 ; p. 101 n° 12
Le son [v]	Prononcez p. 167 n° 2	p. 106 n° 23 B

→ Pour les corrigés des activités « Entraînez-vous » du manuel, voir p. 141-142 de ce guide et pour les corrigés des activités du cahier, voir p. 118 du cahier.

PASSEZ À L'ACTION p. 161

Tâches cibles

Vite à la pharmacie !

Tâche 1

• Demander aux apprenants pour quelles raisons ils peuvent avoir besoin d'aller dans une pharmacie, quels symptômes ou quelles maladies ils peuvent avoir. Leur demander quel type de médicament ils achètent ou on peut acheter dans une pharmacie (attention : poser les questions en restant très attentif(ive) à la culture de chacun afin de ne pas commettre de maladresse). Lister les symptômes et les remèdes (attention : aucun nom de médicament ne devra être donné / conseillé pour des raisons déontologiques. S'en tenir aux mots suivants : cachets, sirops, anti-douleurs, crème, anti-inflammatoires, pastilles, pommades).
• Constituer des binômes. L'apprenant « malade » peut aussi mimer une douleur à un point du corps pour se faire comprendre et le pharmacien doit dire où il a mal : « tu as / vous avez / il ou elle a mal à / au / aux… ». On peut demander à un autre apprenant « pharmacien » si la prescription est bien adaptée aux symptômes.

Un arrêt maladie.

Tâche 2

• Demander aux apprenants ce qui se passe quand ils ne se sentent pas bien, s'ils ont déjà dû arrêter le travail ou les cours pour des raisons de maladie / de santé et lesquelles (en restant toujours vigilant(e) sur ce qu'on fait dire).
• Faire rédiger le courriel individuellement et chaque apprenant envoie (si c'est accepté) son mail à un autre apprenant (un(e) collaborateur(trice)). Demander au (à la) collaborateur(trice) d'expliquer la durée et la raison de l'arrêt maladie (si c'est accepté). Demander aux apprenants si le (la) collègue a donné une bonne ou une mauvaise raison pour s'absenter.

POINT INFO

Les salariés français sont couverts par une **assurance maladie** (la Sécurité sociale). Le paiement appelé « les cotisations sociales » est prélevé directement sur les salaires bruts. Une autre partie est payée par l'employeur.
L'arrêt maladie : c'est un arrêt de travail établi obligatoirement par un médecin et qui donne lieu à une indemnisation durant la période pendant laquelle le salarié est absent pour maladie. L'avis d'arrêt de travail est remis par le médecin au salarié qui doit le transmettre obligatoirement dans les 48 h à son employeur.
La Carte vitale sert à rembourser les frais médicaux à l'assuré et simplifie les formalités de prise en charge. Elle doit être présentée aux professionnels de santé (médecin, pharmacien, hôpital ou centre de santé) à chaque visite ou consultation pour qu'ils puissent remplir une feuille de soins électronique, indispensable au remboursement des frais médicaux. Une partie des frais reste à la charge du patient. C'est pourquoi de nombreux Français souscrivent des assurances complémentaires (c'est la « complémentaire santé ») afin d'être mieux remboursés.

p. 162-163

C C'est encore en panne !

Tâches cibles de la séquence	Tâche support de la séquence	Objectifs fonctionnels de la séquence	Objectifs linguistiques de la séquence
↘ Expliquer comment marche une photocopieuse à un(e) stagiaire ↘ Échanger avec un employé du service après-vente à propos d'un problème ↘ Rédiger une lettre de réclamation à partir d'une lettre-type	↘ Compléter une fiche d'intervention à partir d'une conversation entre un employé et un dépanneur	↘ Indiquer les problèmes d'un appareil / d'une machine ↘ Indiquer comment manipuler un appareil	**Grammaire** ↘ Le gérondif (sensibilisation) ↘ Le pronom démonstratif *ça* **Lexique** ↘ Les machines et les appareils

Entrée dans la séquence

• Projeter / Montrer la photo de la page d'entrée (p. 156-157) avec le titre et la faire décrire. En profiter pour introduire le vocabulaire de la photocopieuse : le couvercle, la vitre d'exposition, l'original, les boutons ou les touches, le panneau de commande, la touche verte / le bouton pour lancer la photocopie, les réceptacles.
• Demander aux apprenants de lister les appareils qu'ils utilisent au bureau. Écrire la liste au tableau.

• Leur demander ensuite si tout fonctionne toujours bien. Faire dire les problèmes qu'ils rencontrent (ou qu'ils pourraient rencontrer) et les lister afin d'introduire des expressions-clés.

ÉCOUTEZ RÉAGISSEZ

p. 162

Mes audios 71

Tâche support

• Projeter / Montrer la fiche d'intervention et interagir ensuite avec les apprenants de la manière suivante pour introduire la tâche.

Questions de l'enseignant	Réponses attendues des apprenants
Qu'est-ce que c'est ?	Une fiche d'intervention.
Ça sert à quoi ?	À indiquer / décrire une panne.
Par qui est-elle remplie ?	Par un dépanneur / une personne qui vient réparer.
Quel service s'occupe de réparer des pannes sur des appareils dans une entreprise ?	Le service après-vente.
Il s'agit du service après-vente de quelle entreprise ?	Photocop'.
Quelle(s) hypothèse(s) peut-on faire sur l'activité de cette entreprise ?	Elle vend / fabrique des photocopieurs (photocopieuses) ou des appareils photos.

• Faire écouter le dialogue puis faire interagir les apprenants avec les questions suivantes. Le nombre d'écoutes dépendra du niveau des apprenants.

Questions de l'enseignant	Réponses attendues des apprenants
Combien de personnes parlent ? Qui sont-elles ?	Deux (hommes) : un réparateur / technicien et un employé.
Quel est le problème ?	La photocopieuse ne marche pas / est en panne.
Quelle solution a trouvé l'employé ?	Il éteint tout et il remet la photocopieuse en marche.

• Faire lire la fiche d'intervention du technicien sans la transcription et s'assurer de la compréhension du lexique par les apprenants.
• Faire réécouter le dialogue et faire compléter la fiche individuellement.

Vérification de la bonne réalisation de la tâche

• Faire échanger les fiches par groupe de deux. Chaque technicien vérifiera le bon remplissage de sa fiche par un autre apprenant client.
• Puis faire valider les réponses en grand groupe en demandant aux apprenants de les justifier avec ce qui a été dit dans le dialogue.
NB : Si vous disposez d'un TNI, demander à un apprenant de venir compléter la fiche d'intervention puis faire valider par les autres.

RÉPONSES ATTENDUES :

PHOTOCOP Service après-vente

Fiche d'intervention :
Date : 15 /09
Code intervention : 56B23
Agent n° : 126

Description de la panne :
photocopies ☐ trop claires ☐ trop foncées
☒ taches sur les photocopies ☒ bruit anormal ☒ bourrage papier ☐ réservoir d'encre bouché
☐ court-circuit ☒ autres : Le voyant rouge clignote et la machine ne marche pas quand on appuie sur le bouton vert

Description de la réparation : Démontage et remplacement des pièces défectueuses. Réglage. Nettoyage.

Nos réparations sont garanties six mois.

RETENEZ p. 162
OUTILS LINGUISTIQUES p. 166-167

Développement des compétences fonctionnelles et linguistiques

Pour indiquer les problèmes d'un appareil / d'une machine ; Pour indiquer comment manipuler un appareil → Retenez

- Récapituler tous les énoncés pour indiquer les problèmes d'un appareil / d'une machine / et comment manipuler un appareil / une machine. Faire lire les encadrés correspondants ainsi que le lexique des machines et des appareils pour enrichir le vocabulaire.

Le gérondif (sensibilisation) → Outils linguistiques n° 3

- Faire réécouter le dialogue (jusqu'à « marche/arrêt ») et (re)demander aux apprenants quelle solution a trouvé l'employé.
- Aborder le gérondif et faire conceptualiser en vous aidant des Outils linguistiques n° 3.

Le pronom démonstratif *ÇA* → Outils linguistiques n° 4

- Faire réécouter la deuxième partie du dialogue et faire relever comment le dépanneur pose une question et comment il termine la conversation.

Réponses attendues : « Ça fonctionne ? » – « je vais voir ça ».

- Aborder le pronom *ça* en vous aidant des Outils linguistiques n° 4.

À la fin de toutes les conceptualisations, répondre aux éventuelles questions. Faire réécouter le dialogue avec la transcription pour faire travailler la phonie-graphie.

ENTRAÎNEZ-VOUS

Activités de systématisation

Point à systématiser	Dans le manuel	Dans le cahier d'activités
Le gérondif	Entraînez-vous p. 168 n° 3	p. 99 n° 6
Le pronom *ça*		p. 104 n° 17

→ Pour les corrigés des activités « Entraînez-vous » du manuel, voir p. 141-142 de ce guide et pour les corrigés des activités du cahier, voir p. 118 du cahier.

PASSEZ À L'ACTION p. 163

Tâches cibles

Comment ça marche ?
Tâche 1

- Lister avec le groupe tout ce que l'on peut être amené à faire avec une photocopieuse (exemples : faire des photocopies en A3, en couleurs, faire une série de photocopies, faire des recto verso, agrandir ou diminuer le format d'un document, etc.) et les problèmes que l'on peut rencontrer (on n'obtient pas le bon format, la machine refuse de faire le verso, le papier est coincé, il n'y a plus de papier / d'encre, etc.).
- Projeter / Montrer le schéma du mode d'emploi de la photocopieuse.
- Constituer des binômes de deux apprenants et leur demander de réaliser la tâche.
- Poser des questions sur le fonctionnement de la machine et demander aux apprenants d'y répondre.

Variante : Si vous avez un photocopieur à votre disposition, faire réaliser la tâche en situation réelle avec les gestes. Demander à un ou deux apprenants d'expliquer aux « stagiaires » comment marche le photocopieur. Les stagiaires (les autres apprenants) posent des questions. On peut aussi faire réaliser la tâche en situation réelle avec la manipulation gestuelle qui convient avec un autre appareil à disposition dans la classe ou le bureau (vidéoprojecteur, ordinateur…).

Encore en panne !
Tâche 2

- Demander aux apprenants s'ils ont déjà eu des problèmes de panne avec leur téléphone portable. Lister tous les problèmes. Demander ce qu'ils ont fait (ils ont téléphoné ou sont allés au magasin / au service après-vente, ils ont écrit un courriel / une lettre de réclamation).
- Projeter / Montrer le coupon du service après-vente et demander qui et quand on remplit ce document.
- Constituer des binômes de deux apprenants et leur demander de réaliser la tâche. Chaque apprenant « client » rencontrera « un employé du service après-vente » avec son portable et expliquera son problème. L'employé remplira le coupon et devra proposer une solution (réparation, échange, remboursement).
- Demander aux apprenants du service après-vente quels sont les problèmes rencontrés par les clients. Puis demander aux clients s'ils sont satisfaits du service après-vente et de la solution proposée.

Une lettre de réclamation.
Tâche 3

• Demander aux apprenants s'ils ont déjà écrit des lettres de réclamation (si la réponse n'a pas été donnée lors de la tâche 2) et pour quelles raisons, pour quel type d'appareil.
• Faire identifier la lettre-type de réclamation et poser des questions de compréhension globale : Qui écrit ? À qui ? Pour quoi dire ? Faire remarquer les lettres « PJ » (pièce jointe). Quel document on joint ? Qu'est-ce que c'est ? Et faire remarquer que la lettre est incomplète. Demander quelles sont les informations manquantes. Faire retrouver les différentes parties qui composent la lettre : introduction, développement, conclusion et formule de politesse (voir Repères professionnels, p. 155). Faire relever les formules types.
– pour informer de l'envoi d'un document : « vous trouverez ci-joint… » ;
– pour demander de faire : « je vous prie de bien vouloir… »
– et pour saluer : « Veuillez agréer, Madame, Monsieur, mes salutations distinguées »
afin que les apprenants se constituent un mémento de formules de correspondance de base.
• Élucider le vocabulaire à la demande des apprenants.
• Chaque apprenant ou groupe de deux apprenants choisira un appareil. Puis chaque apprenant (ou binôme) enverra sa lettre de réclamation au service après-vente (un autre apprenant ou binôme). Les apprenants du service après-vente la liront et expliqueront ensuite au groupe quel est l'appareil et quelle est la panne.
• Pour finir, on peut faire procéder à une enquête pour un journal de consommateurs par exemple et faire lister les appareils qui sont le plus souvent en panne et quel type de panne est le plus fréquent.

p. 164-165

D Déclaration de vol

Tâches cibles de la séquence	Tâche support de la séquence	Objectifs fonctionnels de la séquence	Objectifs linguistiques de la séquence
↘ Expliquer à la police un vol dont on a été victime ↘ Rédiger une déclaration de sinistre à son assurance à partir d'une lettre-type	↘ Reconstituer une scène de vol et retrouver le contenu d'un sac d'après un témoignage	↘ Raconter brièvement un événement ↘ Décrire une personne / un objet	**Grammaire** ↘ Le passé composé et l'imparfait ↘ Le pronom démonstratif *ça* (révision) **Lexique** ↘ Les couleurs

Entrée dans la séquence

• Demander aux apprenants s'ils ont déjà été victimes d'un vol, ce qu'on leur a volé, où et dans quelles circonstances. Leur demander ensuite quelles ont été les démarches qu'ils ont effectuées après cela.

ÉCOUTEZ RÉAGISSEZ
p. 164
Mes audios 72

Tâche support

• Projeter / Montrer la photo de la page 165 et interagir avec les apprenants pour introduire la tâche. Aider les apprenants dans leur formulation.

Questions de l'enseignant	Réponses attendues des apprenants
Qu'est-ce qui se passe ? / Quelle scène voit-on ?	Il y a un homme qui court / qui s'enfuit avec un sac / il a pris / volé un sac. Une femme se retourne pour regarder / regarde le voleur s'enfuir.
Vous pouvez décrire le voleur et le sac ?	Le voleur a un pull bleu et un pantalon noir. Le sac est noir.
Où se passe la scène ?	Dans la rue.

• Puis montrer les dessins du Réagissez, demander de quoi il s'agit et faire prendre connaissance de la tâche.
• Faire écouter le dialogue intégralement sans la transcription et interagir avec les apprenants de la façon suivante.

Questions de l'enseignant	Réponses attendues des apprenants
Combien de personnes parlent ?	Deux.
Qui sont-elles ? / Qui parle ?	Un policier et une dame.
Quel est le problème ?	Il y a un vol (de sac). / Un homme a volé un sac.
Quand ?	Hier.
Où ?	Devant la gare.

• Faire réécouter le dialogue autant de fois que nécessaire pour faire retrouver la scène de vol.

Vérification de la bonne réalisation de la tâche
• Demander aux apprenants de vérifier leurs réponses en binôme.
• Mettre en commun en faisant justifier le choix des scènes avec ce qui a été dit dans le dialogue.
• Demander quel conseil donne le policier (de faire opposition pour la carte bancaire).
• Faire expliquer pourquoi le autres vignettes ne correspondent pas à la scène de vol (le voleur n'a pas les cheveux bonds, les deux amis sont sur un quai de gare et pas devant la gare, la femme attend seule un taxi, il est 11 h à l'horloge de la gare).

RÉPONSES ATTENDUES :
Vignette d « j'étais avec mon ami et nous attendions un taxi. J'avais mon sac à l'épaule. » – Vignette b : « Un homme est passé devant moi et il l'a arraché » – Vignette h : « il s'est enfui en courant » ; « il était grand et fort et il avait des cheveux blonds et bouclés. Il portait des vêtements de sport » – Vignette e : « nous avons couru après mais l'homme a disparu »

POINT INFO
Faire opposition : en cas de perte ou de vol d'une carte bancaire ou d'un carnet de chèques, il est impératif de faire opposition par téléphone aussi rapidement que possible auprès de l'établissement de crédit / de la banque puis de confirmer son opposition au paiement par écrit en envoyant une lettre. Cette lettre peut être expédiée en recommandé ou déposée directement au guichet de sa banque. Ainsi, personne ne peut se servir de la carte ou du chéquier pour retirer de l'argent ou payer quelque chose.

RETENEZ p. 165
OUTILS LINGUISTIQUES p. 167

Développement des compétences fonctionnelles et linguistiques

■ **Pour raconter** → Retenez

Le passé composé et l'imparfait → Outils linguistiques n° 5

• Procéder à une nouvelle écoute partielle du dialogue : la scène de vol (« J'étais avec un ami… il s'est enfui en courant »).
• Demander aux apprenants de relever les énoncés du dialogue qui correspondent aux vignettes (d, b, h) et faire lire l'encadré du Retenez.
• Faire observer l'utilisation de l'imparfait et du passé composé dans le récit et faire conceptualiser en vous aidant des Outils linguistiques n° 5 (uniquement la description de la scène de vol).

■ **Pour décrire une personne ; Pour décrire un objet ; Le vocabulaire des couleurs** → Retenez

• Puis constituer deux groupes d'apprenants et donner les consignes suivantes avant de faire écouter la seconde moitié du dialogue (à partir de « Je vois… ») :
– Groupe 1 : « Relevez la description du voleur ».
– Groupe 2 : « Relevez la description du sac et son contenu ».
• Aborder ensuite la description à partir des réponses apportées. Demander quel est le temps verbal employé et conceptualiser : on emploie l'imparfait pour décrire le voleur, une personne ou un objet.
• Puis faire lire les encadrés « Pour décrire une personne », « Pour décrire un objet », « Les couleurs » du Retenez.

■ **Le pronom démonstratif *ÇA* (révision)**

• Il est possible de revenir sur l'emploi du pronom *ça* en demandant de relever dans le dialogue les énoncés avec *ça*. Demander quels groupes de mots remplacent *ça*.
Réponses attendues : « Ça s'est passé quand ? » – « Et comment ça s'est passé ? » → On m'a volé mon sac. – « Ça c'est ennuyeux ! » → Il contenait mes papiers, mon portefeuille avec un peu d'argent et ma carte bancaire.

À la fin de toutes les conceptualisations, répondre aux éventuelles questions. Puis faire réécouter le dialogue avec la transcription pour faire travailler la phonie-graphie.

ENTRAÎNEZ-VOUS

Activités de systématisation

Points à systématiser	Dans le manuel	Dans le cahier d'activités
Le passé composé et l'imparfait	Entraînez-vous p. 168 n° 4	p. 105 n° 19 et 20

→ Pour les corrigés des activités « Entraînez-vous » du manuel, voir p. 141-142 de ce guide et pour les corrigés des activités du cahier, voir p. 118 du cahier.

PASSEZ À L'ACTION
p. 165

Tâches cibles

Un vol.
Tâche 1
• Demander aux apprenants de choisir un objet (qu'on leur a volé ou qu'on pourrait leur voler) et de faire une petite fiche avec sa description. Introduire le mot « commissariat » (c'est un local où se trouve la police).
• Constituer des groupes de deux apprenants et faire réaliser la tâche.
• L'apprenant policier fera ensuite un compte rendu oral au groupe sur l'objet volé et les circonstances du vol.
• Terminer par une étude statistique pour savoir quels sont les objets les plus volés et quels sont les lieux où il y a le plus de vols d'après les témoignages des apprenants volés.

Une déclaration de sinistre.
Tâche 2
• Demander aux apprenants s'il leur est arrivé d'avoir un problème dans la maison (fuite d'eau, vol, incendie…) ou un accident de voiture, de sport et introduire le mot « sinistre ».
• Demander aux apprenants s'ils ont une assurance pour ce type d'événement (en terme d'assurance : « pour couvrir le risque »), ce qu'il faut faire ou ce qu'ils ont fait lorsqu'un sinistre survient / est survenu.
Réponses attendues à reformuler si nécessaire : Prévenir l'assurance / écrire une lettre pour déclarer le sinistre.
• Faire identifier la lettre-type de déclaration de sinistre et poser des questions de compréhension globale (Qui écrit ? À qui ? Pour dire quoi ?) et faire remarquer que la lettre est incomplète. Demander quelles sont les informations manquantes. Faire retrouver les différentes parties qui composent la lettre : introduction, développement, conclusion et formule de politesse (voir Repères professionnels, p. 155). Faire relever les formules types :
– pour informer : « je souhaite vous informer… » ;
– pour demander de faire : « je vous prie de bien vouloir… » ;
– pour conclure : « Je reste à votre disposition… » ;
– pour demander une réponse : » Dans l'attente de votre réponse… »
afin que les apprenants se constituent un mémento de formules de base de correspondance.
• Élucider le vocabulaire de l'assurance (« assuré », « sinistre »).
• Demander à chaque apprenant « assuré » d'écrire sa déclaration de sinistre et de l'envoyer à un autre apprenant, « un assureur » qui la lira. L'assureur expliquera ensuite au groupe quel est le sinistre et quelles sont les circonstances.
• Pour finir, procéder à une étude statistique des sinistres pour analyser quels sont les plus fréquents.

POINT INFO
Le contrat d'assurance s'appelle une police. En France, on peut souscrire une police d'assurance auprès d'une compagnie privée ou d'une mutuelle. L'assuré paye une somme appelée prime (compagnie privée) ou cotisation (mutuelle d'assurance).
Un sinistre est un événement de type accident de voiture, vol, incendie, tempête, dégât des eaux, catastrophe naturelle, responsabilité civile… qui survient occasionnant des dommages. L'assurance verse une indemnité en réparation du sinistre ou paie les réparations liées aux dégâts.

p. 168

ENTRAÎNEZ-VOUS
Corrigés des activités

1. Bienvenue à la banque

a) 1. Je souhaiterais – **2.** M. et Mme Dumont voudraient – **3.** Mademoiselle Jacot serait intéressée – **4.** J'aurais – **5.** Tu aimerais – **6.** Vous voudriez
b) *Exprimez poliment votre demande (variez les formules), pour obtenir :*
1. Je souhaiterais / J'aimerais / Je voudrais / J'aurais besoin d' / Je serais intéressé(e) par un rendez-vous avec le conseiller, s'il vous plaît.

2., 3. et 6. Je souhaiterais / J'aimerais / Je voudrais / J'aurais besoin d'un relevé de compte / un carnet de chèque / un RIB, s'il vous plaît.
4. et 5. Je souhaiterais / J'aimerais / Je voudrais / J'aurais besoin de connaître le solde de mon compte / les horaires d'ouverture.

2. Sondage santé

2. Je souhaite en avoir. / Je ne souhaite pas en avoir. – **3.** J'en fais une, deux… / Je n'en fais pas. – **4.** Oui, j'en ai. / Non, je n'en ai pas. – **5.** Oui, j'en prends. / Non, je n'en prends pas. – **6.** Oui, j'en fais. / Non, je n'en fais pas. – **7.** Oui, j'en consulte souvent. / Non, je n'en consulte pas souvent. – **8.** J'en ai pris un, deux… / Je n'en ai pas pris. – **9.** J'en ai subi une, deux… / Je n'en ai pas subi. – **10.** Il y en a un, deux… / Il n'y en a pas.

3. Suivez le guide !

1. en cliquant – **2.** en le sélectionnant – **3.** en faisant – **4.** en allant – **5.** en choisissant – **6.** en saisissant – **7.** en ouvrant

4. Série noire

a) Je rentrais – J'étais – Il faisait – il pleuvait – je ne roulais pas – j'ai vu – une voiture qui arrivait – J'ai essayé – je n'ai pas pu
b) J'étais – Nous attendions – nous lisions – étaient – ma collègue a crié – j'ai vu – J'ai couru – Je ne l'ai pas rattrapé
c) Nous étions – il faisait – Jacques expliquait – nous écoutions – il a fait – il est tombé – J'ai appelé – ils ont transporté

---

p. 169

TESTEZ-VOUS

Si vous choisissez de faire faire les Testez-vous en classe, voici des propositions de modalités de travail.

Mes audios 76

1. Des boîtes vocales

- Faire prendre connaissance du tableau, s'appuyer sur l'item donné en exemple pour s'assurer de la bonne compréhension de la consigne et procéder à une première écoute intégrale.
- Faire une réécoute séquencée avec pause entre chaque annonce pour que l'apprenant puisse vérifier ses réponses.

2. Vous avez la solution !

- Faire identifier le document avant de réaliser la tâche.

3. Sous garantie

Mes audios 77

- Faire prendre connaissance de la fiche de réclamation et procéder à une première écoute intégrale.
- Procéder à une réécoute pour que les apprenants puissent vérifier leurs réponses.

Modalités de correction :
Première possibilité : correction en groupe
- Vous pouvez choisir de passer à la correction après chaque tâche ou procéder à celle-ci une fois que toutes les tâches ont été effectuées.
- Demander aux apprenants de donner les réponses. Les faire justifier et valider par le groupe.

Deuxième possibilité :
- Demander aux apprenants de s'auto-corriger en comparant leurs réponses à celles données p. 176 du manuel.

Mon portfolio

〉Une fois les activités du Testez-vous corrigées en autonomie ou en groupe, demander aux apprenants de remplir **le portfolio de l'unité 10**.

p. 170

↘ Repères culturels

Les **Français** et les **moyens de paiement**

L'objectif est de faire prendre connaissance des pratiques culturelles relatives aux moyens de paiement utilisés en France et de familiariser les apprenants avec le vocabulaire.

↘ Faire réagir les apprenants à partir des questions posées.

↘ Faire lire le texte et observer le graphique puis demander quels sont les moyens de paiement les plus utilisés en France et faire comparer avec les usages dans le pays des apprenants.

POINT INFO

La France fait partie de la zone euro et à ce titre, elle utilise **l'euro**.
Le paiement par **chèque** est une spécificité française. Pour obtenir un carnet de chèques, il faut se faire ouvrir un compte en banque. Les chèques délivrés en France sont « barrés » : ils ne peuvent être encaissés que par l'intermédiaire d'une banque.
On peut obtenir une **carte bancaire** avec débit immédiat (l'argent est débité dans le mois sur votre compte) ou à débit différé (le compte est débité le mois suivant les achats).
Monéo est un porte-monnaie électronique (sous la forme d'une carte à puce) délivré par les banques et rechargeable. Il permet de régler par carte les petites dépenses quotidiennes auprès des commerçants affiliés au réseau Monéo mais ce système de paiement reste peu utilisé.

p. 171

Repères professionnels

Les **messageries** téléphoniques **professionnelles**

L'objectif est de familiariser les apprenants avec les boîtes vocales qui sont un élément de communication incontournable dans les entreprises et de faciliter ainsi l'accès à la communication téléphonique.

Faire interagir les apprenants en s'aidant des questions posées.

Mes audios 78

Tâche 1

1. Le message sur serveur vocal

• Procéder à une écoute du message sans la transcription et interagir avec les apprenants de la façon suivante.

Questions de l'enseignant	Réponses attendues des apprenants
Est-ce qu'il s'agit d'un message d'un particulier ou d'une entreprise ?	D'une entreprise / de la société Gerec : on entend : « Société Gérec, bonjour ».
Quel est le but du message ? / Qu'est-ce qu'on fait dans le message ?	On donne des instructions / des consignes.
Est-ce qu'on peut deviner l'activité de l'entreprise ?	Elle vend / fabrique des produits ; on parle de commande et de service après-vente.
Est-ce qu'on peut parler tout de suite à une personne ?	Non, on demande de patienter / d'attendre.

2. Les messages d'accueil ou d'attente

• Procéder à une écoute séquencée des messages sans les transcriptions.
• Poser les questions suivantes pour chaque message : Il s'agit de la boîte vocale de quelle entreprise ? Quel est le but du message ? On peut proposer et faire remplir la grille suivante au tableau.

Nom ou type d'entreprise	But du message
a) Assurplus	Faire patienter.
b) Réparevite	Faire patienter et donner des informations sur les horaires d'ouverture.
c) Un cabinet médical	Informer de la fermeture du cabinet, donner des informations sur les horaires d'ouverture et à qui s'adresser en cas d'urgence.

Tâche 2

• Procéder ensuite à une réécoute séquencée des quatre messages. Proposer la grille suivante au tableau et demander de mettre une croix dans la case qui convient en fonction de ce qu'on entend.

	Société Gerec	Assureplus	Réparevite	Le cabinet médical
Se présenter	x	x	x	
Donner des consignes	x	x	x	x
Informer de l'attente ou de l'indisponibilité	x	x	x	x
Donner des informations			x	x
Remercier et prendre congé	x	x		x

• Mettre en commun en grand groupe et demander de faire justifier les réponses (si possible) avec les énoncés entendus.
Variante : On peut procéder à une nouvelle écoute avec la transcription pour que les apprenants puissent suivre dans leur livre puis leur demander de souligner les énoncés correspondant aux actes de parole ci-dessous. Les apprenants se constituent ainsi un mémento de formules-clés qu'ils vont pouvoir utiliser dans la tâche 3.

Se présenter	« Société Gerec, bonjour. » « Assureplus, bonjour. »
Donner des consignes	« Appuyez sur la touche « étoile » de votre appareil. » – « Pour une commande, tapez 1, pour le service après-vente, faites le 2 sinon faites le 3. » – « Merci de patienter » – « Merci de patienter quelques instants » – « Ne quittez pas » – « ... vous prie de bien vouloir patienter quelques instants » – « Nous vous invitons à renouveler votre appel »
Informer de l'attente ou de l'indisponibilité	« Un télé-conseiller va donner suite à votre appel / va vous répondre dans quelques instants » – « Reparvite va donner suite à votre appel » – « Le cabinet médical est actuellement fermé »
Donner des informations	« Notre service clientèle est à votre disposition tous les jours du lundi au vendredi de 9 h à 12 h et de 14 h à 18 h 30, le samedi de 9 h à 12 h. » – « En cas d'urgence, vous pouvez vous adresser à la clinique Bordas au 05 58 59 65 08. »
Remercier et prendre congé	« Merci et à bientôt. »

Tâche 3
• Demander aux apprenants de préparer le message d'accueil. Leur demander de choisir une entreprise et de réfléchir aux informations qu'ils veulent donner. La tâche peut être réalisée en binôme. Les apprenants s'appuieront sur le mémento des actes de parole.
• Enregistrer ensuite les messages des apprenants.
• Faire réécouter tous les messages et faire réagir les apprenants sur les messages et sur ce qu'ils ont compris.

p. 172-173

Scénario professionnel

〉Pour l'exploitation du **Scénario professionnel**, nous vous invitons à lire les conseils dans l'introduction de ce guide p. 9-10.

L'évaluation dans ***Objectif Express Nouvelle édition***

Afin que l'apprenant puisse progresser dans son parcours d'apprentissage de la langue et que l'enseignant lui apporte une aide adéquate et immédiate, il est nécessaire que chacun des co-acteurs de l'apprentissage ait une idée claire de ce qui est acquis et ce qui reste à acquérir ; c'est pourquoi ***Objectif Express Nouvelle édition*** privilégie une évaluation formative de deux types en fin d'unité :
– **une auto-évaluation** (**Testez-vous**) dans le livre de l'élève afin que l'apprenant puisse prendre conscience de ses progrès et s'auto-corrige ;
– **un bilan** des compétences langagières acquises, en corrélation avec les objectifs définis dans le contrat d'apprentissage de chaque unité dans ce guide (voir pages suivantes).

En effet, si l'auto-évaluation permet à l'apprenant de faire son propre diagnostic et de connaître ses points forts et ses lacunes, le bilan permet à l'enseignant de vérifier, étape après étape, si les objectifs sont atteints et d'ajuster en conséquence sa progression et ses outils pédagogiques afin de rendre son enseignement plus performant. Il pourra ainsi analyser les acquis et les déficits et apporter la remédiation adéquate. C'est un précieux outil de formation.

Cette double évaluation formative permettra à l'apprenant de consigner ses acquis dans **le portfolio** proposé dans le DVD-ROM ; il saura à chaque stade de l'apprentissage où il en est et quels efforts il doit encore fournir pour atteindre les objectifs fixés. L'apprenant peut ainsi mener une réflexion sur ses propres objectifs de formation et assumer la responsabilité de son apprentissage.

Afin de vous aider dans l'évaluation des productions orales et écrites, nous vous proposons les deux barèmes suivants :

Production écrite

Critères d'évaluation		Notation ... / 10 pts
Compétences pragmatiques	– Adéquation énonciative de la production par rapport à la situation proposée (respect des consignes, rituel du document écrit, capacité à s'adresser à quelqu'un, à formuler une demande, une invitation, à décrire, à raconter, etc.). – Lisibilité de la production (cohérence, enchaînements).	... / 6
Compétences linguistiques	– Exactitude morpho-syntaxique. – Richesse et adéquation lexicale.	... / 4

Production orale

Critères d'évaluation		Notation ... / 10 pts
Compétences pragmatiques	– Adéquation énonciative de la production par rapport à la situation proposée (respect des consignes, capacité à s'adresser à quelqu'un, à formuler une demande, une invitation, à décrire, à raconter, etc.). – Capacité à interagir.	... / 6
Compétences linguistiques	– Exactitude morpho-syntaxique. – Richesse et adéquation lexicale. – Correction phonétique.	... / 4

BILAN

Unité 1 **Entrez en contact !**

NOM : ....

PRÉNOM : ....

DATE : ....

1 Compréhension des écrits ..... / 10 points

Les amis des langues.

Lisez le formulaire et cochez la bonne réponse.

Les amis des langues — **Bulletin d'adhésion**

Nom : *Coutelle*
Nom de jeune fille : *Pernaud*
Prénom(s) : *Anne-Claire, Sylvie, Marie*
Adresse : *3 rue Maurice Berger*
Ville : *Orléans*
Code postal : *45000*
Pays : *France*
Tél. domicile : *02.15.78.45.36*

Nationalité : *Canadienne*
Date de naissance : *28 juillet 1972*
Lieu de naissance : *Lausanne – Suisse*

Profession : *Ingénieure*
E-mail : *accoutelle@labricom.fr*
Société : *Labricom*
Tél. professionnel : *02.69.78.12.23*

1. La femme est... (2 pts)
❑ **a.** célibataire.
❑ **b.** mariée.
❑ **c.** divorcée.

2. Elle est née... (2 pts)
❑ **a.** au Canada.
❑ **b.** en France.
❑ **c.** en Suisse.

3. Dans quel pays elle habite ? (2 pts)

....

4. Quel est son numéro de téléphone au travail ? (2 pts)

....

5. Quelle est sa profession ? (1 pt)

❑ **a.**

❑ **b.**

❑ **c.**

6. Quel est son employeur ? (1 pt)

....

2 Production écrite ..... / 10 points

Objectif français express.

Lisez l'annonce et complétez le courriel. Présentez-vous avec les informations demandées.

Objectif langues
organise des stages intensifs de français en entreprise.
Pour une demande de documentation, entrez en contact avec M. François Gérard, directeur des cours :
fgerard@objectiflangue.fr
Indiquez :
– votre nom et votre prénom ;
– votre date de naissance ;
– votre nationalité ;
– votre profession ;
– votre adresse mail ;
– les langues parlées.

NOM : ....

PRÉNOM : ....

DATE : ....

.... / 40

Exp. : ....

Dest. : ....

Objet : **Stage intensif de français en entreprise.**

Monsieur,
J'ai lu votre annonce pour des stages intensifs de français en entreprise et je souhaiterais une documentation pour connaître vos cours.

....

....

....

....

....

Merci de votre réponse.

3 Compréhension de l'oral ..... / 10 points

À l'exposition internationale de Paris.

Écoutez le dialogue et remplissez le formulaire.

Fiche « Professionnels »

Exposition Internationale de Paris

M. ❑ Mme ❑ Melle ❑ (1 pt)

Nom : .... (2 pts)

Prénom : .... (1 pt)

Nationalité : .... (1 pt)

Profession : .... (1 pt)

Employeur : .... (1 pt)

Lieu de travail : .... (1 pt)

Adresse électronique : .... (2 pts)

4 Production orale ..... / 10 points

Une rencontre importante.

Vous êtes dans la filiale française de votre entreprise pour une réunion export ; toutes les personnes portent un badge.

1. Saluez et présentez-vous à l'hôtesse. Demandez votre badge visiteur.
2. L'hôtesse vous présente au directeur général. Saluez et présentez-vous au directeur général.
3. Vous êtes avec deux invités (des partenaires du Brésil et de la Grèce). Présentez ces personnes au directeur général et présentez le directeur général à ces partenaires.
4. Saluez une de vos proches collègues (Anne Couturier) et faites les présentations : présentez votre collègue aux deux partenaires et présentez les partenaires à votre collègue.

BILAN

Unité 2 **Faites connaissance !**

NOM : ....

PRÉNOM : ....

DATE : ....

1 Compréhension des écrits ..... / 10 points

Panneau d'affichage.

Lisez les annonces sur le panneau d'affichage de votre entreprise et indiquez quel(s) message(s) vous intéresse(ent) en fonction de vos goûts (phrases 1 à 6). (Plusieurs annonces sont possibles.)

a Concert de jazz le 20 avril
Salle Django

b COURS DE DANSE
Enfants de 6 à 12 ans

c J'habite à Versailles
Je cherche un partenaire de tennis

d *Week-end de ski les 13 et 14 février*

e *Voyage au Japon*
Reste 6 places

f Vous avez peur en avion !
Conférence le 12 juin à 13 h 30

g **Enquête sur vos sports préférés**
Merci de répondre au questionnaire

h Médiathèque
Sélection de films en VO et de livres en français, anglais et espagnol

i **Bagages à – 30 %**
Sur présentation de votre carte professionnelle

j NOUVEAU *cours de chinois et d'informatique*

k Je cherche un collègue avec voiture pour trajet Paris – aéroport Charles-de-Gaulle

1. Vous n'aimez pas l'avion : message(s) ......
2. Vous adorez le sport : message(s) ......
3. Vous aimez le cinéma : message(s) ......
4. Vous appréciez la musique : message(s) ......
5. Vous aimez voyager : message(s) ......
6. Vous aimez apprendre les langues étrangères : message(s) ......

2 Production écrite ..... / 10 points

1. Contribution. .... / 5 points

Vous participez au forum sur Internet « Quelle est votre activité préférée le week-end ? ». Écrivez votre contribution sur une feuille à part (indiquez vos goûts et vos activités habituelles).

2. Un message. .... / 5 points

Vous allez organiser le séjour d'un collègue français avec sa famille dans votre pays. Vous préparez le courriel sur une feuille à part :

– vous posez des questions sur sa famille, ses habitudes, ses goûts, ses activités ;
– vous parlez du temps qu'il fait.

NOM : ....

PRÉNOM : ....

DATE : ....

....
40

3 Compréhension de l'oral ..... / 10 points

Sondage Radio Infos.

Écoutez le dialogue : c'est un sondage par téléphone. Vous êtes l'enquêteur. Remplissez la fiche de la personne interrogée (le prospect).

Sondage Radio Infos

Nom de l'enquêteur : .... (1 pt)

Fiche prospect

M. ❑ Mme ❑ Melle ❑ (1 pt)

Nom : .... (1 pt)

N° de téléphone : .... (1 pt)

Situation familiale : .... (1 pt)

Âge : .... (1 pt)

Nombre d'enfants : .... (1 pt)

Âge des enfants : .... (1 pt)

Profession : .... (1 pt)

Écoute Radio Infos : (1 pt)

Toujours ❑

Souvent ❑

Quelquefois ❑

Rarement ❑

Jamais ❑

4 Production orale ..... / 10 points

Un collègue francophone est en mission dans votre pays. Vous l'invitez à dîner chez vous avec des collègues. Vous lui souhaitez la bienvenue et vous présentez votre famille et un collègue (nom, lien de famille, profession, secteur d'activité, goûts).

BILAN

Unité 3 **Communiquez en ligne !**

NOM : ....

PRÉNOM : ....

DATE : ....

1 Compréhension des écrits ..... / 10 points

Message urgent.

La standardiste de votre entreprise vous donne ce message. Lisez la fiche téléphonique et cochez la bonne réponse.

ECOTERM

Le : *12/03*

Urgent ☑ Rappeler ☑

De : *Anne Gibert*

À : ....

OBJET DE L'APPEL : *Elle ne peut pas être à la réunion de ce soir parce qu'elle doit aller d'urgence en Espagne cet après-midi. Elle demande les coordonnées du délégué en Espagne (par mail). Elle propose de reporter la réunion vendredi matin. Elle attend votre appel au 05 58 56 65 78 pour confirmer la date de la réunion.*

1. Anne Gibert téléphone pour... (2 pts)

❑ **a.** demander un rendez-vous.

❑ **b.** confirmer un rendez-vous.

❑ **c.** annuler un rendez-vous.

2. Elle doit... (2 pts)

❑ **a.** organiser une réunion.

❑ **b.** partir en voyage / en déplacement.

❑ **c.** répondre à un collaborateur.

3. Qu'est-ce que vous devez envoyer par mail ? (2 pts)

....

4. Vendredi, elle est... (2 pts)

❑ **a.** disponible.

❑ **b.** absente.

❑ **c.** en réunion.

5. Pourquoi vous devez rappeler Anne ? (2 pts)

....

2 Production écrite ..... / 10 points

En voyage d'affaires.

Vous devez rencontrer un client en France. Écrivez un courriel à votre client français pour :

- annoncer votre mission en France (dates) ;
- proposer un rendez-vous, dire les jours et moments possibles ;
- inviter votre client à déjeuner (il choisit le restaurant) ;
- demander les coordonnées du restaurant ;
- demander une confirmation avec la date et le lieu du rendez-vous.

Exp. : ....

Dest. : ....

Objet : ....

....

....

....

....

....

....

NOM : ....

PRÉNOM : ....

DATE : ....

.... / 40

3 Compréhension de l'oral ..... / 10 points

Invitation à un déjeuner d'affaires.

Écoutez la conversation téléphonique entre François Girard et la secrétaire. Remplissez le message.

Message

À : .... (1 pt)

De la part de : .... (1 pt)

Société : .... (1 pt)

Téléphone : .... (1 pt)

❑ Urgent

❑ Merci de rappeler

❑ Souhaite vous rencontrer (1 pt)

Objet de l'appel : ....

....

.... (3 pts)

Lieu de rendez-vous : .... (1 pt)

Date de rendez-vous : .... (1 pt)

4 Production orale ..... / 10 points

Scènes de messages.

Lisez les deux fiches téléphoniques. Vous êtes un des interlocuteurs (la / le standardiste ou la personne qui a appelé). Téléphonez / Répondez au téléphone.

a.

CARREBLEU VOYAGE

☐ Message Urgent ☒

Pour : Jean-Luc Croissant

De la part de : Valérie Leroy

Téléphone : 02 45 70 33 29

Objet de l'appel :
un billet d'avion pour Singapour

b.

Bagagenet

Pour : Joël Nervau

De la part de : Annick Boirond

Urgent ☐ Rappeler ☒

Tél. : 03 20 55 18 43

Objet : une demande de rendez-vous

BILAN

Unité 4 **Partez en déplacement !**

NOM : ....

PRÉNOM : ....

DATE : ....

1 Compréhension des écrits ..... / 10 points

Voyage d'affaires.

En voyage d'affaires en France, vous avez fait une demande de réservation sur un site de réservation d'hôtels.

Récapitulatif de votre demande en cours : Hôtel du Parc *** 1 adulte – 1 chambre simple sans petit déjeuner			Référence : JNR 564	
Date d'arrivée - mercredi 13 juin		Date de départ - samedi 16 juin		Nombre de nuits - 3
1 Chambre simple	Mercredi 13 juin 90,00	Jeudi 14 juin 90,00	Vendredi 15 juin 93,00	273
Taxe de séjour	Mercredi 13 juin 0,90	Jeudi 14 juin 0,90	Vendredi 15 juin 0,90	2,70
Montant total de la réservation :			EUR 275,70	

1. Vérifiez si la confirmation correspond à votre demande. Barrez les erreurs et notez les informations exactes. .... / 5 points

Confirmation de réservation – Hôtel du Parc***
Nous sommes heureux de vous confirmer votre réservation et nous vous en remercions.
Nous vous remercions d'imprimer cet email et de le présenter à votre arrivée à la réception.

Réservation	
Arrivée : mardi 12 juin Durée : 2 nuits	Départ : samedi 16 juin Tarif : MEILLEUR TARIF INTERNET
Client	
Nom : Geroat Aline Pays : France Email : alinegeroat@tele2.fr Téléphone : 08 65 98 09 34	Nombre de personnes Adulte(s) : 2 Enfant(s) de 2 à 12 ans : 0 Enfant(s) de moins de 2 ans : 0

Récapitulatif	MEILLEUR TARIF INTERNET		Total
1 Chambre double	13 juin 103,00	14 juin 103,00	206,00 €
2 Petit-déjeuner	13 juin 24,00	14 juin 24,00	48,00 €
2 Taxe de séjour	13 juin 1,80	14 juin 1,80	3,60 €
Montant total du séjour			257,60 €

Votre hôtel

L'Hôtel du Parc dispose de 50 chambres avec salle de bain ou douche. Salon bar et salle de remise en forme sont à votre disposition. Connexion Internet en accès wifi gratuit dans les chambres. Parking privé. Idéalement situé à 300 mètres de la gare TGV, à 150 m de la plage et du centre ville, à 3 h 30 de Paris en TGV et à 45 min de Bordeaux.
Informations utiles : Heure d'arrivée (à partir de) : 14 h – Heure limite de départ : 12 h
Cartes de crédit acceptées : Visa – Eurocard / Mastercard – American Express
Réception 24 h/24 – Animaux (chiens, chats) bienvenus

2. Vous travaillez à la réception. Répondez aux questions des clients à partir de la confirmation de réservation et du descriptif de l'hôtel. .... / 5 points

a. Quel document doit-on remettre à la réception le jour d'arrivée à l'hôtel ? ....

....

b. Est-ce que les animaux de compagnie sont acceptés ? ....

c. La taxe de séjour est incluse dans le montant total du séjour ? ....

d. Est-ce que l'hôtel est facile d'accès par le train ? ....

e. Est-ce que je peux arriver à 12 h ? ....

NOM : ....

PRÉNOM : ....

DATE : ....

.... / 40

2 Production écrite ..... / 10 points

Délégation française en mission.

Un groupe d'experts français vient en mission dans votre pays. Vous organisez leur voyage. Écrivez un courriel sur une feuille à part :

– vous devez réserver les billets d'avion ;
– vous posez des questions sur leurs souhaits (aéroport de départ, dates, heure, classe, nombre de personnes) ;
– vous demandez une réponse ;
– vous remerciez et saluez.

3 Compréhension de l'oral ..... / 10 points

Réservation en ligne.

Écoutez l'entretien entre le directeur et son assistante. Remplissez la réservation sur Internet.

Bienvenue sur Airparis.fr ✈			
Ville de départ : PARIS	Ville de destination :		(1 pt)
Aller-retour ❑ Aller simple ❑			(1 pt)
Date aller : Jour :	Mois :		(1 pt)
Date retour : Jour :	Mois :		(1 pt)
Voyageurs ❑ Adultes : Nombre ...... ❑ Moins de 26 ans : Nombre ...... ❑ Enfants (jusqu'à 12 ans) : Nombre			(1 pt)
Noms			(2 pts)
Nom :	Prénom :		
Nom :	Prénom :		
Nom :	Prénom :		
Classe : ❑ Économique ❑ Affaires ❑ Première			(1 pt)
Choisissez votre vol aller : Vol	Départ	Arrivée	(1 pt)
❑ AP 13-18	7:00 Charles-de-Gaulle	8:25 Francfort Intl	
❑ AP 14-18	7:35 Charles-de-Gaulle	9:00 Francfort Intl	
❑ AP 16-18	9:45 Charles-de-Gaulle	11:10 Francfort Intl	
Choisissez votre vol retour : Vol	Départ	Arrivée	(1 pt)
❑ AP 21-19	17:50 Francfort Intl	19:10 Charles-de-Gaulle	
❑ AP 22-19	18:30 Francfort Intl	19:50 Charles-de-Gaulle	
❑ AP 24-19	20:40 Francfort Intl	22:00 Charles-de-Gaulle	
			=> Rechercher

4 Production orale ..... / 10 points

Bureaux.

Vous travaillez à la réception d'une entreprise.
Vous indiquez l'emplacement des bureaux aux visiteurs francophones.

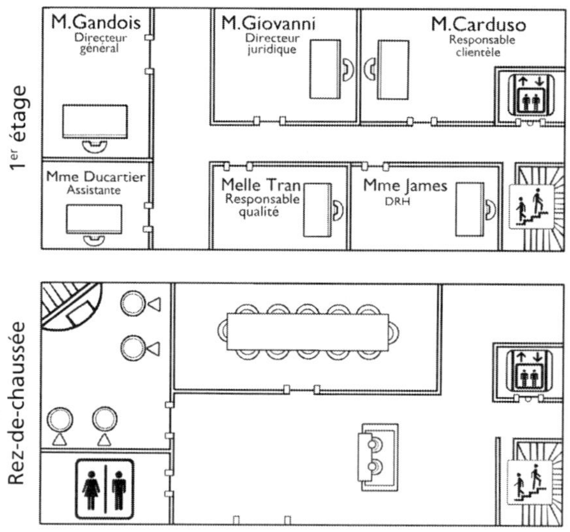

BILAN

Unité 5 **Organisez votre journée !**

NOM : ....

PRÉNOM : ....

DATE : ....

1 Compréhension des écrits ..... / 10 points

Interview d'un pro.

Vous lisez les extraits d'une interview dans un magazine. Puis vous associez chaque extrait à la question posée par le journaliste.

A	Je consulte les malades sur rendez-vous, dans mon cabinet, lundi, mardi et jeudi. Mercredi et vendredi, je suis à l'hôpital.
B	Mon cabinet est à 10 minutes en voiture de chez moi alors je déjeune à la maison. Parfois, je vais au restaurant. À l'hôpital, je déjeune à la cantine.
C	Je joue au tennis une fois par semaine et je fais du jogging tous les dimanches. C'est important pour ma santé !
D	Je vais souvent à des colloques pour parler des maladies et des nouveaux traitements. Nous rencontrons aussi les délégués commerciaux des laboratoires pharmaceutiques.
E	Je prends toujours une salade et un plat de légumes avec de la viande. Je bois un verre de vin. Je ne prends pas de dessert mais je bois toujours un café à la fin du repas.
F	Je n'ai pas de secrétaire mais j'ai un site pour les rendez-vous. Les personnes peuvent cliquer sur mon planning pour choisir une heure de rendez-vous. Ils peuvent aussi annuler un rendez-vous.
G	Le matin, ma femme part au travail tôt alors je m'occupe des enfants. En général, je rentre tard à la maison le soir. Je dîne avec ma femme mais pas avec les enfants. Le week-end, nous sortons avec les enfants.
H	Je travaille plus de 40 heures par semaine. Je commence à 9 heures et finis en général ma journée de travail vers 20 heures mais parfois c'est plus tard quand j'ai beaucoup de consultations.
I	J'arrive en général chez moi après 20 heures. Après le dîner, je regarde mes mails personnels, je lis ou je regarde la télévision. Je me couche très tard.
J	Il est en centre-ville. À côté d'un grand centre commercial. Il y a un parking. C'est parfait !

1. Quelles sont vos habitudes alimentaires ?
2. Avez-vous des activités sportives ?
3. Vous pouvez décrire votre vie familiale ?
4. Quels sont vos horaires de travail ?
5. Comment vous organisez votre semaine ?
6. Qui s'occupe de votre planning ?
7. Vous allez à des rencontres professionnelles ?
8. Où se trouve votre cabinet ?
9. Où déjeunez-vous ?
10. Qu'est-ce que vous faites le soir ?

1	2	3	4	5	6	7	8	9	10

2 Production écrite ..... / 10 points

Grand changement !

Vous venez de déménager et vous avez changé de travail. Vous écrivez un mail à un(e) amie pour donner des nouvelles (sur une feuille à part).

Donnez des informations sur :
– l'organisation de votre journée de travail (actions habituelles de la journée et horaires) ;
– votre organisation pratique (Quel moyen de transport vous utilisez pour aller au travail ? Où et comment vous déjeunez ?) ;
Donnez des appréciations positives sur votre nouvelle vie.

NOM : ....

PRÉNOM : ....

DATE : ....

....
40

3 Compréhension de l'oral ..... / 10 points

M. Tanaka à Paris.

Écoutez le dialogue entre la directrice commerciale et son assistant. Complétez les notes de l'assistant.

Arrivée M. Tanaka : Le .... à ....

à l'aéroport Charles-de-Gaulle (2 pts)

Réserver .... chambres à l'hôtel Grillon pour .... personnes. (1 pt)

Réserver une .... pour le 4 à partir de 9 h 30. (1 pt)

Organiser pause avec : (2 pts)

– ....

– ....

– ....

– ....

Pour le déjeuner : .... (1 pt)

Envoyer courriel au webmaster : .... le rendez-vous

et demander des .... sur l'e-mail commercial ;

proposer une date (le 9 ?) (2 pts)

Date départ M. Tanaka : .... (1 pt)

4 Production orale ..... / 10 points

Voyage organisé.

Une agence de voyage vous propose un voyage organisé. Posez des questions pour avoir des précisions sur la destination, les dates, le programme, les moyens de transport, les hôtels, les prix.

BILAN

Unité 6 **Faites le bon choix !**

NOM : ....

PRÉNOM : ....

DATE : ....

1 Compréhension des écrits ..... / 10 points

1. L'addition, s'il vous plaît. .... / 5 points

Vous avez invité des collaborateurs au restaurant. Vous vérifiez l'addition. Lisez les énoncés et répondez aux questions.

```
         Au bistrot de Martin
Fermé le lundi
******* Table 5 - 3 Couverts *******
1 salade César              6 € 20
1 assiette de crudités      6 €
1 côtelettes d'agneau      14 €
1 thon                     12 € 20
1 saumon                   13 € 50
1 glace                     4 €
2 tartes aux pommes         9 € 40
1 eau minérale              4 €
1 vin de Bordeaux          18 €
3 cafés                     6 € 60
                         ----------
Total                      93,90
Service compris
La maison n'accepte pas les chèques.
 ********* 08/10 - 14h15 **********
 Merci de votre visite. À bientôt !
```

1. Le repas a lieu... (1 pt)
❑ **a.** à l'heure du déjeuner.
❑ **b.** à l'heure du dîner.
❑ **c.** un lundi.

2. Il y a... (1 pt)
❑ **a.** une entrée.
❑ **b.** deux entrées.
❑ **c.** trois entrées.

3. Quels plats ont choisi les personnes ? (1 pt)
❑ **a.** Les trois personnes ont pris de la viande.
❑ **b.** Une personne a choisi des légumes.
❑ **c.** Deux personnes ont choisi du poisson.

4. Quelle(s) boisson(s) ont choisi les personnes ? (1 pt)

....

5. Est-ce qu'on paie le service ? (1 pt)

....

2. Recherche appartement. .... / 5 points

Vous cherchez des logements pour des expatriés en France. Vous lisez les annonces immobilières suivantes sur internet. Indiquez le numéro de l'annonce pour chaque énoncé.

LOCATIONS			
1. Jolie maison avec magnifique jardin de 800 m², salon, séjour, grande cuisine équipée, 4 chambres, 2 salles de bains, garage. Loyer : 1 450 € + charges.	**2.** Proche métro et bus, appartement clair et agréable, T2, grand séjour, chambre spacieuse, salle de bains. Loyer : 890 € charges comprises.	**3.** À 5 min du centre ville et des commerces, dans immeuble de standing avec ascenseur, bel appartement avec séjour, 3 chambres, 2 salles de bains, grand balcon, cave, garage fermé au sous-sol. Quartier calme. Loyer 1 500 € + charges.	**4.** Charmante maison de ville, séjour avec cuisine ouverte, 2 chambres, salle de bains et WC séparé. Loyer 1 380 € charges comprises.

Vous cherchez...
a. un petit appartement à proximité de transports en commun : annonce ....
b. un appartement de 4 pièces avec garage : annonce ....
c. une maison de 6 pièces avec un beau jardin : annonce ....
d. un grand appartement à proximité des commerces : annonce ....
e. une petite maison située en ville : annonce ....

NOM : ....

PRÉNOM : ....

DATE : ....

....
40

2 Production écrite ..... / 10 points

Des cadres en mission.

Vous recherchez des appartements pour des cadres de votre entreprise en séjour en France. Vous lisez l'annonce suivante.

Écrivez un courriel sur une feuille à part :

– vous indiquez les appartements souhaités ;
– vous indiquez les dates et les services... ;
– vous demandez des renseignements complémentaires et posez des questions : surface, aménagement des pièces, équipement, situation, loyer, etc. ;
– vous remerciez d'une réponse rapide ;
– vous terminez avec une formule de politesse.

Une formule d'hébergement souple et économique pour vos cadres en mission et vos stagiaires. Pour une semaine ou pour quelques mois.

Votre appartement :	**Nos services :**
Une ou deux chambres	Hall de réception
Salle de séjour avec cuisine équipée	Service petit déjeuner
Salle de bains	Service de ménage et de linge de maison
Balcon	

Résidences affaires – 25 rue Arago 33300 Bordeaux –
Tél. 05 89 65 98 78 – www residaffaires.fr

3 Compréhension de l'oral ..... / 10 points

platoburo.com.

Écoutez la conversation entre deux collègues et remplissez la fiche de commande en ligne de plateaux-repas.

Platoburo.com : facile comme un clic					
Accueil	Plateau repas	Service traiteur	Service clientèle	Conditions générales de vente	
Ma commande : ❍ aujourd'hui	❍ autre date				(2 pts)
Choisissez : ❍ 12,90	❍ 16,90	❍ 19,50	❍ 22, 70	❍ 27,10	(1 pt)
Plateau Camargue Salade de riz – Rôti de bœuf avec haricots verts – Gâteau au chocolat			Nombre :		(1 pt)
Plateau Neptune Salade de fruits de mer – Cabillaud avec riz basmati – Gâteau au chocolat			Nombre :		(1 pt)
Plateau Végétal Salade de légumes verts – Pâtes aux poivrons grillés – Gâteau au chocolat			Nombre :		(1 pt)
			Nombre total de plateaux-repas :		(1 pt)
Boissons – Eau minérale / Nombre :		Jus de fruits / Nombre :		Vin / Nombre :	(3 pts)
				Valider votre commande	

4 Production orale ..... / 10 points

Une réclamation.

Vous avez commandé une valise de cabine par Internet. Vous avez reçu la valise mais elle ne correspond pas au descriptif (modèle, couleur, taille, forme, composition). Téléphonez au service clientèle.

Valise de cabine

Aux dimensions des compagnies aériennes (45 x 37 x 15 cm)

Utile, pratique, élégante pour vos voyages d'affaires, en toile polyester très résistante.

Nombreux rangements pour vos vêtements, votre ordinateur, vos cartes et votre téléphone.

Référence : 1241 Prix : 75 €

NOM : ....

PRÉNOM : ....

DATE : ....

1 Compréhension des écrits ..... / 10 points

Chez Suzette, la bonne crêpe !

Vous lisez un article sur la création de micro-entreprise en France. Complétez la fiche d'identité de l'entreprise.

Une création d'entreprise

Delphine Rouet a ouvert une crêperie* qui s'appelle « Chez Suzette » dans le centre-ville de Chartres. Elle a été professeur d'anglais pendant 15 ans. Et puis, un jour elle a voulu créer une entreprise pour vivre de sa passion de la cuisine et être son propre patron.

Pour ouvrir sa crêperie, elle a suivi un stage obligatoire de gestion de cinq jours à la Chambre des métiers. Ensuite, elle s'est formée pendant quatre semaines dans une école de crêpiers à Vannes, en Bretagne.

La création d'entreprise est devenue une formalité simple en France, mais le jeune créateur d'entreprise doit avoir des talents pour réussir. Delphine a mis un an pour créer son entreprise et, bien sûr, elle a dû trouver de l'argent auprès des banques.

Aujourd'hui, la crêperie compte 30 couverts et Delphine Rouet a recruté trois personnes. Son affaire marche bien et elle espère atteindre un chiffre d'affaires de 160 000 euros pour l'année.

* Une crêperie : un restaurant de crêpes (une crêpe est une spécialité de Bretagne faite avec des œufs, de la farine et du lait et cuite dans une poêle).

Fiche d'identité

Nom du chef d'entreprise : .... (1 pt)

Premier métier du chef d'entreprise : .... (1 pt)

Formations professionnelles :
- Type de formation : .... (2 pts)
durée : ....
lieu de formation : ....
- Type de formation : .... (2 pts)
durée : ....
lieu de formation : ....

Activité de l'entreprise : .... (1 pt)

Lieu d'implantation : .... (1 pt)

Nombre de salariés : .... (1 pt)

Chiffre d'affaires annuel prévisionnel : .... (1 pt)

NOM : ....

PRÉNOM : ....

DATE : ....

.... / 40

2 Production écrite
..... / 10 points

Relax, on rachète.

Votre entreprise voudrait racheter la société Relax.
Vous écrivez un texte de présentation de cette société pour le journal de votre entreprise (sur une feuille à part).

Fiche d'identité

Nom de l'entreprise : Relax
Date de création : 1989
Siège social : Toulouse
Activité : fabrication de sièges d'avion
Sites de production : Francfort (Allemagne), Madrid (Espagne)
Nombre d'employés : 110
Chiffre d'affaires annuel : 20 millions d'euros

3 Compréhension de l'oral
..... / 10 points

Rappel des règles !

Écoutez la conversation et retrouvez les 5 règles que la DRH va rappeler dans sa note de service.

Bureaux : ....
....

Matériel : ....
....

Photocopieur : ....
....

Salle de réunion : ....
....

Cigarettes : ....
....

4 Production orale
..... / 10 points

Bienvenue !

Vous recevez un stagiaire dans votre service. Il vous pose des questions sur le règlement de l'entreprise / de votre service. Répondez-lui et indiquez-lui ce qui est :

- obligatoire ;
- interdit ;
- accepté exceptionnellement.

Vous pouvez parler des locaux, du matériel, des horaires et temps de travail, de l'hygiène et de la sécurité

NOM : ....

PRÉNOM : ....

DATE : ....

1 Compréhension des écrits ..... / 10 points

Offres d'emploi.

Vous cherchez un emploi et vous lisez les offres sur internet. Indiquez le numéro de l'annonce qui correspond à chaque énoncé.

❶

Important groupe spécialisé dans les énergies renouvelables
Recherche
Technico-commercial(e)

- avec une expérience dans la vente de 3 à 5 ans
- formation sur nos produits
- rémunération : 40 000 € brut / an, prime, véhicule, ordinateur et téléphone portable
- nombreux déplacements à l'étranger

Envoyer votre dossier de candidature à ger@recrut.org

❷

Vous êtes disponible immédiatement ?
Rejoignez une équipe jeune et dynamique pour devenir

Télé-vendeurs H/F

Disponibles 6 jours sur 7 en journée ou en soirée.
Vous avez une expérience du téléphone et un sens relationnel.
Contactez-nous au 0 820 325 356.

❸

Groupe Techomax
recherche
un(e) ingénieur(e) commercial(e)
Poste basé à Singapour
De formation ingénieur, vous justifiez d'une première expérience réussie à l'export.
Merci d'envoyer lettre de motivation, CV et prétentions à
CRD consultants
BP 157 – 51686 Reims

❹

Jeunes diplômés Bac + 4
Production, achats, marketing
Pour recruter ses futurs cadres, **Dusqou France** organise des sessions de recrutement les **5 et 6 novembre** à Paris.
Vous maîtrisez parfaitement le français, l'anglais et l'allemand.
Adressez votre candidature à dusqou@recrut.fr

Pour ce poste,	Annonce n°
a. vous devez parler trois langues étrangères.	....
b. il faut téléphoner pour poser votre candidature.	....
c. le salaire est indiqué.	....
d. vous pouvez commencer tout de suite.	....
e. vous allez voyager souvent à l'étranger.	....
f. un débutant peut poser sa candidature.	....
g. vous allez habiter à l'étranger.	....
h. vous devez préciser votre souhait de salaire.	....
i. il y a des dates fixées pour rencontrer les candidats.	....
j. vous avez des avantages matériels.	....

NOM : ....

PRÉNOM : ....

DATE : ....

.... / 40

2 Production écrite ..... / 10 points

Offre d'emploi.

Votre entreprise recherche un responsable des ventes pour le marché français. Vous écrivez un courriel à un ami francophone qui cherche un emploi (sur une feuille à part).

– Vous l'informez du titre du poste et du lieu de travail.
– Vous décrivez le profil recherché (formation, qualités, compétences, langues).
– Vous décrivez les activités liées au poste.
– Vous décrivez les avantages financiers et matériels.
– Vous précisez la personne et l'adresse pour adresser sa candidature.

3 Compréhension de l'oral ..... / 10 points

Premier poste.

Aminata actualise et complète son profil sur un site professionnel en ligne. Il manque des précisions. Aidez-la.

Ses coordonnées
Aminata Sangaré
aminsangare@tele2.fr
Marseille 13001

SA PRÉSENTATION

Mon poste actuel : je suis .... chez .... (3 pts)
(secteur d'activité : ....)
Je parle : le français, l'anglais, l'allemand, ... (1 pt)

SA FORMATION

2011 : Mastère spécialisé en management international
2007 : Diplôme de l'école supérieure de commerce de Nice

SON PARCOURS PROFESSIONNEL

2008 : Association d'aide Planète ECO : plusieurs missions comme bénévole en Inde, au Cambodge et à Madagascar
2007 : Stage de 6 mois à Stockholm ; Société d'import-export secteur agro-alimentaire
Activités liées au poste : (3 pts)
– ....
– ....
– ....
2003 : Stage de 3 mois à Hong-Kong dans une société .... (1 pt)
Activité liée au poste : développement de la clientèle en France et .... (1 pt)
Autre : .... du club des jeunes Européens (1 pt)

4 Production orale ..... / 10 points

Votre candidature est retenue pour un poste en France. Avant de prendre votre décision, vous téléphonez au directeur des ressources humaines pour poser des questions complémentaires :

– sur les conditions de travail : le salaire (avantages financiers et matériels) et les horaires (temps de travail, congés, jours fériés) ;
– sur l'équipe avec laquelle vous allez travailler : profil, formation, âge, nationalité...

BILAN

Unité 9 **Faites des projets !**

NOM : ....

PRÉNOM : ....

DATE : ....

1 Compréhension des écrits ..... / 10 points

Notes de service.

❶

Nouveau message

Envoyer Discussion Joindre Adresses Polices Couleurs Enr. brouillon Navigateur de photos Afficher les modèles

À : Directeurs de magasin

De : Direction commerciale <dir.com@creabaty.fr> **Signature :** Pro

Objet : Présentation nouvelle collection

Pièce jointe : Catalogue.pdf

Nous lançons la nouvelle collection « Marine » dans un mois. Vous trouverez en pj notre nouveau catalogue.
Nous vous invitons à la réunion de présentation le mercredi 29 juin à 10 h, dans nos locaux, salle C, 6e étage.
Nos fournisseurs participeront à cette présentation et répondront à vos questions.

Cordialement,

Antoine Franck, Directeur commercial

❷

FUSION

Note de service

Émetteur : CE

Destinataires : ensemble du personnel

Objet : Fête de Noël

Notre fête de Noël pour le personnel aura lieu cette année le 28 décembre.
Tout le personnel et leur famille sont cordialement invités.
Nous pourrons assister à un spectacle de magie avant le dîner qui aura lieu dans la grande salle de restaurant. Le CE offrira un jouet à chaque enfant de moins de 8 ans.
Nous espérons que vous serez nombreux à cette fête !
Merci de confirmer votre présence par mail à virginie.ferra@fusion.com.

Le CE

Lisez les notes et mettez une croix dans la ou les bonne(s) colonne(s).

	Note ❶	Note ❷
a. La note s'adresse à tous les salariés.		
b. L'objet de la note est une invitation.		
c. La note annonce un événement professionnel.		
d. La note concerne un événement en fin de mois.		
e. Les participants pourront demander des informations.		
f. Il y a un document envoyé avec la note.		
g. Certaines personnes recevront un cadeau.		
h. Les personnes intéressées doivent indiquer leur participation.		

NOM : ....

PRÉNOM : ....

DATE : ....

.... / 40

2 Production écrite ..... / 10 points

Une sortie intéressante !

Vous souhaitez faire découvrir votre région à des collaborateurs en mission. Dans un mail sur une feuille à part, indiquez le programme pour une journée.

3 Compréhension de l'oral ..... / 10 points

Réunion.

Écoutez la réunion et complétez le compte rendu.

Réunion du comité d'entreprise du 4 avril

Présents : Michel Gandois, Gérard Fouta, Delphine Jacquet

Ordre du jour : Ambiance au travail

- On constate ces derniers mois une moins bonne ambiance.
  Il y a beaucoup de personnes ....
- Les raisons : Les locaux trop petits. – De plus en plus de ....
- Déménagement dans les nouveaux locaux le ....
  Description des nouveaux locaux : bureaux très .... –
  cafétéria très ....
- Bonne nouvelle. Nous avons obtenu des abonnements intéressants au nouveau ....
  Ils proposent un essai .... à tout le personnel.
  Il y a déjà beaucoup de personnes intéressées.
- Proposition pour régler les problèmes de communication avec les supérieurs hiérarchiques.

– Organiser .... un pot et une réunion d'informations pour présenter ....

– Proposer des séminaires d'intégration pour les ....

4 Production orale ..... / 10 points

Mon entreprise.

Vous êtes interrogé(e) par un journaliste sur le confort dans votre entreprise.

– Décrivez vos locaux et votre environnement de travail.
– Indiquez votre opinion.
– Indiquez des actions en cours ou à venir pour l'amélioration des conditions de travail.

BILAN

Unité 10 Réglez les problèmes !

NOM : ....

PRÉNOM : ....

DATE : ....

1 Compréhension des écrits ..... / 10 points

Ma banque en ligne.

Vous cherchez des informations sur le site de votre banque en France et vous cliquez sur des rubriques. Faites correspondre l'énoncé à la bonne rubrique. (Attention : une rubrique peut correspondre à plusieurs énoncés.)

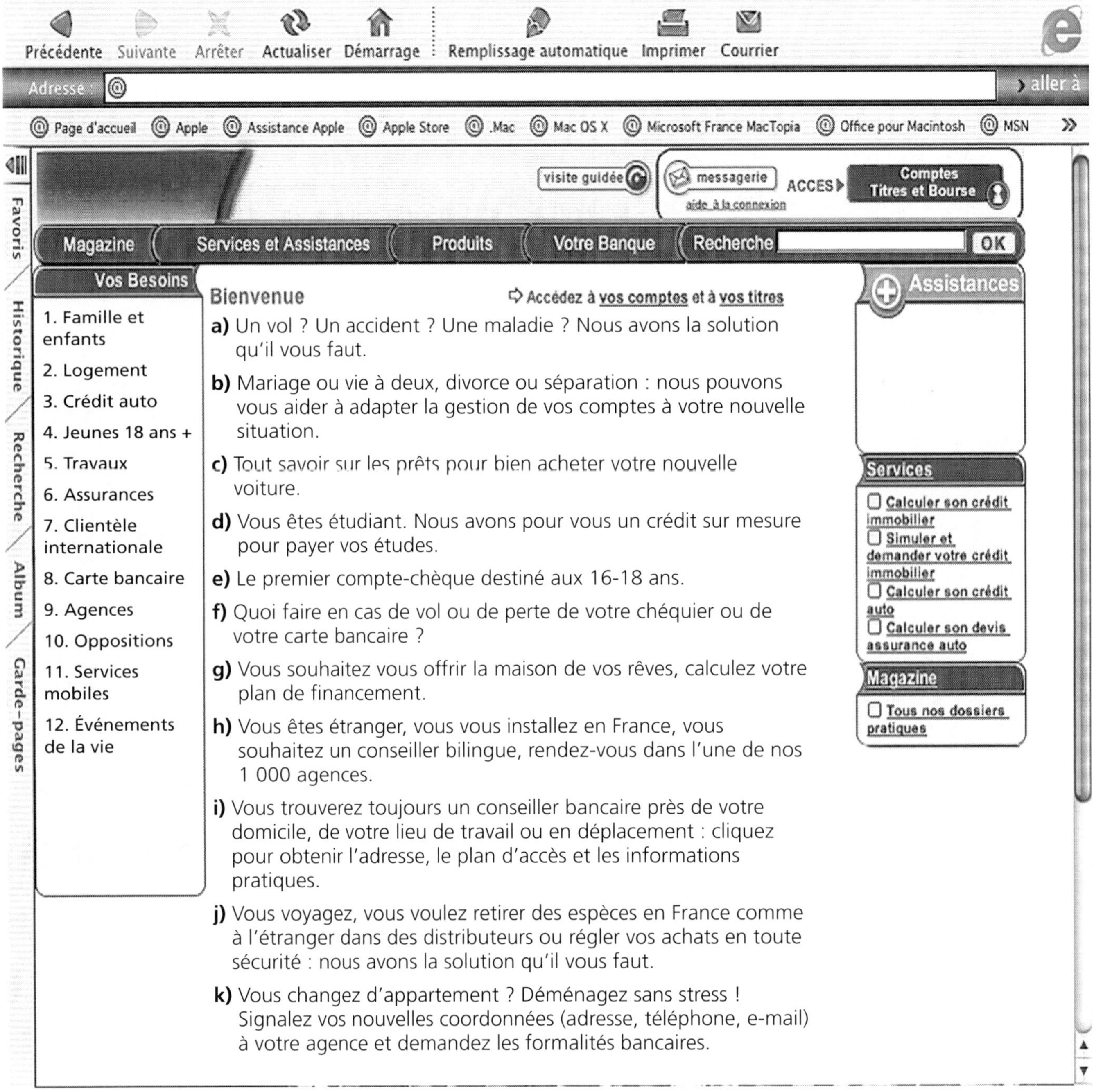

Précédente Suivante Arrêter Actualiser Démarrage Remplissage automatique Imprimer Courrier

Adresse : › aller à

Page d'accueil · Apple · Assistance Apple · Apple Store · .Mac · Mac OS X · Microsoft France MacTopia · Office pour Macintosh · MSN

Favoris · Historique · Recherche · Album · Garde-pages

visite guidée · messagerie · aide à la connexion · ACCES · Comptes Titres et Bourse

Magazine · Services et Assistances · Produits · Votre Banque · Recherche OK

Vos Besoins

1. Famille et enfants
2. Logement
3. Crédit auto
4. Jeunes 18 ans +
5. Travaux
6. Assurances
7. Clientèle internationale
8. Carte bancaire
9. Agences
10. Oppositions
11. Services mobiles
12. Événements de la vie

Bienvenue ⇨ Accédez à vos comptes et à vos titres

a) Un vol ? Un accident ? Une maladie ? Nous avons la solution qu'il vous faut.

b) Mariage ou vie à deux, divorce ou séparation : nous pouvons vous aider à adapter la gestion de vos comptes à votre nouvelle situation.

c) Tout savoir sur les prêts pour bien acheter votre nouvelle voiture.

d) Vous êtes étudiant. Nous avons pour vous un crédit sur mesure pour payer vos études.

e) Le premier compte-chèque destiné aux 16-18 ans.

f) Quoi faire en cas de vol ou de perte de votre chéquier ou de votre carte bancaire ?

g) Vous souhaitez vous offrir la maison de vos rêves, calculez votre plan de financement.

h) Vous êtes étranger, vous vous installez en France, vous souhaitez un conseiller bilingue, rendez-vous dans l'une de nos 1 000 agences.

i) Vous trouverez toujours un conseiller bancaire près de votre domicile, de votre lieu de travail ou en déplacement : cliquez pour obtenir l'adresse, le plan d'accès et les informations pratiques.

j) Vous voyagez, vous voulez retirer des espèces en France comme à l'étranger dans des distributeurs ou régler vos achats en toute sécurité : nous avons la solution qu'il vous faut.

k) Vous changez d'appartement ? Déménagez sans stress ! Signalez vos nouvelles coordonnées (adresse, téléphone, e-mail) à votre agence et demandez les formalités bancaires.

Assistances

Services
- Calculer son crédit immobilier
- Simuler et demander votre crédit immobilier
- Calculer son crédit auto
- Calculer son devis assurance auto

Magazine
- Tous nos dossiers pratiques

a	b	c	d	e	f	g	h	i	j	k
6										

NOM : ....

PRÉNOM : ....

DATE : ....

.... / 40

2 Production écrite ..... / 10 points

Assistance informatique.

Votre ordinateur ne marche pas bien. Envoyez un courriel (sur une feuille à part) au technicien de votre entreprise pour :

- lui expliquer les problèmes ;
- lui demander de venir.

3 Compréhension de l'oral ..... / 10 points

SOS pièces détachées.

Écoutez le dialogue et complétez la fiche de demande d'expédition de pièces détachées.

Fiche d'expédition de pièces détachées

Motif de la réclamation : .... (2 pts)

Envoi : (1 pt)

☐ coursier normal

☐ service express UPHL ☐ livraison le jour même

☐ 24 h

☐ 48 h

À l'attention de : .... (1 pt)

Service : .... (1 pt)

Nom et Adresse de la société : .... (1 pt)

.... (1 pt)

....

Type de machine : .... (1 pt)

Numéro des pièces détachées demandées :

.... (1 pt)

.... (1 pt)

4 Production orale ..... / 10 points

Au choix

1. Accident de travail.

Vous avez été témoin d'un accident du travail dans votre entreprise. Racontez au directeur des ressources humaines les circonstances de l'accident et décrivez l'état de votre collègue.

2. Arrêt maladie.

Vous êtes malade. Téléphonez à un de vos collègues pour le prévenir de votre absence. Expliquez-lui ce que vous avez.

UNITÉ 1.

1. Compréhension des écrits

1. b. – 2. c. – 3. France – 4. 02.69.78.12.23 – 5. a – 6. Labricom

2. Production écrite

Veiller à ce que les informations demandées soient bien données. Évaluer la bonne formulation des phrases pour se présenter et donner des informations sur soi.

3. Compréhension de l'oral

Fiche « Professionnels »

Exposition Internationale de Paris

M. ☒ Mme ❑ Melle ❑
Nom : *Lucas*
Prénom : *Pierre*
Nationalité : *Belge*
Profession : *Informaticien*
Employeur : *Axeo*
Lieu de travail : *Paris*
Adresse électronique : *plucas@axeo.fr*

À l'exposition internationale de Paris
L'hôtesse d'accueil : Bonjour, monsieur !
Le visiteur : Bonjour, c'est pour un badge.
L'hôtesse d'accueil : Quel est votre nom ?
Le visiteur : C'est M. Lucas.
L'hôtesse d'accueil : Comment ça s'écrit ?
Le visiteur : L. U. C. A. S.
L'hôtesse d'accueil : Merci. Votre prénom, s'il vous plaît ?
Le visiteur : Pierre.
L'hôtesse d'accueil : Quelle est votre nationalité ?
Le visiteur : Je suis belge.
L'hôtesse d'accueil : Et quel est votre employeur ?
Le visiteur : C'est la société AXEO, à Paris.
L'hôtesse d'accueil : Très bien. Votre profession ?
Le visiteur : Informaticien.
L'hôtesse d'accueil : Quel est votre mail professionnel ?
Le visiteur : plucas, P. L. U. C. A. S@axeo.fr.
L'hôtesse d'accueil : Très bien. Voilà votre badge.
Le visiteur : Eh bien, je vous remercie !
L'hôtesse d'accueil : Je vous en prie.

UNITÉ 2.

1. Compréhension des écrits

1. f – 2. c, d, g – 3. h – 4. a – 5. e, i – 6. h, j

3. Compréhension de l'oral

Nom de l'enquêteur : Julien Martin – M. – Nom : Duval – N° de téléphone : 01 34 22 51 42 – Situation familiale : Marié – Âge : 43 ans – Nombre d'enfants : 1 garçon – Âge des enfants : 10 ans – Profession : chef de produit – Écoute Radio Infos : Toujours

Sondage Radio Infos
M. Duval : Oui allô ?
Le sondeur : Bonjour, monsieur. Je suis Julien Martin. Je fais un sondage téléphonique pour Radio Infos.
M. Duval : Oui.
Le sondeur : Vous écoutez Radio Infos ?
M. Duval : Ah oui, oui, j'écoute toujours Radio Infos. Je n'aime pas les autres radios.
Le sondeur : Très bien. Vous êtes bien M. Duval, au 01 34 22 51 42 ?
M. Duval : Oui, oui, c'est bien ça.
Le sondeur : Vous êtes marié ?
M. Duval : Oui.
Le sondeur : Vous avez quel âge ?
M. Duval : J'ai 43 ans.
Le sondeur : Vous avez des enfants ?
M. Duval : Oui, un garçon.
Le sondeur : Et quel âge a-t-il ?
M. Duval : 10 ans.
Le sondeur : Très bien… Quelle est votre profession ?
M. Duval : Je suis chef de produit.
Le sondeur : Chef… de… produit… Bon, c'est tout ! Merci beaucoup, monsieur. Au revoir.
M. Duval : Au revoir.

UNITÉ 3.

1. Compréhension des écrits

1. c – 2. b – 3. Les coordonnées du délégué en Espagne. – 4. a – 5. Pour confirmer la date de réunion.

2. Production écrite

Proposition de corrigé
Objet : demande de rendez-vous
Cher Monsieur,
Je dois aller en mission en France le … / du … au … / mardi et mercredi + *dates*.
Êtes-vous libre *(jours possibles / moments possibles)* pour un rendez-vous ?
Je vous invite à déjeuner au restaurant. Vous pouvez choisir le restaurant ? / vous choisissez le restaurant.
J'attends votre confirmation avec la date du rendez-vous et les coordonnées du restaurant.
Merci d'avance.
Cordialement

3. Compréhension de l'oral

À : M. Diallo – De la part de : François Girard – Société : Cadéo – Téléphone : 06 74 49 91 33 – ☒ Merci de rappeler / ☒ Souhaite vous rencontrer – Objet de l'appel : Contrat. Il y a un problème. Invitation à déjeuner. – Lieu de rendez-vous : Restaurant Épicure – Date de rendez-vous : Lundi 15

Un message téléphonique
François Girard : Allô, bonjour, François Girard de la société Cadéo. Je voudrais parler à M. Diallo, s'il vous plaît.
La secrétaire : Ah, je suis désolée mais M. Diallo est en réunion. C'est à quel sujet ?
François Girard : Eh bien, voilà, je voudrais rencontrer M. Diallo au sujet de notre contrat. Il y a un petit problème.
La secrétaire : Oui. Je peux prendre un message ?
François Girard : Ah, oui, oui, oui. Je suis de passage à Marseille. Est-ce que M. Diallo est disponible lundi 15 pour un déjeuner au restaurant Épicure ?
La secrétaire : Alors, je note le message et il vous rappelle pour confirmer. Je peux prendre vos coordonnées ?
François Girard : Oui, bien sûr. Alors c'est François Girard, G comme Gaston, I, R comme Raoul, A comme Anatole, R comme Raoul, D comme Désiré et mon numéro de téléphone est le 06 74 49 91 33.
La secrétaire : Très bien. Alors… M. Girard au 06 74 49 91 33, c'est noté. Au revoir, Monsieur.

UNITÉ 4.

1. Compréhension des écrits

1. *Erreurs et corrections :* Arrivée : mercredi 13 juin et non mardi 12 juin – Durée : 3 nuits et non 2 nuits – Client : 1 adulte et non 2 adultes – Récapitulatif : 1 chambre simple à 90 euros pour 3 nuits et non une chambre double à 103 euros pour 2 nuits – pas de petit-déjeuner – 3 taxes de séjour et non 2 – Montant total 275,70 euros et non 257,60 euros
2. a. email à présenter à la réception – b. oui – c. oui – d. oui – e. non (à partir de 14 h)

2. Production écrite

Proposition de corrigé
Objet : Votre voyage en / au / aux (+ pays)
Bonjour XXX,
Je dois organiser votre voyage en / au / aux *(+ pays)*. Je vais réserver les billets d'avion. Où prenez-vous l'avion ? Quand souhaitez-vous partir ? À quelle heure souhaitez-vous partir ? Qui participe au voyage ? Souhaitez-vous voyager en classe affaires ? Voulez-vous une voiture de location ?
J'attends votre réponse. Merci.
Bien cordialement

3. Compréhension de l'oral

Ville de destination : Francfort – Aller-retour
Date aller : Jour : 26 – Mois : Juillet
Date retour : Jour : 26 – Mois : Juillet
Voyageurs : 2 adultes
Nom : Durand – Prénom : Alexandre
Nom : Lambert – Prénom : Thomas
Classe : Économique
Vol aller : AP 13-18 7:00 Charles-de-Gaulle – 8:25 Francfort Intl
Vol retour : AP 22-19 18:30 Francfort Intl – 19:50 Charles-de-Gaulle

Réservation en ligne
M. Durand : Anne, nous devons aller voir des clients à Francfort le 26 juillet. Vous pouvez faire la réservation Paris-Francfort, s'il vous plaît ? C'est pour M. Lambert et moi.
Anne : Très bien, deux réservations : une pour M. Alexandre Durand et une pour M. Lambert. Euh, quel est son prénom ?
M. Durand : Thomas, Thomas Lambert.
Anne : Merci ! Vous voulez partir en train ou en avion ?
M. Durand : En avion, parce que la réunion est à 9 heures 30 le matin.
Anne : Alors... Il y a un vol qui arrive à 8 heures 25 ou un vol qui arrive à 9 heures.
M. Durand : Vous prenez le vol qui arrive à 8 heures 25, c'est mieux.
Anne : Et pour le retour ?
M. Durand : Le 26 juillet aussi, vers 18 heures.
Anne : Il y a un vol à 17 heures 50 et un vol à 18 heures 30.
M. Durand : Bon, le vol de 18 heures 30, s'il vous plaît.
Anne : En classe économique ou en classe affaires ?
M. Durand : En classe économique, ça va aller. Merci, Anne.
Anne : De rien, Monsieur.

UNITÉ 5.

1. Compréhension des écrits

1 E – 2 C – 3 G – 4 H – 5 A – 6 F – 7 D – 8 J – 9 B – 10 I

2. Production écrite

Évaluer la correspondance du mail avec les instructions données dans la consigne. Vérifier la bonne utilisation des formules acquises et du bon réinvestissement des outils grammaticaux vus depuis l'unité 1.

3. Compréhension de l'oral

Arrivée M. Tanaka : Le 3 août à 15 h 50 à l'aéroport Charles-de-Gaulle
Réserver 2 chambres à l'hôtel Grillon pour 3 personnes
Réserver une salle de réunion pour le 4 à partir de 9 h 30
Organiser pause avec : café – thé – jus d'orange – croissants
Pour le déjeuner : commander des plateaux-repas
Envoyer courriel au webmaster : annuler le rendez-vous et demander des précisions sur l'email commercial ; proposer une date (le 9 ?)
Date départ M. Tanaka : 9 août

M. Tanaka à Paris
La directrice commerciale : Christophe, nos clients japonais viennent la semaine prochaine. S'il vous plaît, vous pouvez faire une réservation d'hôtel ? M. Tanaka vient avec sa femme et un collaborateur.
L'assistant : Donc 2 chambres. À l'hôtel Grillon ?
La directrice commerciale : Oui, c'est une bonne idée.
L'assistant : D'accord. Ils arrivent quand ?
La directrice commerciale : Ils arrivent le 3 août et repartent le 9 août. Ils atterrissent à 15 h 50 à Charles-de-Gaulle. Vous pouvez vous occupez de leur accueil à l'aéroport ?
L'assistant : Oui, bien sûr. Et pour la réunion du 4 août avec eux, je réserve la salle de réunion ?
La directrice commerciale : Oui, à partir de 9 h 30. N'oubliez pas d'organiser une pause avec du café, du thé, du jus d'orange et des croissants et, pour le déjeuner, commandez des plateaux-repas. Nous allons travailler toute la journée.
L'assistant : Mais vous avez une réunion avec le webmaster le 4 août à 15 heures.
La directrice commerciale : C'est vrai... Bon, annulez le rendez-vous mais demandez par courriel des précisions sur l'e-mail commercial. Comment il voit le message ? Quelles rubriques il propose ? Et fixez un nouveau rendez-vous le 9 août.
L'assistant : Bien, c'est noté.

UNITÉ 6.

1. Compréhension des écrits

1. a – 2. b – 3. c – 4. Eau minérale, vin de bordeaux, cafés – 5. Non, il est compris.
2. a. annonce 2 – b. annonce 3 – c. annonce 1 – d. annonce 3 – e. annonce 4

3. Compréhension de l'oral

Ma commande : aujourd'hui
Choisissez : 16,90
Plateau Camargue : Nombre : 5
Plateau Neptune : Nombre : 5
Plateau Végétal : Nombre : 0
Nombre total de plateaux-repas : 10
Boissons – Eau minérale Nombre : 6 – Jus de fruits Nombre : 4 – Vin Nombre : 2

Platoburo.com
La collègue : Qu'est-ce que tu fais ?
L'assistant commercial : Je commande des plateaux-repas sur Internet.
La collègue : Ah bon ? Mais pour quand ?
L'assistant commercial : Pour ce midi.
La collègue : Pour combien de personnes ?
L'assistant commercial : C'est pour la réunion des commerciaux, ils sont dix.
La collègue : Et qu'est-ce que tu vas prendre ?
L'assistant commercial : Je vais prendre les plateaux à 16 euros 90.
La collègue : C'est bon ? Qu'est-ce qu'il y a ?

L'assistant commercial : Regarde : il y a un plateau Neptune avec du poisson, le plateau Camargue avec du bœuf et un plateau Végétal avec des légumes.
La collègue : Super ! Et qu'est-ce que tu vas choisir ?
L'assistant commercial : Je vais prendre cinq « poisson » et cinq « viande ».
La collègue : Et le dessert ?
L'assistant commercial : Pour les trois plateaux, il y a un gâteau au chocolat.
La collègue : Et comme boisson ?
L'assistant commercial : Je commande six eaux minérales, quatre jus de fruits et deux vins supplémentaires.
La collègue : Ça fait combien tout ça ?
L'assistant commercial : Eh bien, regarde...
La collègue : C'est cher !

UNITÉ 7.

1. Compréhension des écrits

Nom du chef d'entreprise : Delphine Rouet
Premier métier du chef d'entreprise : Professeur d'anglais
Type de formation : Stage de gestion – Durée : 5 jours – Lieu de formation : Chambre des métiers
Type de formation : Stage pour le métier de crêpier – Durée : 4 semaines – Lieu de formation : École de crêpiers à Vannes, en Bretagne
Activité de l'entreprise : Restaurant de crêpes
Lieu d'implantation : Chartres
Nombre de salariés : 3
Chiffre d'affaires annuel prévisionnel : 160 000 euros

2. Production écrite

Proposition de corrigé

La société Relax est une entreprise moyenne. Elle a été créée en 1989 et son siège social se trouve à Toulouse en France. Elle fabrique et vend des sièges d'avion et a deux usines qui sont situées à Francfort en Allemagne et à Madrid en Espagne. Elle emploie 110 salariés et son chiffre d'affaires pour l'année / annuel est de 20 millions d'euros.

3. Compréhension de l'oral

Bureaux : Il faut toujours fermer les bureaux à clé pendant la pause de midi !
Matériel : Le matériel est exclusivement réservé aux activités professionnelles. / Il est formellement interdit d'emporter le matériel à la maison / chez soi.
Photocopieur : Le photocopieur du cinquième étage est réservé aux photocopies de la direction.
Salle de réunion : On ne doit pas / Il est interdit de manger dans la salle de réunion.
Cigarettes : Il est interdit de fumer dans les locaux.

Un rappel à l'ordre

Le collaborateur 1 : Hier, j'ai eu une mauvaise surprise. Quand je suis revenu dans mon bureau après la pause déjeuner, je n'ai plus trouvé mon ordinateur portable.
Le collaborateur 2 : Ah bon ! Mais tu as laissé ton bureau ouvert ?
Le collaborateur 1 : Oui.
La DRH : Vous savez, il faut toujours fermer les bureaux à clé pendant la pause de midi !
Le collaborateur 1 : Ouais... mais hier j'ai oublié...
Le collaborateur 2 : Il y a beaucoup de problèmes en ce moment. Moi, j'ai voulu utiliser le vidéoprojecteur pour une présentation et je ne l'ai pas trouvé. Un collègue l'a pris pour une fête chez lui et il ne l'a pas rapporté.
La DRH : C'est formellement interdit. On ne donne jamais d'autorisation. Le matériel est exclusivement réservé aux activités professionnelles. Il y a aussi un problème avec le photocopieur du cinquième étage : il est réservé aux photocopies de la direction, mais le service commercial l'utilise.
Le collaborateur 2 : Mais oui, je sais... ! Les gens ne respectent pas le règlement ! C'est comme pour la salle de réunion, il y a des gens qui l'utilisent pour leur pause déjeuner mais on ne doit pas manger dans cette salle. Il y a le restaurant pour ça !
Collaborateur 1 : Et puis, vous avez vu, c'est interdit de fumer dans les locaux mais il y a les fumeurs dans le hall d'entrée.
Le collaborateur 2 : Ouais, j'ai vu. Tu dois faire quelque chose, Patricia...
La DRH : Tu as raison, Je vais faire une note de service pour rappeler les règles.

UNITÉ 8.

1. Compréhension des écrits

a. 4 – b. 2 – c. 1 – d. 2 – e. 1 – f. 4 – g. 3 – h. 3 – i. 4 – j. 1

3. Compréhension de l'oral

Sa présentation : Mon poste actuel : je suis responsable-export chez S.I.A. (meubles de bureau) – Je parle : le français, l'anglais, l'allemand, le suédois
Son parcours professionnel :
2007 Activités liées au poste : Relations avec les clients français – Prospection de nouveaux clients – Documentation en français
2003 : 2003 : Stage de 3 mois à Hong-Kong dans une société en informatique – Activité liée au poste : développement de la clientèle en France et en Allemagne
Autre : Présidente du Club des jeunes Européens

Premier poste

Jacques : Salut ! Ça va ?
Aminata : Ça va très bien ! J'ai trouvé mon premier poste !
Jacques : Super, chez qui ?
Aminata : Chez S.I.A., une société de meubles de bureau, comme responsable-export en Europe du Nord.
Jacques : Bravo ! J'imagine que tu parles bien anglais.
Aminata : Tu sais, je suis bilingue en anglais et en allemand, je parle aussi suédois...
Jacques : Tu parles suédois !!
Aminata : Oui... Pendant mes études à l'école de commerce de Nice, j'ai fait un stage de six mois à Stockholm. J'étais dans une société d'import-export alimentaire.
Jacques : Qu'est-ce que tu faisais là-bas ?
Aminata : Je m'occupais des relations avec les clients français. Je prospectais de nouveaux clients, je faisais la documentation en français.
Jacques : Pas mal ! C'était ton premier stage ?
Aminata : Non. Non, non, j'ai travaillé à Hong Kong aussi. C'était en... 2003. Je suis restée trois mois. J'ai travaillé à l'export, pour une société en informatique. Là, j'ai développé la clientèle en France et en Allemagne. C'était intéressant.
Jacques : Tu as beaucoup voyagé !
Aminata : Oui, j'aime bien voyager et connaître des cultures différentes. Je suis aussi présidente du club des jeunes Européens.
Jacques : Eh bien, félicitations pour ton premier poste !

UNITÉ 9.

1. Compréhension des écrits

a. note 2 – b. notes 1 et 2 – c. note 1 – d. notes 1 et 2 – e. note 1 – f. note 1 – g. note 2 – h. note 2

3. Compréhension de l'oral
Réunion du comité d'entreprise du 4 avril
On constate ces derniers mois une moins bonne ambiance. Il y a beaucoup de personnes absentes
Les raisons : Les locaux trop petits. – De plus en plus de collaborateurs
Déménagement dans les nouveaux locaux le 28
Description des nouveaux locaux : bureaux très spacieux – cafétéria très moderne
Bonne nouvelle. Nous avons obtenu des abonnements intéressants au nouveau club de sport. Ils proposent un essai gratuit à tout le personnel. Il y a déjà beaucoup de personnes intéressées.
Proposition pour régler les problèmes de communication avec les supérieurs hiérarchiques.
– Organiser une fois par mois un pot et une réunion d'informations pour présenter l'actualité de l'entreprise
– Proposer des séminaires d'intégration pour les nouveaux employés

En réunion du comité d'entreprise
Le dirigeant Michel Gandois : Nous sommes réunis pour parler de l'ambiance au travail. Ces derniers mois, je trouve que l'ambiance est devenue moins bonne et qu'il y a beaucoup d'absences.
Gérard Foutat : Ce n'est pas une surprise ! Les locaux sont devenus trop petits. Avec le développement de l'entreprise, il y a de plus en plus de collaborateurs et ça devient de plus en plus difficile de travailler dans de bonnes conditions. Quand finissent les travaux ?
Le dirigeant : Bientôt. L'installation dans les nouveaux locaux est prévue à la fin du mois, le 28.
Gérard Foutat : Ah, très bien. Et c'est comment ?
Le dirigeant : Les bureaux sont très spacieux. La cafétéria est très moderne et le personnel pourra s'y rencontrer dans un cadre agréable. Cette nouvelle organisation des bureaux va permettre d'améliorer l'ambiance au travail.
Delphine Jacquet : On espère ! Et j'ai aussi une bonne nouvelle. Nous avons obtenu des abonnements intéressants au club de sport qui vient d'ouvrir à côté des nouveaux locaux. Ils proposent un essai gratuit à tout le personnel pour découvrir leurs activités. Il y a déjà beaucoup de personnes intéressées.
Le dirigeant : C'est parfait !
Delphine Jacquet : Bien... Autre chose : il y a toujours de gros problèmes de communication avec les supérieurs hiérarchiques. Qu'est-ce qu'on peut faire ?
Le dirigeant : On va organiser une fois par mois un pot avec une réunion d'informations pour présenter l'actualité de l'entreprise.
Gérard Foutat : Vous pouvez aussi proposer des séminaires d'intégration pour les nouveaux employés ?
Le dirigeant : Oui, c'est une excellente idée...

UNITÉ 10.

1. Compréhension des écrits
a 6 – b 12 – c 3 – d 4 – e 1 – f 10 – g 2 – h 7 – i 9 – j 8 – k 2

2. Production écrite
Proposition de corrigé
Bonjour, J'ai un problème avec mon ordinateur. Il est encore en panne. D'abord, quand je le mets en marche, il fait un drôle de bruit. Quand je clique sur « imprimer », le voyant rouge de l'imprimante clignote et les feuilles sortent avec des lettres bizarres et des taches noires. En plus, je n'arrive pas à lire mes mails et à ouvrir les pièces jointes. Pourriez-vous venir dans les meilleurs délais ?
Merci beaucoup.
Cordialement.

3. Compréhension de l'oral
Motif de la réclamation : Pièces détachées non reçues
Envoi : service express UPHL – livraison le jour même
À l'attention de : M. Petit
Service : Développement
Nom et Adresse de la société : Aroma, Zone industrielle, 56000 Vannes
Type de machine : machine à mélanger
Numéro des pièces détachées demandées : C03 – JT56

SOS pièces détachées
Le client : Oui, M. Legrand ? Oui, bonjour. Ici, Gilles Ferniot de la société Euraset. Dites-moi, je n'ai toujours pas reçu mes pièces détachées !
Le cadre commercial : Attendez, je vérifie... Ah, c'est curieux, j'ai envoyé ces pièces la semaine dernière, le 9 mai exactement.
Le client : Écoutez peut-être mais je ne les ai pas reçues, hein ! Et ça, c'est un vrai problème ! Notre machine à mélanger est en panne et nous commençons nos essais demain après-midi. Il faut les renvoyer, c'est urgent !
Le cadre commercial : Je suis désolé, je ne comprends pas... Bon, je vous envoie les pièces détachées ce midi, par coursier express. Vous les recevrez ce soir, ça ira ?
Le client : Oui, c'est parfait !
Le cadre commercial : Je les envoie à la même adresse ?
Le client : Euh non. Non, non, directement à notre usine de production, s'il vous plaît.
Le cadre commercial : Vous pouvez me rappeler l'adresse ?
Le client : Mais bien sûr : Aroma, zone industrielle, 56000 Vannes. Et surtout à l'attention de M. Petit, c'est notre responsable du service développement.
Le cadre commercial : C'est noté ! Alors, pour les pièces détachées, on a la DF 328 et la C 03, c'est ça ?
Le client : Euh non, non, je voudrais la C 03 et la JT 56, mais pas la DF 328. C'est possible ?
Le cadre commercial : Pas de problème.
Le client : Eh bien, merci !

Exploitation pédagogique des vidéos

FICHE VIDÉO 1

Unité 1 **Entrez en contact ! p. 23**

Se présenter à un entretien ▸ Durée 1'36

Visionner sans le son

Visionnez la première séquence (00'00–00'37) sans le son et sans les sous-titres.

1. Dans le reportage, vous voyez :
❒ **a.** seulement des hommes.
❒ **b.** deux hommes et une femme.
❒ **c.** deux femmes et un homme.

2. Les trois personnes sont :
❒ **a.** à un colloque.
❒ **b.** dans un hôtel.
❒ **c.** dans les bureaux d'une entreprise.

3. Les trois personnes sont :
❒ **a.** des collègues de travail.
❒ **b.** deux collègues et un visiteur.
❒ **c.** deux visiteurs et une employée.

4. Quelle est la profession de la femme ?

....

....

5. Observez les personnes et cochez la bonne réponse.

	OUI	NON
a. L'homme et la femme s'embrassent.	❒	❒
b. L'homme serre la main de la femme.	❒	❒
c. L'homme salue la femme avec un geste de la main.	❒	❒
d. Les deux hommes se serrent la main.	❒	❒
e. Les deux hommes se saluent avec un geste de la tête.	❒	❒

Visionner avec le son

Visionnez la première séquence (00'00–00'37) avec le son et sans les sous-titres.

6. Écoutez les personnes et cochez les bonnes réponses.

	OUI	NON
a. L'homme dit « bonjour » à la femme.	❒	❒
b. La femme dit « bonjour » à l'homme.	❒	❒
c. L'homme se présente.	❒	❒
d. La femme se présente.	❒	❒
e. La femme vouvoie la personne au téléphone.	❒	❒
f. La femme appelle la personne par son prénom au téléphone.	❒	❒
g. L'homme dit « merci et au revoir » à la femme.	❒	❒
h. La femme dit « au revoir » à l'homme.	❒	❒
i. Les deux hommes se tutoient.	❒	❒
j. Les deux hommes se présentent avec leur prénom et leur nom.	❒	❒

7. Est-ce que les deux hommes se connaissent ? Cochez. OUI ❒ NON ❒

8. Complétez le registre des visites.

VISITEUR Prénom / NOM	OBJET DE LA VISITE	HEURE	PERSONNE VISITÉE Prénom / NOM
....	....	....	....

→ La suite de la vidéo sera traitée au moment de l'unité 8, dans la Fiche vidéo 8, voir son exploitation p. 190 de ce guide.

L'accueil téléphonique ▸ Durée 4'11

Avant de visionner la vidéo

1. Lisez le titre de la vidéo. Quelle profession va-t-on découvrir ?

❒ **a.** Le métier de standardiste.
❒ **b.** Le métier de commercial.
❒ **c.** Le métier de vendeur de téléphones.

Visionner sans le son

Visionnez la séquence de 00'00 à 00'34 sans le son et sans les sous-titres.

2. Qu'est-ce qu'on voit au tout début du film ? Cochez les objets que vous voyez sur le bureau.

❒ Un agenda
❒ Une calculatrice
❒ Un clavier
❒ Un crayon
❒ Une gomme
❒ Un livre
❒ Un ordinateur portable
❒ Une souris
❒ Un stylo
❒ Une tablette numérique
❒ Un téléphone fixe
❒ Un téléphone portable

3. Que veut dire la phrase qui défile en bas de l'écran :
« Un téléphone qui sonne dans le vide… c'est peut-être un client que vous n'aurez jamais » ?

❒ **a.** Un téléphone qui sonne dans le vide : un client perdu.
❒ **b.** Le téléphone ne sonne pas alors le client doit appeler une autre entreprise.
❒ **c.** Le téléphone sonne chez un client qui ne répond pas.

4. Le film est une publicité pour quoi ?

....

Visionnez la séquence de 00'35 à 01'19 sans le son et sans les sous-titres.

5. Quels sont les outils de travail des standardistes ? Cochez.

❒ Un ordinateur
❒ Des stylos
❒ Un micro
❒ Un casque
❒ Un bureau
❒ Un clavier
❒ Une tablette numérique
❒ Un agenda

6. Associez chaque standardiste au service téléphonique correspondant et au client correspondant.

	Standardiste A 	**Standardiste b** 
Service téléphonique	❒ **a.** Permanence téléphonique ❒ **b.** Gestion d'agenda	❒ **a.** Permanence téléphonique ❒ **b.** Gestion d'agenda
Client	❒ **a.** Un médecin ❒ **b.** Un professeur ❒ **c.** Une avocate ❒ **d.** Une architecte	❒ **a.** Un médecin ❒ **b.** Un professeur ❒ **c.** Une avocate ❒ **d.** Une architecte

Visionner avec le son

Visionnez les situations téléphoniques de 00'35 à 01'19 avec le son et sans les sous-titres.

Situation téléphonique 1 (00'35-00'54)

7. Complétez la fiche téléphonique.

À		Appel de	
Objet de l'appel			

8. Qu'est-ce que vous entendez ? Cochez la bonne réponse.

a. Pour dire que la personne n'est pas disponible, la standardiste dit :

❒ **1.** « Elle est absente pour le moment. »

❒ **2.** « Le poste ne répond pas. »

❒ **3.** « Elle est en audience*. »

Une audience* : un interrogatoire / une séance au tribunal de justice

b. Pour prendre un message, la standardiste dit :

❒ **1.** « C'est à quel sujet ? »

❒ **2.** « Puis-je prendre un message ? »

❒ **3.** « Je peux prendre un message ? »

Situation téléphonique 2 (00'55-1'19)

9. Complétez la fiche téléphonique.

À		Appel de	
Objet de l'appel			

10. Qu'est-ce que vous entendez ? Cochez la bonne réponse.

a. Pour proposer de l'aide, la standardiste dit :

❒ **1.** « En quoi puis-je vous aider ? »

❒ **2.** « Vous pouvez laisser un message. »

❒ **3.** « Je peux prendre vos coordonnées ? »

b. Pour faire une proposition, la standardiste dit :

❒ **1.** « Vous pouvez avoir un rendez-vous. »

❒ **2.** « Je peux vous proposer un rendez-vous. »

❒ **3.** « Vous pouvez voir le docteur demain. »

→ La suite de la vidéo sera traitée au moment de l'unité 10, dans la Fiche vidéo 10, voir son exploitation p. 195 de ce guide.

Vous avez une réservation ? ▸ Durée 2'39

Avant de visionner la vidéo

1. Lisez le titre de la vidéo puis faites des hypothèses sur le contenu du reportage.

a. Quelle profession on va découvrir ?

b. Quels lieux on va voir ?

2. Voici des informations sur la personne interviewée dans le reportage, associez chaque information à un titre.

a. Âge – b. Diplôme – c. Lieu de travail – d. Nom et prénom – e. Nombre d'années de travail dans la profession – f. Profession

Visionner sans le son

Visionnez toute la vidéo sans le son et sans les sous-titres.

3. Vos hypothèses sont-elles confirmées ?

4. Observez ces images de la vidéo et répondez.

0'38

0'59

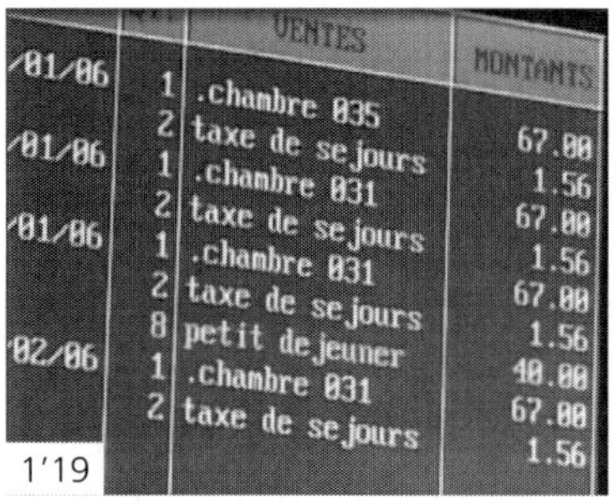

1'19

2'10

a. Quel est le nom de l'hôtel ? ....

b. Quelle est la catégorie de l'hôtel ? ....

c. Combien de chambres il y a ? Cochez.

❐ Moins de 10. ❐ Entre 10 et 20. ❐ Plus de 20.

d. Combien de type de chambres il propose ? ....

e. Quel est le prix minimum d'une chambre ? ....

f. Est-ce que le petit déjeuner est compris ? ....

g. Est-ce que l'hôtel propose une connexion Internet ? ....

5. Cochez les lieux de l'hôtel que vous voyez dans le reportage.

❐ L'ascenseur
❐ La porte d'entrée de l'hôtel
❐ La réception / Le hall de réception
❐ Les cuisines
❐ Une salle de bains
❐ La salle de restaurant
❐ Une chambre
❐ Le bar
❐ Le couloir

6. Quelles sont les personnes à qui parle le réceptionniste ?

....

Visionnez une nouvelle fois le début de la vidéo (→ 00'35) sans le son et sans les sous-titres.

7. Décrivez le hall de réception de l'hôtel. Cochez ce qu'il y a.

❐ Des brochures touristiques
❐ Des chaises
❐ Une bibliothèque avec des livres
❐ Un ordinateur pour les clients
❐ Des plantes vertes
❐ Un canapé
❐ Une grande table
❐ Une lampe jaune
❐ Une machine à café
❐ Un grand vase avec des fleurs blanches
❐ Un grand tableau sur le mur
❐ Une télévision

Visionner avec le son

Visionnez le reportage du début jusqu'à 1'37 avec le son mais sans les sous-titres.

8. Quel type de clientèle accueille cet hôtel ?

....

9. Le client a une réservation pour combien de nuits ?

....

10. Complétez cette phrase.

Le réceptionniste est la première personne que le client .... C'est l'...................... de l'hôtel.

11. Est-ce que l'hôtel est ouvert la nuit ?

....

12. Cochez deux réponses. Dans son métier, Anes Al Thaï aime :

❒ **a.** les responsabilités.
❒ **b.** le contact.
❒ **c.** les échanges.
❒ **d.** les horaires.
❒ **e.** le service.

13. Le réceptionniste prend une réservation au téléphone. Notez la date et le type de chambre.

....

Visionner la suite du reportage (1'08–2'39) avec le son et les sous-titres.

14. Lisez les missions d'un réceptionniste ci-dessous et cochez les missions décrites par Anes Al Thaï.

❒ **a.** Il enregistre l'arrivée des clients.
❒ **b.** Il présente l'hôtel.
❒ **c.** Il attribue les chambres.
❒ **d.** Il gère le départ et assure la facturation des clients.
❒ **e.** Il communique avec le personnel.
❒ **f.** Il note les réclamations de la clientèle.
❒ **g.** Il gère le planning des réservations.
❒ **h.** Il informe le client sur les manifestations culturelles de la ville.

15. Quelle est la qualité essentielle d'un réceptionniste ? Cochez.

❒ **a.** La patience
❒ **b.** La polyvalence
❒ **c.** La résistance

16. Quel est le nombre exact de chambres ?

....

17. Cochez. Anes Al Thaï aime aussi son métier parce qu' :

❒ **a.** il a un bon salaire.
❒ **b.** il parle différentes langues.
❒ **c.** il rencontre des personnes étrangères.

18. D'après Anes Al Thaï, quelles sont les 3 évolutions de poste possibles pour un réceptionniste ?

....

....

19. Qu'est-ce que vous pensez du métier de réceptionniste ?

....

....

....

FICHE VIDÉO 4

Unité 5 **Organisez votre journée ! p. 77** **24 heures avec une hôtesse de l'air** ▸ Durée 3'15

PNC : Personnel navigant commercial
CFS : Certificat de formation à la sécurité
Une cabine : lieu où se trouve les pilotes / les passagers
L'ACL : *Aircraft commercial log* : liste des malfonctions présentée par le chef de cabine au pilote qui doit la signer

Un galet : zone de préparation et de stockage des produits alimentaires
L'équipage : l'ensemble du personnel navigant
Les emer lights : les lumières qui s'allument dans la cabine pour indiquer les sorties d'urgence

Avant de visionner la vidéo

1. Le reportage.

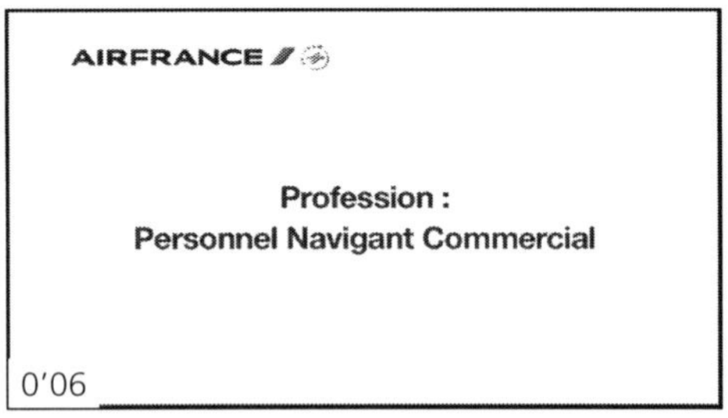

a. Regardez cette image du reportage : qu'est-ce que vous allez voir ?

....

b. Le reportage concerne quelle entreprise ?

....

c. Quelle est la profession illustrée dans le reportage ?

....

Visionner sans le son

Visionnez tout le reportage sans le son et sans les sous titres.

2. L'agenda de l'hôtesse de l'air : Complétez l'agenda de l'hôtesse de l'air avec ses activités.

4 h 30	Départ du domicile
5 h 10	....
5 h 15	Préparation des vols
5 h 25	....
5 h 35	....
5 h 50	Briefing du personnel navigant
5 h 55	....
6 h 30	....
6 h 50	....

Visionnez chacune des trois séquences suivantes sans le son et sans les sous titres.

La journée d'une l'hôtesse de l'air.

3. Séquence 1 (0'03–0'35) – Le trajet

a. Comment s'habille-t-elle pour aller travailler ?

....

b. Qu'est-ce qu'elle emporte pour partir au travail ?

....

c. Quel moyen de transport prend-elle pour aller travailler ?

....

d. Quelle est la durée du trajet de son domicile à son lieu de travail ?

....

e. Que fait-elle pendant le trajet de son domicile au lieu de travail ?

....

4. Séquence 2 (0'36–01'19) – Son arrivée dans les locaux de l'entreprise, son travail dans les bureaux, la préparation du vol

a. Que fait l'hôtesse quand elle arrive sur son lieu de travail ?

....

b. Quelles catégories de personnes elle rencontre ?

– ....

– ....

5. Séquence 3 (01'20–03'13) – Son travail dans l'avion

a. Quel moyen de transport prend l'hôtesse pour aller jusqu'à l'avion ?

....

b. Dans quels endroits on voit l'hôtesse au travail ? Cochez les lieux vus à l'écran.

❒ Dans la cabine de pilotage
❒ Dans la salle d'embarquement
❒ À l'entrée de l'avion
❒ Dans un galet (zone de préparation des repas)
❒ Dans la cabine des passagers
❒ Dans les toilettes

c. Dans son travail, l'hôtesse utilise plusieurs objets. Faites correspondre le nom de chaque objet avec l'image qui correspond.

.... **a.** un masque à oxygène
.... **b.** un sac poubelle
.... **c.** un tableau de commande
.... **d.** un chariot
.... **e.** un mégaphone
.... **f.** un micro / un téléphone
.... **g.** une ceinture de sécurité

1 – 2'32

2 – 2'38

3 – 2'34

4 – 1'43

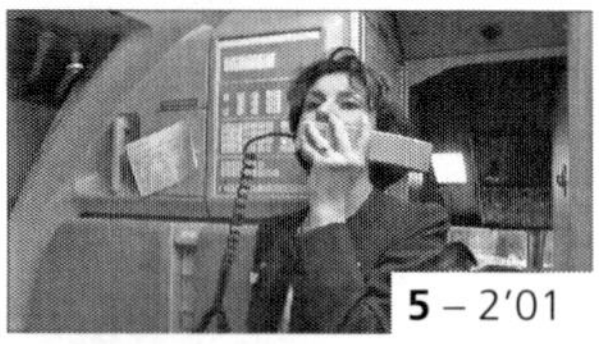
5 – 2'01

6 – 25'47

7 – 1'51

d. L'hôtesse lève le pouce en l'air. Que signifie ce geste ? Cochez la bonne réponse.

❒ **1.** « Attendez ! »
❒ **2.** « Il faut un masque. »
❒ **3.** « C'est bon ! / C'est bien ! / C'est prêt ! / Merci ! »
❒ **4.** « Il manque un gilet de sauvetage. »

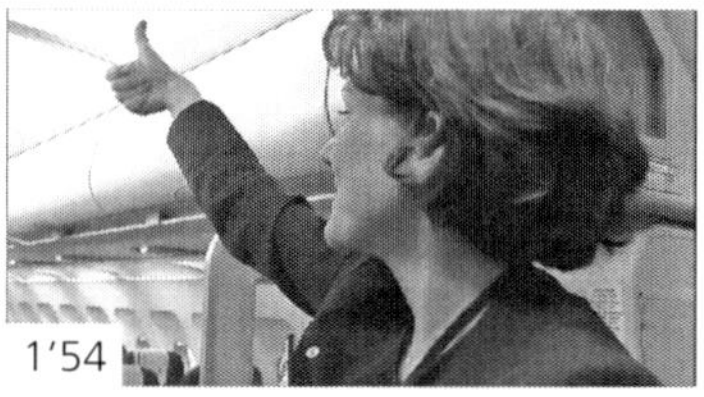
1'54

e. Imaginez ce que dit l'hôtesse aux passagers :

1. à leur embarquement dans l'avion : ....

....

2. au téléphone dans l'avion pour se présenter : ....

....

Visionner avec le son

Visionnez tout le reportage intégralement avec le son et sans les sous-titres.

6. Planning des vols : Complétez la fiche des vols de sa journée.

Date du vol : 17 juin
Vol aller – retour ❒ Vol aller ❒ Vol retour ❒
Ville de départ : .... Ville de destination : ....

Vol aller – retour ❒ Vol aller ❒ Vol retour ❒
Ville de départ : .... Ville de destination : ....

7. Le métier d'hôtesse de l'air ou de steward : Complétez la fiche-métier.

Personnel navigant commercial (PNC)

Diplôme : ....

Nombre d'heures de vol : ....

Stages de formation : – ....

– ....

Qualité physique : ....

Qualité personnelle : ....

Aspects positifs du métier : ....

....

Aspects négatifs du métier : ....

....

8. Le parcours professionnel de l'hôtesse de l'air : Complétez la fiche de la carrière professionnelle de l'hôtesse de l'air.

Prénom : ....

Poste actuel : ....

Date d'entrée dans la compagnie : ....

Postes occupés : – ....

– ....

– ....

9. Est-ce que le métier d'hôtesse de l'air ou de steward vous plaît ? Qu'est-ce que vous aimez dans ce métier ? Qu'est-ce que vous n'aimez pas ?

....

....

....

....

....

FICHE VIDÉO 5

Unité 6 **Faites le bon choix ! p. 93**

Une table pour deux ! ▸ Durée 2'32

Avant de visionner la vidéo

1. Lisez le titre de la vidéo. Quelle profession va-t-on découvrir ?

....

Visionner sans le son

Visionnez la vidéo sans le son et sans les sous-titres.

2. Est-ce que votre hypothèse est confirmée ?

....

3. Observez les photos de serveurs présents dans la vidéo. Associez chaque serveur/serveuse avec les vêtements portés.

a – 0'13

b – 1'05

c – 2'03

d – 1'10

e – 1'16

f – 1'36

g – 0'20

h – 0'37

1. Chemise blanche, gilet, pantalon, nœud papillon : ....
2. Chemisier blanc, jupe noire et petit tablier blanc : ....
3. Costume noir, chemise blanche, cravate ou nœud papillon : ....
4. Chemise blanche, cravate et grand tablier noir : ....
5. Jupe noire, chemisier blanc et gilet noir : ....
6. Chemise blanche, gilet, cravate, jupe, grand tablier : ....
7. Tailleur veste et jupe : ....
8. Veste de couleur, pantalon noir, chemise blanche et nœud papillon : ....

Visionnez à nouveau le début du reportage (→ 0'40) sans le son et sans les sous-titres.

4. Observez les tables avant l'arrivée des clients et notez les objets que vous voyez sur les tables.

....

....

Visionner avec le son

Visionnez le reportage avec le son mais sans les sous-titres.

5. Retrouvez l'ordre des étapes pour la mise en place puis associez chaque étape à une image du reportage (une étape a deux images).

Ordre des étapes	Étapes	Numéro de l'image
....	Entretien des ustensiles de service	....
....	Installation des nappes et des couverts	....
....	Nettoyage de la salle	....
....	Préparation des tables	....

a –0'18

b –0'23

c –0'27

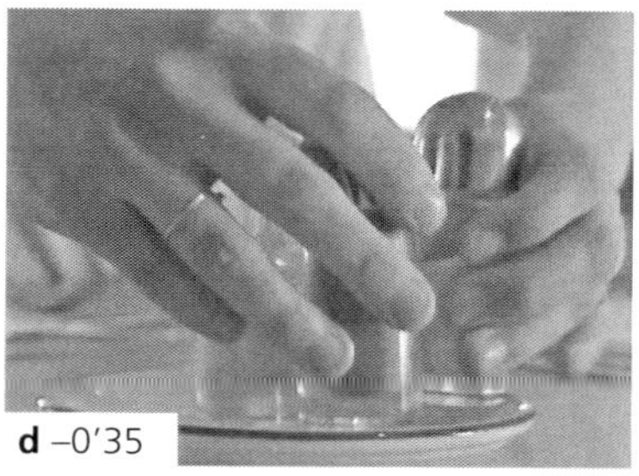
d –0'35

e –0'16

6. Complétez le commentaire du reportage avec les actions du serveur à l'arrivée du client.

Vous arrivez, le serveur vous .... avec le sourire, vous .... , ... la carte, vous .... , ... à vos questions sur les plats et les vins, ... votre commande qu'il .... en cuisine.

7. a. Trouvez l'ordre dans lequel les qualités sont données.
b. Recherchez la signification de ces qualités dans un dictionnaire.
c. Indiquez la qualité la plus importante pour vous / pour un serveur de votre pays.

.... Rapidité : ....

1 Dextérité : ....

.... Précision : ....

.... Délicatesse : ....

.... Habilité : ....

8. Quelle est la commande pour la (table) 8 ?

....

9. Complétez le commentaire du reportage avec les actions du serveur à la fin du repas.

Le serveur établit l'addition, ... la note et .... Il .... les tables au fur et à mesure du départ du client et les .... À la fin du service, il .... la salle et .... les locaux en ordre.

Visionnez le reportage avec le son et les sous-titres.

10. Résumez les qualités d'un serveur. Plusieurs réponses possibles.

Il doit ....

Il doit être ....

Il doit avoir ....

11. Quelles sont les évolutions possibles pour un serveur ?

– ....

– ....

12. Quelle est l'information correcte ? Cochez.

❒ **a.** Les diplômes sont plus importants que l'expérience.
❒ **b.** Les certificats de travail sont plus importants que les diplômes.
❒ **c.** Il faut beaucoup de certificats de travail pour justifier l'expérience.

13. Pensez-vous que c'est un métier facile ?

....

....

....

....

....

FICHE VIDÉO 6

Kiabi : une entreprise française ▸ Durée 2'29

Avant de visionner la vidéo

1. Lisez le titre de la vidéo. Puis faites un arrêt sur la première image de la vidéo et répondez aux questions.

a. Quel est le nom de l'entreprise ?

....

b. Quelle est la clientèle visée ?

....

c. À votre avis, quel type de produits vend-elle ?

....

Visionner avec le son

Visionnez la première séquence (→ 0'19) avec le son et sans les sous-titres.

2. Complétez le profil de la jeune femme.

Prénom et nom : ....

Fonction : ....

Service : ....

Nombre d'années dans l'entreprise : ....

Visionnez la deuxième séquence (0'20–01'04) avec le son et sans les sous-titres.

3. Complétez la fiche d'identité de l'entreprise et notez les chiffres lus à l'écran.

Nom de l'entreprise : ....

Secteur d'activité : ....

Nombre d'employés : ....

Nombre d'années d'existence : ....

Nombre de magasins : ....

Pays d'implantation des magasins : ....

Pays d'implantation du site Internet : ....

4. Les métiers de l'entreprise : Cochez les métiers cités par la jeune femme.

❒ Le marketing
❒ La création
❒ L'informatique
❒ La production
❒ La vente
❒ La finance
❒ Le recrutement
❒ Les collections

Visionnez la troisième séquence (01'05–01'34) avec le son et les sous-titres.

5. Les valeurs de l'entreprise : Cochez la phrase qui résume la philosophie de l'entreprise.

❒ **a.** Les gens font un métier qu'ils aiment pour des gens qu'ils aiment.
❒ **b.** On aime parler d'amour du métier chez Kiabi.
❒ **c.** Faire un métier que j'aime avec des gens que j'aime pour des gens que j'aime.

6. Quelle est la relation entre cette phrase et l'image ?

....

....

0'07

7. Qui est concerné par cette phrase ?

– ....

– ....

8. Quelles sont les valeurs attachées à l'entreprise ? Lisez et cochez ce que vous entendez.

❒ L'esprit d'équipe
❒ L'envie de se surpasser
❒ La confiance
❒ La reconnaissance
❒ Le plaisir
❒ L'engagement

Visionnez la quatrième séquence (01'35–02'28) avec le son et sans les sous-titres.

9. La politique de recrutement de l'entreprise : Cochez les informations données.

❒ L'alternance
❒ Les compétences en interne
❒ La formation interne
❒ Les stages
❒ La recherche de nouvelles compétences
❒ La promotion interne
❒ Les parcours de carrière
❒ Le recrutement de jeunes diplômés

10. Quels sont les trois types de recrutement que vous lisez à l'image ?

– ....

– ....

– ....

11. Où travaillent les employées filmées à la fin du reportage ?

❒ **a.** Dans un magasin Kiabi.
❒ **b.** Dans un bureau du siège social.
❒ **c.** Dans un atelier de création.

12. Quel est leur métier à votre avis ?

....

....

2'10

13. Faites correspondre les expressions avec la définition qui convient.

1. Une collection
2. Une destination potentielle
3. Une enseigne de distribution
4. Une implantation
5. Un levier
6. Une logistique
7. Une mobilité
8. Une carrière

a. l'organisation matérielle (transport, stock...)
b. une action
c. une capacité à changer de poste
d. l'ensemble de la vie professionnelle
e. l'ensemble de modèles créés pour une saison
f. un nom de magasin
g. un pays possible
h. un lieu d'installation

14. Complétez les phrases avec les expressions de l'activité 13 (de 1 à 8) entendues dans le reportage. Vous pouvez (re)visionner le reportage avec le son et les sous-titres.

a. Kiabi, c'est une .... spécialisée dans le textile.

b. Elle propose plusieurs .... de vêtements par an. C'est un de ses nombreux métiers.

c. La .... de l'entreprise est complètement internalisée.

d. C'est une entreprise internationale avec une .... majoritaire en France.

e. C'est aussi un site Internet implanté en France, en Espagne et en Italie mais avec d'autres ....

f. La politique de recrutement se découpe en trois ....

g. La .... interne est un engagement de l'entreprise auprès de ses collaborateurs.

h. Kiabi propose aussi à ses collaborateurs un parcours de ....

15. Est-ce que vous aimeriez travailler dans cette entreprise ? Pourquoi ?

....
....
....
....
....

Avant de visionner la vidéo

1. Lisez le titre de la vidéo puis faites des hypothèses sur le contenu du reportage en complétant les phrases.

a. Le film va montrer comment on ....

b. « Rocher », c'est le nom ....

c. La maison Maiffret, c'est ....

Visionner avec le son

Visionnez la première partie de la vidéo (→ 00'57) avec le son mais sans les sous-titres.

2. Retrouvez l'ordre des étapes de fabrication.

A

B

C

D

E

F

Ordre des étapes de fabrication : ....

3. Associez les trois énoncés suivants de la présentation aux trois photos correspondantes de l'activité 2.

a. Laisser notre praliné cristalliser durant 12 heures. Photo n° ....

b. On va commencer par faire un praliné, c'est-à-dire un mélange de sucre cuit caramélisé. Photo n° ....

c. On va ajouter nos amandes et nos noisettes à notre sucre caramélisé. Photo n° ....

Les secrets de fabrication du chocolat Rocher

Visionnez la suite du reportage (0'58–1'38) avec le son mais sans les sous-titres.

4. Complétez la fiche de composition du chocolat Rocher.

Composition du chocolat Rocher
a. Amandes / éclats d'amandes
b. ....
c. ....
d. ....
e. ....
f. ....

Visionnez la dernière partie du reportage (1'38 à la fin) avec le son mais sans les sous-titres.

5. Après douze heures, la base de Rocher est étalée sur :
❒ **a.** des cadres en bois.
❒ **b.** des plaques métalliques.
❒ **c.** des plateaux en plastique.

6. Pour cristalliser, la base de Rocher est stockée environ :
❒ **a.** 2 heures.
❒ **b.** 10 heures.
❒ **c.** 12 heures.

7. Pour couper la pâte et obtenir les bonbons de Rocher, on utilise :
❒ **a.** des ciseaux.
❒ **b.** un couteau.
❒ **c.** une machine.

8. Les bonbons sont enrobés :
❒ **a.** 1 fois.
❒ **b.** 2 fois.
❒ **c.** 3 fois.

9. Les bonbons Rocher cristallisent sur un tapis. Ce tapis mesure :
❒ **a.** 5 mètres.
❒ **b.** 7 mètres.
❒ **c.** 16 mètres.

10. En bout de tapis, on met les chocolats :
❒ **a.** dans des boîtes.
❒ **b.** sur des étagères.
❒ **c.** sur des plateaux.

Unité 8 **Trouvez un emploi ! p. 131**

Se présenter à un entretien ▸ Durée 1'36

Visionner sans le son

Visionnez la première séquence du reportage (00'00–00'37) sans le son et les sous-titres.

1. Vous souvenez-vous de ce reportage ? Répondez aux questions.

a. Qui est le visiteur ? ....

b. Où se présente le visiteur ? ....

c. Quel est le métier de la femme ? ....

d. Que fait-elle ? ....

e. Que dit-elle au téléphone ? ....

f. Où va le visiteur ensuite ? ....

g. Qui rencontre-t-il ? ....

h. Comment salue-t-il ? ....

Visionner avec le son

Visionnez tout le reportage avec le son et sans les sous-titres.

2. Les locaux de l'entreprise : Répondez aux questions.

a. Où se trouve le bureau de la personne visitée sur le plan ? Entourez-le.

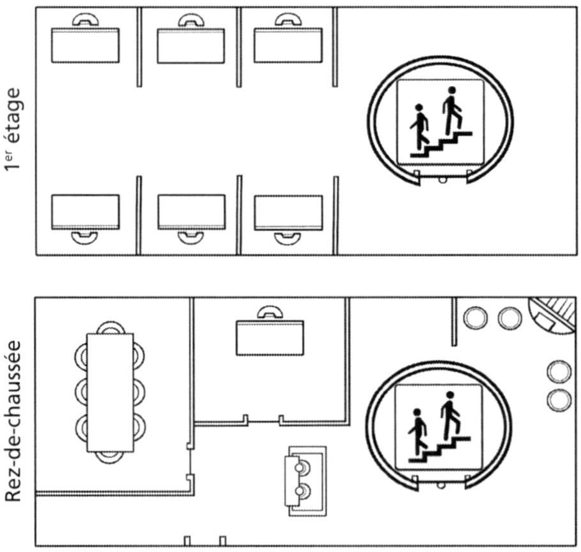

b. De quel type de bureaux s'agit-il ?

❒ Bureaux ouverts (espace ouvert ou open space) ❒ Bureaux fermés

Mes docs **c. L'aménagement des bureaux** : Quels objets voyez-vous ? Cochez les bonnes réponses (vous pouvez vous aider avec le lexique des fournitures de bureau dans le DVD-ROM « Mes documents »).

❒ Des dossiers ❒ Des stylos ❒ Une imprimante
❒ Une bibliothèque ❒ Des livres ❒ Des classeurs
❒ Une bouteille d'eau ❒ Une lampe ❒ Un téléphone
❒ Un portemanteau ❒ Un ordinateur ❒ Un calendrier mural

3. L'entreprise : Complétez la fiche de l'entreprise.

Nom : ....
Domaine d'activité : ....

4. De quel type d'entretien s'agit-il ?

....

5. C'est le Directeur des ressources humaines qui reçoit le visiteur. Cochez la bonne réponse.

OUI ❐ NON ❐

Visionnez à nouveau tout le reportage avec le son et avec les sous-titres.

6. Se présenter à un entretien : Regardez et écoutez. Vérifiez si le visiteur suit bien les règles pour réussir un entretien. Justifiez vos réponses (vous pouvez vous aider des sous-titres ou de la transcription).

Les règles de l'entretien	OUI / NON	Justifications (décrivez ou dites ce qu'il fait, ce qu'il dit)
a. S'habiller avec soin.	❐ Oui ❐ Non	....
b. Se présenter de façon polie à l'accueil.	❐ Oui ❐ Non	....
c. Se présenter à l'interlocuteur.	❐ Oui ❐ Non	....
d. Saluer l'interlocuteur.	❐ Oui ❐ Non	....
e. Aller dans le bureau si on est invité.	❐ Oui ❐ Non	....
f. S'asseoir si on y est invité.	❐ Oui ❐ Non	....
g. Remercier l'interlocuteur pour le rendez-vous.	❐ Oui ❐ Non	....
h. Se renseigner sur l'entreprise.	❐ Oui ❐ Non	....
i. Être à l'écoute de son interlocuteur (prendre des notes).	❐ Oui ❐ Non	....
j. Montrer son intérêt.	❐ Oui ❐ Non	....
k. Remercier et prendre congé de l'interlocuteur.	❐ Oui ❐ Non	....
l. Prendre congé des personnes de l'entreprise.	❐ Oui ❐ Non	....

7. Il manque un document ou une information. Lequel ou laquelle ? Cochez la bonne réponse.

❐ La convention de stage ❐ La définition de la fonction ❐ Les objectifs du stage

❐ Le nom du tuteur ❐ La date de prise de poste

8. À votre avis, est-ce que le visiteur a réussi son entretien ? Pourquoi ?

FICHE VIDÉO 9

Unité 9 **Faites des projets ! p. 143** **Le bien-être au travail** ▸ Durée 2'07

Visionner sans le son

Visionnez la vidéo intégralement sans le son et sans les sous-titres.

1. Qui diffuse ce reportage ?

....

2. Dans quelle entreprise se passe le reportage ?

....

3. Combien de personnes sont interviewées ?

....

4. Quelles sont les fonctions de ces personnes ?

....

5. Lisez les phrases ci-dessous et dites si c'est vrai ou faux.

	Vrai	Faux
a. Les salariés ont des bureaux individuels.	❒	❒
b. Les salariés ont l'air stressés.	❒	❒
c. Il y a quelques plantes vertes.	❒	❒
d. Il y a un distributeur de boissons.	❒	❒
e. Les locaux sont colorés.	❒	❒
f. Les hommes portent une veste.	❒	❒
g. L'entreprise a une salle de restaurant.	❒	❒
h. Il y a un vélo dans une pièce.	❒	❒
i. Les salariés ont tous des fauteuils de travail classiques.	❒	❒
j. Dans une pièce, on voit un décor de campagne.	❒	❒

6. Observez les images ci-dessous extraites du film. Quels éléments de confort sont proposés ? Décrivez chaque photo en une phrase.

0'04

a. ....

....

....

....

1'19

b. ....

....

....

....

0'22

c. ....

....

....

....

1'08

d. ....

....

....

....

1'17

e. ....

....

....

....

7. Quelle impression donne le reportage sur l'entreprise présentée ?

....

Visionner avec le son

Visionnez la première partie de la vidéo (→ 0'49) avec le son et sans les sous-titres.

8. Complétez les phrases.

a. Les employés sont sur leur .... et .... le matériel de l' ....

b. Au siège de Google France, un grand espace détente contient baby-foot, console de jeu et ....

c. La finalité, c'est qu'un .... détendu .... mieux et .... mieux avec ses collègues.

d. Ce genre d'initiative finalement et d'...................................., ça .... les échanges d'.................................... .

e. Les employés ont également à disposition tous les .... nécessaires pour travailler ....

Visionnez la suite du reportage jusqu'à la fin (00'49–02'07) avec le son et sans les sous-titres.

9. D'après Thierry Jalet, qu'offre l'entreprise ?

– ....

– ....

10. Qu'est-ce qui est gratuit dans cette entreprise ?

....

11. Quel cadeau ont reçu les employés pour la Journée de l'environnement ?

....

12. Que veut dire : « Aucun code vestimentaire n'est imposé » ? Reformulez avec vos propres mots.

....

13. D'après le Directeur général de l'entreprise, quels sont les avantages de cette philosophie du bien-être ?

a. Les employés sont plus .... sur leurs projets.

b. Ils laissent libre cours à leur ....

c. Ils sont beaucoup plus ....

d. Leurs résultats sont ....

14. Qu'est-ce que l'entreprise veut favoriser avec tous ces avantages ?
Retrouvez les trois mots en associant les syllabes proposées.

RÉ | TÉ | VI | TA | LI | PRO | TÉ | TAT | DUC | SUL | REN | TI | BI

a. Le ....

b. La ....

c. La ....

15. Quelles sont vos réactions après le visionnage de ce reportage ? Vous avez envie de travailler dans cette entreprise ? Quel avantage vous plaît le plus ? Vous pensez que la politique de cette entreprise est efficace ?

....

....

....

....

....

FICHE VIDÉO 10

L'accueil téléphonique ▸ Durée 4'11

Visionner avec le son

Visionnez la séquence de 01'20-2'46 avec le son et sans les sous-titres.

1. Associez chaque service téléphonique à chaque situation de la vidéo et à ce que dit la standardiste. Arrêtez-vous après chaque situation téléphonique.

Services téléphoniques	Situations à l'image	Ce que dit la standardiste
I. Relève de standard	**a.** L'interlocuteur est en réunion avec trois collègues.	**1.** Elle informe de la solution à un problème.
II. Pré-recrutement	**b.** L'interlocuteur est absent pour des raisons personnelles.	**2.** Elle met en relation avec une autre personne.
III. Prise de message	**c.** L'interlocuteur assiste à une présentation.	**3.** Elle confirme une demande reçue.
IV. Prise de commandes	**d.** L'interlocutrice est en déplacement professionnel.	**4.** Elle prend un message en anglais.
V. Hot-line SAV 24 h/24	**e.** La correspondante reçoit un paquet.	**5.** Elle prend les coordonnées d'une personne pour un rappel.
VI. Accueil bilingue	**f.** Un technicien est en intervention.	**6.** Elle informe qu'une personne va rappeler bientôt.

Visionnez de nouveau la séquence de 01'20-2'46 avec le son et sans les sous-titres.

Arrêtez-vous après chaque situation téléphonique avec la standardiste pour répondre aux questions.

2. Relève de standard (01'20–0'33) : Qu'est-ce que dit la standardiste ? Cochez les bonnes réponses.

❐ **a.** Elle demande un numéro de référence.
❐ **b.** Elle propose de parler avec une autre personne.
❐ **c.** Elle annonce une indisponibilité.
❐ **d.** Elle fait patienter la personne.

3. Pré-recrutement (01'34–01'45) : Qu'est-ce que dit la standardiste ? Cochez les bonnes réponses.

❐ **a.** Le profil du candidat ne correspond pas au poste.
❐ **b.** Il n'y a pas de poste disponible.
❐ **c.** Le profil du candidat intéresse le DRH.
❐ **d.** Le DRH va bientôt parler avec le candidat.

4. Prise de message (01'46–01'57) : Complétez le message téléphonique.

À : ....

Appel de : ....

Message : ❐ Urgent ❐ Rappeler

5. Prise de commandes (01'58-02'13) : Complétez le bon de commande.

Commande
Nom du / de la client(e) : ....
Délai de livraison : ....

6. Hot-line SAV 24 h/24 (02'14-02'25) : Qu'est-ce que dit la standardiste ? Cochez les bonnes réponses.

❒ **a.** Elle se présente par son prénom.
❒ **b.** Elle donne suite à la demande.
❒ **c.** Elle va informer l'équipe d'astreinte*.
❒ **d.** Elle informe de la durée du dépannage.
❒ **e.** Elle informe de l'arrivée des dépanneurs.

*la permanence

Visionner sans le son

Visionnez la dernière séquence du film de 02'47–04'06 sans le son et sans les sous-titres.

7. Répondez aux questions.

a. Quel est le titre de la séquence ?

....

b. Quelles personnes voyez-vous à l'écran ?

....

....

c. Quels énoncés utilisés au téléphone lisez-vous ?

– ....

– ....

– ....

– ....

– ....

Visionner avec le son

Visionnez la dernière partie (02'47–04'06) avec le son et les sous-titres.

8. « La première impression est toujours déterminante. » Que signifie cette phrase ? Cochez la bonne réponse.

❒ **a.** La première impression n'est pas importante.
❒ **b.** On peut toujours donner une bonne image.
❒ **c.** Il faut donner une bonne image tout de suite.

9. À qui s'adresse cette publicité ? Notez les trois grandes catégories de clients.

– ....

– ....

– ....

10. Complétez la fiche d'identité de l'organisme avec les chiffres que vous lisez sur l'écran.

Nom de l'organisme : ....
Nombre de centres adhérents : ....
Nombre d'hôtesses d'accueil : ....
Nombre d'appels traités par an : ....
Nombre d'appels sortants : ....
Chiffre de clients : ....
Chiffre d'affaires : ....
Place dans le secteur : ....
....

FICHE VIDÉO 1
Se présenter à un entretien

Nous vous proposons de visionner et d'exploiter ce reportage en deux parties :
FICHE 1 : Au cours de l'unité 1 du manuel (00'00–00'37)
FICHE 8 : Au cours de l'unité 8 du manuel (00'38–fin)

– Bonjour madame, Pascal Dargent, j'ai rendez-vous avec M. Dagapes à 16 heures.
– Oui, je l'appelle. Monsieur Dagapes, oui, M. Dargent vous attend à l'accueil. Très bien ! Vous pouvez monter au premier étage, c'est sur la droite.
– Merci madame. Au revoir !
– Au revoir ! Bonjour monsieur, je recherche le bureau de M. Dagapes.
– Oui c'est moi, Thibaut Dagapes.
– Bonjour, je suis Pascal Dargent, on a rendez-vous à 16 heures pour un entretien de recrutement pour un stage.
– Oui je vous attendais, suivez-moi dans mon bureau.
[...]

1. b
2. c
3. b
4. Hôtesse d'accueil / Réceptionniste / Standardiste
5. a. Non – b. Non – c. Non – d. Oui – e. Non
6. a. Oui – b. Non – c. Oui – d. Non – e. Oui – f. Non – g. Oui – h. Oui – i. Non – j. Oui
7. Non
8. Visiteur : Pascal Dargent – Objet de la visite : Rendez-vous – Heure : 16 h – Personne visitée : Thibaut Dagapes

FICHE VIDÉO 2
L'accueil téléphonique

Nous vous proposons de visionner et d'exploiter ce reportage en deux parties :
FICHE 2 : Au cours de l'unité 3 du manuel (00'00–01'19)
FICHE 10 : Au cours de l'unité 10 du manuel (01'20–fin)

– Cabinet de Maître Martin, bonjour ! Maître Martin est en audience, puis-je prendre un message ? Vous êtes madame ? Mme Cordier... Passez une très bonne journée Mme Cordier, au revoir !
– Cabinet du docteur Michel, bonjour ! Le docteur Michel est en consultation, en quoi puis-je vous aider ? Je peux vous proposer un rendez-vous demain à 17 h 15. Cela vous convient-il ? Vous êtes monsieur ? Très bien, vous avez donc rendez-vous mardi 21 à 17 h 15. Je vous en prie, bonne soirée M. Breton, au revoir !
[...]

1. a
2. Une calculatrice – Un clavier – Une souris – Un stylo – Un téléphone fixe
3. a
4. Pour l'accueil téléphonique
5. Un ordinateur – Un micro – Un casque – Un bureau – Un clavier
6. Standardiste A : Service téléphonique a ; Client c – Standardiste B : Service téléphonique b ; Client a
7. À : Maître Martin – Appel de : Mme Cordier (Marie sur écran) – Objet de l'appel : Merci de rappeler concernant son dossier
8. a. 3 – b. 2
9. À : Docteur Michel – Appel de : M. Breton – Objet de l'appel : Rendez-vous mardi 21 à 17 h 15
10. a. 1 – b. 2

FICHE VIDÉO 3
Vous avez une réservation ?

– Le métier de la réception est un métier d'hébergement tout d'abord, c'est-à-dire que nous offrons un service d'hébergement, donc à un « potentiel client » qui peut être donc une clientèle française ou alors étrangère également.
– Oui, c'est ça, n'est-ce pas ?
– Donc vous avez une réservation pour quatre nuits à partir d'aujourd'hui... donc pour quatre nuits, d'accord !
– En fait, le réceptionniste est la première personne que le client rencontre. C'est l'image de l'hôtel. La convivialité fait partie intégrante de notre métier, c'est-à-dire qu'on essaye de rassurer le client, qu'il se sente le plus à l'aise du monde et ainsi faire en sorte que son séjour se passe d'une façon agréable.
– Nous sommes ouverts 24 h/24 donc vous avez une réception de nuit qui est ouverte, hein, 24 h/24. Le petit-déjeuner est servi...
– J'ai une formation de BTS action commerciale. Par hasard, je [me] suis donc tout simplement intéressé à l'hôtellerie grâce à quelqu'un qui... que je connaissais qui travaillait dans ce domaine-là. [Ce] qui me plaît moi en fait : tout d'abord, le contact avec la clientèle, le service en lui-même. La journée du réceptionniste en arrivant, c'est simplement de connaître un petit peu les consignes de la veille, d'effectuer surtout les départs, donc la gestion des départs, tout ce qui est départs, c'est-à-dire facturation, etc. Pendant et après donc il y a les arrivées aussi donc on enregistre les arrivées de la clientèle. On gère aussi les réservations qui sont prises soit par téléphone soit par le moyen de l'Internet hein donc sur Internet.
– Donc vous souhaitez réserver une chambre double, d'accord ! Pour quelle date s'il vous plaît ? Alors pour le 23...
– Une gestion comptable aussi par rapport, donc, aux réservations. Et puis également donc, une gestion aussi des, tout ce qui est staff, donc étage, c'est-à-dire les femmes de chambre... c'est-à-dire leur communiquer les chambres qui sont « au départ », les chambres qui sont « en couche ». C'est une relation qui est plutôt sympathique hein, de découvrir tous les jours des gens qui viennent de pays lointains par exemple, des choses comme ça. Maintenant, surtout, le plus important dans ce métier-là c'est surtout la polyvalence du métier. Dans notre hôtel, qui se compose, qui est une petite unité de 35 chambres eh bien, on se doit d'être polyvalent. Dans l'hôtellerie, malheureusement, les salaires ne sont pas très importants alors que, bien entendu, on doit avoir certaines aptitudes à parler par exemple des langues, des fois deux voire trois langues supplémentaires. Le réceptionniste peut devenir chef de réception par exemple, au bout d'un certain temps, d'un certain nombre d'années. Il peut accéder à un poste d'assistant de direction également et puis après il pourra aussi briguer un poste de direction.

1. a. Le métier de réceptionniste. – b. Un hôtel / Un restaurant / Une agence de voyages / Un théâtre *(tous les lieux de travail où il y a un réceptionniste qui pose la question « vous avez une réservation ? »)*
2. Anes Al Taï : d – Réceptionniste : f – 37 ans : a – BTS action commerciale : b – Expérience 14 ans : e – Paris (75) : c
3. *Réponses libres.*
4. a. Idéal. – b. 2 étoiles – c. Plus de 20. – d. 4. – e. 78 euros. – f. Non. – g. Oui.
5. L'ascenseur – Une chambre – La porte d'entrée de l'hôtel – La réception / Le hall de réception – La salle de restaurant
6. Le réceptionniste parle avec deux clients (un au téléphone) et une femme de ménage.

7. Des brochures touristiques – Des chaises – Un ordinateur pour les clients – Des plantes vertes – Un canapé – Un grand tableau sur le mur – Une lampe jaune – Une télévision
8. Française et étrangère.
9. 4 nuits.
10. Le réceptionniste est la première personne que le client rencontre. C'est l'image de l'hôtel.
11. Oui. – 24h/24.
12. b et e
13. Chambre double pour le 23.
14. a – d – e – g
15. b
16. 35.
17. c
18. Chef de réception – Assistant de direction – Direction
19. *Réponse libre.*

FICHE VIDÉO 4
24 heures avec une hôtesse de l'air

– Je m'appelle Stéphanie, je suis chefe de cabine à Air France. Ce matin, nous faisons un aller-retour sur Bordeaux ainsi qu'un aller-retour Marseille. C'est un métier quand même difficile, parce qu'il nous faut vraiment une excellente santé. On ne peut pas se permettre de se coucher tard le soir quand on se lève à quatre heures du matin pour aller travailler.
– Bonjour !
– Bonjour ! Alors, on part ensemble pour la journée !
– Ce qui me plaît dans le métier PNC, c'est de travailler avec des gens différents tous les jours, de travailler dans un environnement différent tous les jours et d'avoir un contact humain en permanence.
– Le niveau de formation ? Il nous faut un CFS qui comprend une partie théorique et une partie pratique. Il faut valider ce diplôme par des heures de vol, par soixante heures de vol.
– Essai mégaphone !
– Ensuite, vous avez une formation régulière, chaque année.
Je vous mets les « emer-lights » sur on, vous vérifiez dans le galet, cabine, toilettes, merci…
– On a des stages de formation commerciale, des stages formation sécurité-sûreté en permanence.
– L'ACL est ouverte ; Philippe, c'est bon on a rien à signaler derrière si ce n'est le gilet qui a été changé…
– Les pleins de carburant sont terminés, les premiers passagers d'ici deux à trois minutes.
– J'aime les horaires décalés, j'aime dormir à Moscou un soir et me retrouver à Tunis le lendemain. Ça demande une grande organisation côté vie privée. On a notre planning un mois à l'avance, ce qui est un petit peu dur aussi pour pouvoir planifier des activités, des sorties et on vit à la minute.
– Nous avons quatre-vingt-quatorze passagers pour le moment.
– Madame, monsieur, bonjour ! Je m'appelle Stéphanie, je suis votre chefe de cabine sur le vol.
– Ce métier, c'était un choix pour moi dès le départ. J'ai intégré Air France au sol en 1995, j'ai travaillé au passage à la gestion des vols, au planning des agents et j'ai terminé responsable du salon VIP à l'escale de Londres. Et ensuite, naturellement, dès que j'ai eu l'occasion de pouvoir enfin devenir navigante, je me suis précipitée et là c'était le but premier de ma carrière.
– Bien on embarque, allez…
– Au revoir, à bientôt !

1. a. La journée de travail d'une hôtesse de l'air. – b. Air France. – c. Le personnel navigant commercial.
2. 4 h 30 Départ du domicile – 5 h 10 Arrivée à Orly – 5 h 15 Préparation des vols – 5 h 25 Rencontre avec les pilotes – 5 h 35 Briefing du personnel navigant commercial – 5 h 50 Briefing du personnel navigant – 5 h 55 Prise en charge de l'avion – 6 h 30 Arrivée des passagers – 6 h 50 Départ pour Bordeaux
3. a. Elle a une veste et un pantalon bleu marine. / Elle a un uniforme / un chemisier bleu. – b. Une valise de cabine (à roulettes). – c. Sa voiture. – d. 40 minutes. – e. Elle écoute la radio.
4. a. Elle met son badge dans un appareil qui donne le jour et l'heure d'arrivée (un horodateur). – b. Les pilotes – Le personnel navigant
5. a. Une navette / Un minibus. – b. Dans la cabine de pilotage ; À l'entrée de l'avion ; Dans un galet ; Dans la cabine des passagers. – c. a image 3 ; b image 6 ; c image 7 ; d image 2 ; e image 4 ; f image 5 ; g image 1 – d. 3 – e. 1. Bonjour, Madame, Monsieur / Bienvenue à bord. 2. Madame, Monsieur, bonjour. Je m'appelle XXXX, je suis votre chefe de cabine sur le vol.
6. Vol aller – retour ; Ville de départ : Paris ; Ville de destination : Bordeaux
Vol aller – retour ; Ville de départ : Paris ; Ville de destination : Marseille
7. Diplôme : CFS – Nombre d'heures de vol : 60 heures – Stages : formation commerciale ; formation sécurité, sûreté – Qualité physique : Excellente santé – Qualité personnelle : Une grande organisation côté vie privée – Aspects positifs du métier : Travailler avec des gens différents tous les jours, dans un environnement différent tous les jours, avoir un contact humain en permanence (dormir à Moscou un soir et se retrouver à Tunis le lendemain) – Aspects négatifs du métier : Se lever tôt, ne pas pouvoir planifier ses activités, ses sorties
8. Prénom : Stéphanie – Poste actuel : Chefe de cabine – Date d'entrée dans la compagnie : 1995 – Postes occupés : Gestion des vols ; Planning des agents ; Responsable salon VIP à l'escale de Londres
9. *Réponse libre.*

FICHE VIDÉO 5
Une table pour deux !

– Oui tout à fait. Pour deux personnes…
– Madame, Monsieur, une table pour deux personnes ? Le maître-mot du serveur : satisfaire le client. Attention, c'est un métier qui bouge ! Le travail commence avec la mise en place, soit le nettoyage de la salle, la préparation des tables, l'installation des nappes et des couverts, l'entretien des ustensiles de service : carafes, corbeilles, huiliers, etc. Vous arrivez : le serveur vous accueille avec le sourire, vous installe, apporte la carte, vous conseille, répond à vos questions sur les plats et les vins, prend votre commande qu'il transmet en cuisine.
– Un petit changement…
– Trois gambas là…
– Allez, chef !
– On y va, deux tagliatelles !
– Chaud devant, écartez-vous, ça tache ! En plein coup de feu, prêt à pulvériser le record du 400 mètres haies, le serveur, le sourire au beau fixe, pense à tout, prévoit tout. Conjuguant dextérité, délicatesse, habileté et bien entendu rapidité et précision dans les gestes, il veille sur vous. Attention madame, ça brûle ! Eh oui, comme tout un chacun, vous détestez attendre et encore plus manger froid. Ah j'oubliais, une chose encore : le serveur a une bonne mémoire. Surtout ne pas oublier la salade sans

assaisonnement moutardé du client de la 5, ainsi que le double café serré avec un pot de crème pour la 8. Enfin, toujours de bonne humeur, le serveur établit l'addition, apporte la note et encaisse. Il débarrasse les tables au fur et à mesure du départ des clients et les réinstalle. À la fin du service, il nettoie la salle, remet les locaux en ordre. Pour conclure, si le client part satisfait, alors le serveur peut dire qu'il a du métier et décrocher les meilleures places. Plus tard, il peut devenir chef de rang puis maître d'hôtel. Dans ces métiers, la meilleure carte de visite reste avant tout l'expérience et les certificats de travail plus que les diplômes.

1. Les métiers de la restauration : serveur, cuisinier, maître d'hôtel, chef cuisinier…
2. *Réponse libre.*
3. 1. image g – 2. image c – 3. image h – 4. image e – 5. image b – 6. image d – 7. image a – 8. image f
4. Des verres, des serviettes, des fourchettes, des cuillères, des couteaux, des assiettes, des vases, des bougeoirs, des tasses, du pain
5. 1 Nettoyage de la salle : image b – 2 Préparation des tables : image e – 3 Installation des nappes et des couverts : images c et a – 4 Entretien des ustensiles de service : image d
6. Vous arrivez, le serveur vous accueille avec le sourire, vous installe, apporte la carte, vous conseille, répond à vos questions sur les plats et les vins, prend votre commande qu'il transmet en cuisine.
7. 1. Dextérité : adresse dans l'exécution de quelque chose. – 2. Délicatesse : qualité d'exécution avec finesse, douceur. – 3. Habilité : qualité de quelque chose qui est fait avec adresse, dextérité. – 4. Rapidité : qualité de quelqu'un qui se déplace vite. – 5. Précision : qualité de quelqu'un qui est précis.
8. Un double café serré avec un pot de crème.
9. Le serveur établit l'addition, apporte la note et encaisse. Il débarrasse les tables au fur et à mesure du départ du client et les réinstalle. À la fin du service, il nettoie la salle et remet les locaux en ordre.
10. Il doit avoir le sourire. Il doit penser à tout / tout prévoir. Il doit être de bonne humeur. Il doit être rapide / habile / précis / délicat. Il doit avoir une bonne mémoire.
11. Chef de rang (garçon de salle dépendant d'un maître d'hôtel et travaillant avec des commis) – Maître d'hôtel (personne qui dirige le service de table dans un restaurant).
12. b
13. *Réponse libre.*

FICHE **VIDÉO 6**
Kiabi : une entreprise française

Je m'appelle Aurélie Prudhomme, je suis Responsable des ressources humaines au sein des services centraux de Kiabi et je suis chez Kiabi depuis un petit peu plus de quatre ans. Kiabi, c'est une enseigne de distribution spécialisée textile qui mène son histoire depuis plus de trente ans, qui compte plus de huit mille collaborateurs, plus de quatre cents magasins. Au-delà des magasins, on a également une logistique qui est complètement internalisée et également des services centraux avec quantité de métiers en allant de la finance aux collections, en passant par l'informatique. C'est également une entreprise internationale avec une implantation certes majoritaire en France mais également en Espagne, en Italie, au Portugal, en Roumanie et également en Russie. Et puis c'est un site web, kiabi.com, qui est implanté en France mais également en Espagne et en Italie et demain avec d'autres destinations potentielles. Alors il y a une phrase que j'aime bien, moi, pour parler des valeurs de Kiabi et qui résume à mon sens un peu notre philosophie, que ce soit vis-à-vis de nos clients, que vis-à-vis de nos collaborateurs : c'est « faire un métier que j'aime avec des gens que j'aime pour des gens que j'aime ». On parle beaucoup d'amour chez Kiabi, ça fait écho à des valeurs humaines très fortes que sont par exemple le plaisir, la confiance, l'envie de se surpasser aussi.
Pour parler des métiers sur lesquels on recrute, c'est important de repréciser notre politique de recrutement chez Kiabi qui se découpe en trois leviers et qui s'articule autour de ces trois leviers. Le premier, c'est la mobilité interne. Donc on a un engagement vis-à-vis de nos collaborateurs de leur proposer des parcours de carrière, donc à tout recrutement on se pose la question : est-ce qu'on a les compétences en interne et est-ce qu'il y a un collaborateur qui serait intéressé par ce métier ? Il y a un deuxième levier qui est le recrutement en externe où là pour le coup tous azimuts on va aller se doter de nouvelles compétences pour apporter aussi un regard nouveau sur nos différentes activités. Le troisième levier, c'est le recrutement des jeunes en général, avec différents dispositifs que l'on peut exploiter : il y a les stages, il y a l'alternance en général mais il y a également le recrutement de jeunes diplômés.

1. a. Kiabi. – b. La famille, l'homme, la femme, les enfants. – c. Des vêtements.
2. Prénom et nom : Aurélie Prudhomme – Fonction : Responsable des ressources humaines – Service : services centraux – Nombre d'années dans l'entreprise : 4 ans
3. Nom de l'entreprise : Kiabi – Secteur d'activité : Distribution spécialisée textile - Effectif : 8 000 collaborateurs – Nombre d'années d'existence : 30 ans – Nombre de magasins : 400 – Pays d'implantation des magasins : France, Espagne, Italie, Portugal, Roumanie, Russie – Pays d'implantation du site Internet : France, Espagne, Italie
4. L'informatique – La finance – Les collections
5. c
6. Le cœur représente l'amour : l'amour des vêtements / l'amour des clients / Kiabi vend / fabrique des vêtements avec amour.
7. Les clients – Les collaborateurs.
8. L'envie de se surpasser – La confiance – Le plaisir
9. Les compétences en interne – La recherche de nouvelles compétences – Le recrutement de jeunes diplômés
10. La mobilité interne – Le recrutement externe – Le recrutement des jeunes
11. c
12. Stylistes / Créatrices de mode
13. 1 e – 2 g – 3 f – 4 h – 5 b – 6 a – 7 c – 8 d
14. a. enseigne de distribution – b. collections – c. logistique – d. implantation – e. destinations potentielles – f. leviers – g. mobilité – h. carrière
15. *Réponse libre.*

Pour aller plus loin : www.kiabi.com ; le site de recrutement : emploi.kiabi.fr/index.aspx ?langue=1

FICHE VIDÉO 7

Les secrets de fabrication du chocolat Rocher de la maison Maiffret

Bonjour, je m'appelle Laurent. Je vais vous montrer aujourd'hui les étapes de fabrication du Rocher, de la matière première jusqu'à sa vente magasin. On va donc commencer par faire un praliné, c'est-à-dire un mélange de sucre cuit, caramélisé, auquel on rajoute des amandes et des noisettes préalablement choisies et sélectionnées par nos soins pour avoir une qualité bien spécifique. On va donc ajouter nos amandes et nos noisettes à notre sucre caramélisé... le verser dans des candissoires et laisser notre praliné cristalliser durant une douzaine d'heures. Une fois ce praliné durci, on va le broyer... On va le mélanger à un gianduja. C'est un mélange d'amandes, de noisettes, de sucre glace auquel on rajoute du chocolat au lait et du beurre de cacao, pour obtenir ce qu'on appelle la base de Rocher. Ensuite, cette base de Rocher, on va y rajouter du chocolat noir et des éclats d'amandes. Ces éclats d'amandes donneront la particularité du Rocher dans sa consistance, avec des petits morceaux d'amandes qui seront à la fois croustillantes et qui vont donner justement ce goût bien spécifique au Rocher. On va l'étaler sur des cadres, des grands cadres en bois, pour avoir une hauteur bien spécifique. On le lisse et ensuite on stocke ça une douzaine d'heures pour permettre au chocolat qui y est incorporé de cristalliser à son tour. L'étape du détaillage : on fait des petites empreintes circulaires avec une machine qui s'appelle un emporte-pièce à piston, on détaille ... disposé sur des plaques et ensuite, ça va être enrobé. C'est l'étape d'enrobage, un premier enrobage en chocolat au lait sur une enrobeuse qu'on appelle une enrobeuse mécanique, c'est ce qui va nous permettre de mélanger le chocolat et d'avoir une cristallisation parfaite. Donc on va enrober une première fois nos bonbons de Rocher, y disposer des éclats d'amandes, les mêmes que vous avez vus tout à l'heure dans le mélange du praliné et les enrober une seconde fois pour leur permettre de stabiliser ces amandes à l'intérieur du bonbon de chocolat, et d'avoir un chocolat plus agréable à l'œil du fait qu'il soit enrobé de chocolat, le protégeant de l'air et de la lumière environnante. Ça passe ensuite sur le tapis. Ce tapis fait une longueur de sept mètres, il avance de un mètre toutes les minutes, ce qui permet au chocolat de cristalliser. Le chocolat cristallise tout naturellement grâce à son tempérage. Le chocolat est ramassé en bout de tapis, mis sur plateaux et envoyé directement en magasin.

1. a. Le film va montrer comment on fabrique des chocolats. – b. « Rocher », c'est le nom des bonbons au chocolat / du chocolat. – c. La maison Maiffret, c'est une chocolaterie.
2. Ordre des étapes de fabrication : E – C – A – D – B – F
3. a. photo F – b. photo E – c. photo A
4. a. Amandes / éclats d'amande – b. Noisettes – c. Sucre – d. Chocolat au lait – e. Beurre de cacao – f. Chocolat noir
5. a
6. c
7. c
8. b
9. b
10. c

FICHE VIDÉO 8

Se présenter à un entretien

Nous vous proposons de visionner et d'exploiter ce reportage en deux parties :
FICHE 1 : Au cours de l'unité 1 du manuel (00'00–00'37)
FICHE 8 : Au cours de l'unité 8 du manuel (00'38–fin)

– Bonjour madame, Pascal Dargent, j'ai rendez-vous avec M. Dagapes à 16 heures.
– Oui, je l'appelle. Monsieur Dagapes, oui, M. Dargent vous attend à l'accueil. Très bien ! Vous pouvez monter au premier étage, c'est sur la droite.
– Merci madame. Au revoir !
– Au revoir ! Bonjour monsieur, je recherche le bureau de M. Dagapes.
– Oui c'est moi, Thibaut Dagapes.
– Bonjour, je suis Pascal Dargent, on a rendez-vous à 16 heures pour un entretien de recrutement pour un stage.
– Oui je vous attendais, suivez-moi dans mon bureau.
– Asseyez-vous, je vous en prie.
– Merci ! Je vous remercie de me recevoir. C'est vrai que la société Harry Composition est très connue dans le domaine du graphisme amateur et professionnel.
– Oui, on a la faiblesse de le croire à chaque fois qu'on nous le dit. Vous êtes étudiant, c'est ça ?
– Oui, c'est ça. J'ai sollicité un rendez-vous parce que je souhaite effectuer un stage dans votre entreprise et je suis particulièrement intéressé par le graphisme.
– Bien, je crois que nous avons fait le tour. Vous avez d'autres questions ?
– Non, les objectifs du stage sont clairs, je vous ai donné le nom de mon tuteur, vous avez ma convention de stage...
– Oui, je vais la faire passer à la DRH. Vous commencez bien le 1er mars, c'est ça ?
– Oui c'est ça.
– Bien, bon, j'aurais le temps d'ici là de rédiger votre définition de fonction. À bientôt donc !
– À bientôt, merci ! Je suis très motivé par la description que vous avez faite de l'entreprise, merci, au revoir !
– Au revoir, madame et bonne journée !
– Euh oui, merci.

1. a. Un homme, un candidat, un demandeur d'emploi, Pascal Dargent. – b. À la réception d'une entreprise. – c. Hôtesse d'accueil / Réceptionniste / Standardiste. – d. Elle accueille les visiteurs. – e. Elle annonce le visiteur à une personne, à M. Dagapes. – f. Il monte au premier étage, il va voir la personne. – g. Un homme, Thibaut Dagapes. – h. Il serre la main.

2. a.

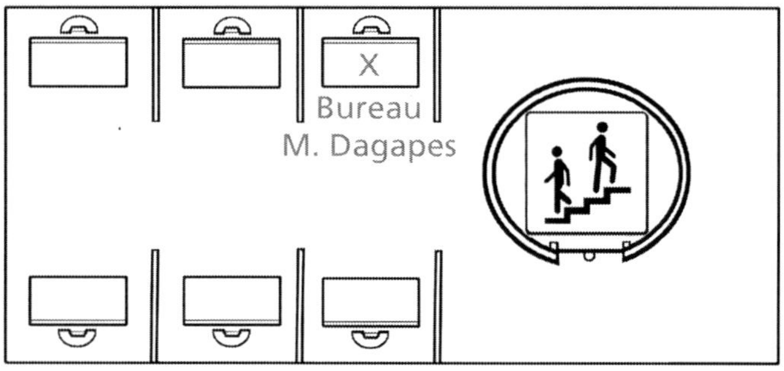

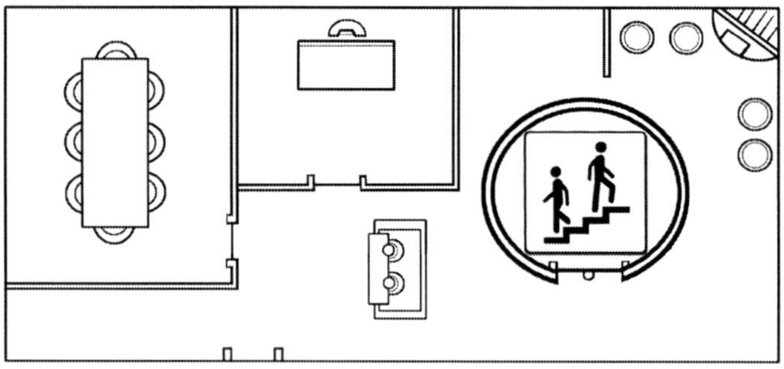

b. Bureaux ouverts
c. des dossiers – une bibliothèque – un portemanteau – des stylos – des livres – une imprimante – un téléphone – un calendrier mural
3. Nom : Harry Composition – Domaine d'activité : Graphisme amateur et professionnel
4. Un entretien de recrutement pour un stage.
5. Non.
6. a. Oui : il porte une chemise et un costume avec une cravate. – b. Oui : il dit : « Bonjour madame. Pascal Dargent, j'ai rendez-vous avec M. Dagapes. » – c. Oui : il dit : « Bonjour, je suis Pascal Dargent, on a rendez-vous à 16 h pour un entretien de recrutement pour un stage. » – d. Oui : il serre la main. – e. Oui : l'homme dit « Suivez-moi dans mon bureau. » – f. Oui : l'homme dit « Asseyez-vous, je vous en prie. » – g. Oui : le visiteur dit : « Je vous remercie de me recevoir. » – h. Oui : le visiteur dit : « La société Harry composition est très connue dans le domaine du graphisme amateur et professionnel. » – i. Oui : le visiteur prend des notes. – j. Oui : le visiteur dit : « Je suis particulièrement intéressé par le graphisme… Je suis très motivé par la description que vous avez faite de l'entreprise. » – k. Oui : il dit « Merci et au revoir. » – l. Oui : il dit « Au revoir, madame et bonne journée. » à l'hôtesse d'accueil.
7. La définition de la fonction.
8. *Réponse libre.*

FICHE **VIDÉO 9**
Le bien-être au travail

– Ne vous fiez pas aux apparences, ces employés sont sur leur lieu de travail et utilisent le matériel de l'entreprise. Au siège de Google France, un grand espace détente contient baby-foot, console de jeu, fauteuil massant. La finalité, c'est qu'un employé détendu travaille mieux et communique mieux avec ses collègues.
– L'une des grosses difficultés dans une entreprise, c'est la communication interne, essayer de faire en sorte que les gens se parlent, comprennent comment ils pourraient interagir et ce genre d'initiative finalement et d'organisation, ça favorise ces échanges d'idées.
– Chez Google, la communication doit se faire facilement et à tous les niveaux. Il n'y a jamais plus de cinq échelons entre le sommet de la hiérarchie et l'employé de base. Les salariés ont également à disposition tous les outils nécessaires pour travailler hors de l'entreprise.
– On nous fournit le matériel informatique pour les connexions, le remboursement également des frais Internet pour pouvoir travailler quand bon nous semble, ce qui permet par exemple de partir un peu plus tôt le soir pour continuer à la maison ou de commencer le matin à la maison et de terminer au travail.
– Ici, tout est gratuit, de la cantine au café en passant par les snacks. Pour la Journée de l'environnement, chaque employé a reçu un vélo. Aucun code vestimentaire n'est imposé. Google tient à garder l'esprit start-up de ses débuts et cette philosophie du bien-être des employés a une logique économique bien identifiée.
– Ça libère les employés, en fait, des contingences matérielles, ça libère les employés de contraintes de formalisme et, du coup, ils sont plus concentrés sur leurs projets, ils laissent libre cours à leur créativité, ils sont beaucoup plus épanouis et leurs résultats sont meilleurs.
– Le nouveau centre qui s'est ouvert à Zurich a même poussé le concept encore plus loin au niveau du design avec toboggan, cellules de réunion en forme de calèche, bulles d'isolement et salle de relaxation. Mais le message reste clair : tous ces avantages ne sont là que pour favoriser le résultat, la productivité et la rentabilité, les employés l'ont bien compris.

1. La chaîne de télévision TF1.
2. Google France.
3. 3.
4. Chef de projet – Employé – Directeur général.
5. a. Faux – b. Faux – c. Vrai – d. Vrai – e. Vrai – f. Faux – g. Vrai – h. Vrai – i. Faux – j. Faux
6. a. Les employés jouent au baby-foot. – b. La jeune femme a un siège spécial en forme de ballon. – c. Il y a un restaurant d'entreprise / une cantine. – d. Les employés peuvent jouer à des jeux vidéo. – e. Il y a des fauteuils design / des canapés confortables.
7. Une entreprise moderne, agréable, des espaces de travail et de repos agréables, des salariés détendus.
8. a. Les employés sont sur leur lieu de travail et utilisent le matériel de l'entreprise. – b. Au siège de Google France, un grand espace de jeux contient baby-foot, console de jeu et fauteuil massant. – c. La finalité, c'est qu'un employé détendu travaille mieux et communique mieux avec ses collègues. – d. Ce genre d'initiative finalement et d'organisation, ça favorise les échanges d'idées. – e. Les employés ont également à disposition tous les outils nécessaires pour travailler hors de l'entreprise.
9. Le matériel informatique pour les connexions – Le remboursement des connexions.
10. La cantine – Le café – Les snacks.
11. Un vélo.

12. Les employés peuvent s'habiller comme ils veulent.
13. a. Les employés sont plus concentrés sur leurs projets. – b. Ils laissent libre cours à leur créativité. – c. Ils sont beaucoup plus épanouis. – d. Leurs résultats sont meilleurs.
14. a. Le résultat. – b. La rentabilité. – c. La productivité.
15. *Réponse libre.*

FICHE **VIDÉO 10**
L'accueil téléphonique

Nous vous proposons de visionner et d'exploiter ce reportage en deux parties :
FICHE 2 : Au cours de l'unité 3 du manuel (00'00–01'19)
FICHE 8 : Au cours de l'unité 10 du manuel (01'20–fin)

[...]
– Bonjour, Pauline à votre service ! M. Simon est en réunion, souhaitez-vous être mis en relation avec sa collaboratrice ? M. Prieur, je vous mets en relation avec Melle Valentin et je vous souhaite une bonne journée.
– En effet, votre profil semble correspondre au poste que nous recherchons. Notre Directeur des ressources humaines vous recontacte dans les prochains jours. Je vous remercie de votre appel et je vous souhaite une excellente journée, au revoir !
– M. Bertier est en rendez-vous à l'extérieur, puis-je prendre vos coordonnées ? Certainement Mme Calvi, je lui demande de vous contacter dès que possible. Passez une excellente journée, au revoir !
– Pouvez-vous me donner votre numéro client s'il vous plaît ? Mme Duval, votre commande a bien été enregistrée, vous la recevrez sous quarante-huit heures. Je vous en prie, je vous souhaite une bonne journée !
– Service dépannage 24 h/24, bonjour ! Je contacte notre équipe d'astreinte immédiatement, ils seront sur place dans trente minutes. Je vous remercie de votre appel, au revoir !
– Hello, Mrs. Schaffer is absent from her office, she's on a business trip. She will be back in the office next week, would you like to leave a message ? All right, I will give the message to Mrs. Schaffer and she will return your call first thing Monday morning. Thank you for calling and have a nice day.
– De la simple prise de message pour les professions libérales ou les TPE, à la gestion de situations de crise pour les grands groupes nationaux, nous savons nous adapter aux spécificités de votre métier ! Choisir une entreprise adhérente vous garantit une réponse professionnelle de qualité.

1. I a 2 – II c 6 – III b 5 – IV e 3 – V f 1 – VI d 4
2. b et c
3. c et d
4. À : M. Bertier – Appel de : Mme Calvi – Message : Urgent et Rappeler
5. Nom du / de la client(e) : Mme Duval – Délai de livraison : sous 48 heures
6. b, c et d
7. a. Un accueil de qualité pour votre image de marque. – b. Des standardistes. – c. Merci de votre appel… ; Bonsoir ; Un instant, je vous prie… ; Veuillez rester en ligne ! ; Bonne journée.
8. c
9. Les professions libérales – Les TPE – Les grands groupes nationaux
10. Nom de l'entreprise : SIST – Nombre de centres adhérents : 95 – Nombre d'hôtesses d'accueil : 8 000 – Nombre d'appels traités par an : 150 millions – Nombre d'appels sortants : 40 millions – Nombre de clients : 150 000 – Chiffre d'affaires : 280 millions d'euros – Place dans le secteur : 1er groupement national des centres d'accueil téléphonique

Modèle de mail à photocopier pour les activités de production écrite

Exp. : ....

Dest. : ....

Objet : ....

....

....

....

....

....

....

Exp. : ....

Dest. : ....

Objet : ....

....

....

....

....

....

....

Achevé d'imprimer en France par Dupli-Print à Domont (95)
Dépôt légal : janvier 2018 - Collection n° 27 - Édition 05
N° d'impression : 2017122243
15/6043/2